舵手汇
www.duoshou108.com
聪明投资者沟通的桥梁

期货狙击手

交易赢家的 21 周全记录

【美】彼得·布兰德 著

文 怡 译

山西出版传媒集团
山西人民出版社

图书在版编目(CIP)数据

期货狙击手：交易赢家的21周全记录／（美）布兰德著；文怡译. — 太原：山西人民出版社，2016.5
ISBN 978-7-203-09531-6

Ⅰ.①期… Ⅱ.①布… ②文… Ⅲ.①期货交易-基本知识 Ⅳ.①F830.9

中国版本图书馆CIP数据核字(2016)第058444号
著作权合同登记号　图字：04-2015-028

期货狙击手：交易赢家的21周全记录

著　　者：（美）彼得·布兰德
译　　者：文　怡
责任编辑：薛正存
出　版　者：山西出版传媒集团·山西人民出版社
地　　址：太原市建设南路21号
邮　　编：030012
发行营销：0351-4922220　4955996　4956039　4922127（传真）
天猫官网：http://sxrmcbs.tmall.com　电话：0351-4922159
E-mail　：sxskcb@163.com　发行部
　　　　　sxskcb@126.com　总编室
网　　址：www.sxskcb.com
经　销　者：山西出版传媒集团·山西人民出版社
承　印　者：大厂回族自治县德诚印务有限公司
开　　本：710mm×1000mm　1/16
印　　张：19.75
字　　数：245千字
印　　数：1-5100册
版　　次：2016年5月　第1版
印　　次：2016年5月　第1次印刷
书　　号：ISBN 978-7-203-09531-6
定　　价：58.00元

如有印装质量问题请与本社联系调换

致谢

非常感谢我的朋友戴夫·福伯（Dave Forbes），佩持拉金融（Petra Financial）公司（位于科罗拉多州的科罗拉多泉市）的总裁，他允许我使用他办公室的设备和人员，协助编写本书。

我也要感谢格伦·拉尔森（Glen Larson）及其创世纪金融技术（Genesis Financial Technology）公司的团队，协助准备本书的图形。我个人的交易采用创世纪（Genesis）提供的资料和软件平台——交易者领航员（Trader Navigator）。我发现，格伦（Glen）和他的团队是我从事市场操作的最佳伙伴。

感谢切斯勒分析（Chesler Analytics）（提供技术性市场研究资料给交易者的专业机构）的总经理丹·切斯勒（Dan Chesler），他最早建议我编写这本书。丹（Dan）与我是几十年的好友。各位如果曾经写过书的话，就能了解我不知道该感谢还是痛骂丹。

最后，感谢约翰·威利出版社的麦格·弗里伯恩（Meg Freeborn）与凯文·康明斯（Kevin Conmins）协助我处理本书出版事宜。我在2009年初开始写这本书，中途因病停顿了9个月，麦格（Meg）与凯文（Kevin）很有耐心地帮助我完成。

目 录

第Ⅰ篇　交易基础 ·· 1
　导论 ··· 3
　第 1 章　传统图形分析的历史与理论 ······························ 21

第Ⅱ篇　期货狙击手"要素交易计划" ······························ 27
　第 2 章　建构交易计划 ·· 30
　第 3 章　交易与交易术语 ·· 39
　第 4 章　完美的价格形态 ·· 64
　第 5 章　要素交易计划的运作方式 ································ 88
　第 6 章　运用"要素交易计划"：三个案例研究 ················ 106
　第 7 章　成功交易者的特质 ······································ 132

第Ⅲ篇　21 周狙击市场实例全案 ································ 141
　第 8 章　第一个月份：2009 年 12 月 ···························· 145
　第 9 章　第二个月份：2010 年 1 月 ····························· 165
　第 10 章　第三个月份：2010 年 2 月 ···························· 196
　第 11 章　第四个月份：2010 年 3 月 ···························· 216
　第 12 章　第五个月份：2010 年 4 月 ···························· 231

第Ⅳ篇 总结 ·················· 245

第13章 交易绩效分析 ·················· 247
第14章 最佳门面交易 ·················· 263

后　记 ·················· 280
附录1　要素交易计划信号一 ·················· 285
附录2　要素交易计划信号二 ·················· 293
附录3　推荐参考资料 ·················· 305
附　注 ·················· 308

第1篇 交易基础

金融交易究竟是魔术，还是科学呢，或是两者的某种结合？

我不确定这些问题的答案应该如何，也不确定这些问题是否应该有答案。我把金融交易看成是一种专业技能。成功交易者拥有专业技能，能够像棒球投手一样投出完美的蝴蝶球，或像冶金师傅一样把多种金属巧妙地混合在一起。

专业人士都需要历经一段实习期。实习并不需要在特定课堂或训练场所进行。实习是通过各种渠道汲取相关知识和技巧的磨炼期间。

本书第Ⅰ篇谈论我个人的交易实习过程，并且简单叙述本书的背景资料。第Ⅰ篇内容包含两部分：

1. 介绍我个人从事交易的历史背景，解释我写这本书的动机，简单说明本书的结构，以及本书的宗旨。
2. 概略叙述传统绘图原理，以及我个人从事交易的基本观点。

第Ⅰ篇奠定我个人交易计划的基础蓝图，第Ⅱ篇则做更深入、详细的讨论。

导论

每当打开一本新书,我总是会先检查内文第1章之前的介绍文字——这部分如果太冗长的话,会让我打瞌睡。我想,多数读者可能也跟我一样,希望直接品尝牛肉。我最不想干的事,莫过于读一本介绍文字啰唆的书。可是,等到我自己成为作者的时候,看法就不太一样了。我觉得,导论可以提供必要的背景资料,说明作者的观点和立场。所以,请读者原谅我犯下我自己一向最嫌恶的罪行——但我还是认为这是值得的。

本书是介绍我个人身为商品和外汇交易者的交易情况,以及我利用走势图的交易技巧。这有点像是拼图,本书最终会把图形拼凑完整,让读者了解整体情况。可是,单个图块或几个图块,则没有具体意义。唯有整份图形拼凑完成之后,在适当距离之外观赏,才能体会真正的内容。所以,本书的内容陈述是采用拼图的方式。首先,我先谈谈自己如何踏入这个行业。

商品交易者

1972年，我刚由明尼苏达大学广告系毕业搬到芝加哥，任职于某全国性广告经纪公司。当时，住家附近的某位邻居，他是芝加哥期货交易所（CBOT）的交易员。通过彼此之间的闲聊，以及我实际拜访、参观他在场内交易的情况，我对于期货市场产生了浓厚的兴趣。我认为，期货交易充满金钱潜能，让我能够自食其力，在一个充满竞争的领域里接受挑战。总之，我上钩了！

踏入期货商品市场，每个人都必须从最基层干起。这个行业里，你是不可能领取固定高薪的。所以，如果我打算离开广告界，转战期货市场，就需要另外安排计划。于是，我跑去找公司老板，提出个请求：我准备离职而转到期货市场发展，万一不能成功，请他在一年后加薪30%重新聘请我。他接受了。

1976年，我开始正式踏入期货市场，当时20多岁，唯一的目标就是利用自己的账户进行交易。可是，首先需要学习基本知识。

当时，CBOT的专业交易员都要从最底层干起（芝加哥商业交易所和纽约商品交易所的情况也相同）。目前的情况仍然是如此。换言之，交易所营业大厅没提供"MBA学位快速通道"。学习曲线很陡峭，阵亡率很高。

最初我服务于"大陆谷物公司"（Continental Grain Company），学习期货市场的经纪业务。当时，"大陆谷物公司"是规模仅次于"卡吉尔"（Cargill）的全球第二大谷物出口商。1999年，"大陆谷物公司"把谷物商品交易业务卖给"卡吉尔"。

从事广告业务期间，"麦当劳"和"金宝浓汤"（Campbell's Soup）

是我经手的客户。所以，我相当幸运，因为这两家公司都是大宗农产品的使用者。

对于"金宝"之类的农产品加工业者来说，几十年来，它们都面对着原料供给过剩的情况，并且原料价格很稳定。可是，到了20世纪70年代初期，由于全球粮食歉收，再加上当时的通货膨胀压力，农产品与几乎所有其他原料，纷纷出现大多头行情。短短几个月之内，有些原料价格翻倍上涨。请参考图1.1的黄金与图1.2的小麦价格走势图，两者可以反映整体商品市场的大概情况。

绝大多数的食品加工业者，都没有预料到原料价格会暴涨。所以，这些公司的高层和采购部门措手不及，忙着寻找应对之道。这些人大多不熟悉远期与期货市场。

这是我入行当时的期货市场概况。

进入大陆谷物公司之后，我立即带着一套方案跑去找金宝公司的总经理。我想，金宝可以通过期货市场规避农产品价格上涨的风险。

我建议该公司指定一位资深经理人前来芝加哥，评估期货交易是否对于该公司之管理有帮助。我又进一步建议，这位采购经理人与我共同拟订正式的期货交易计划草案，交给该公司管理阶层做最后评估。

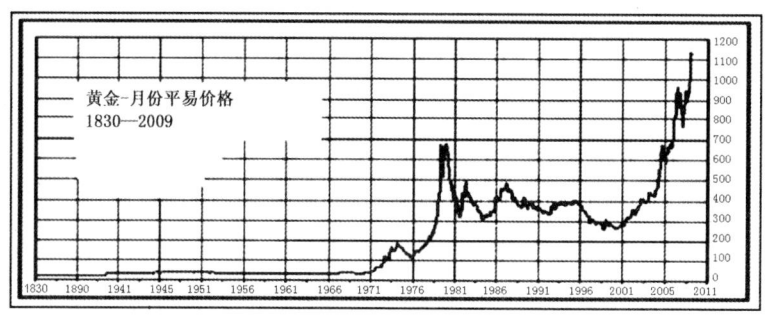

图1.1　黄金现货价格，1830—2009

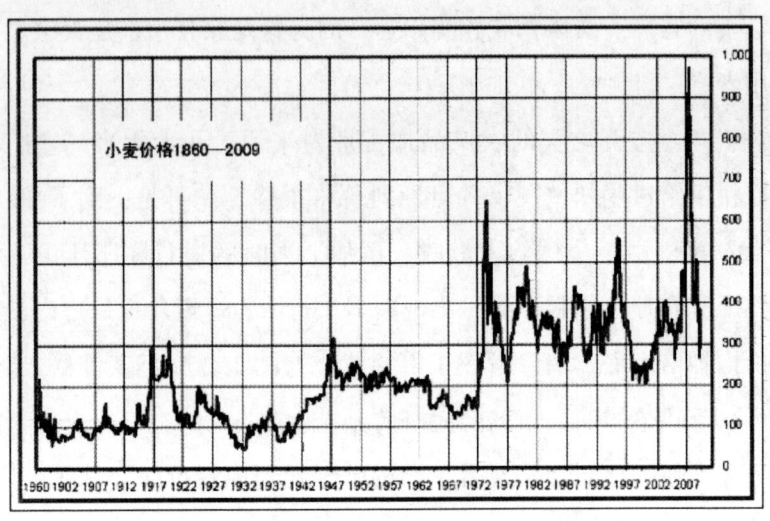

图 1.2　软质小麦价格，1860—2009

　　最后，我们建议该公司可以策略性地采用下列期货契约：可可（金宝当时拥有高迪瓦巧克力）、玉米与黄豆饼（冷冻与罐头制品原料鸡的饲料）、黄豆油、冷藏烤肉（CBOT 当时的交易活跃）、生牛与生猪（取决于该公司使用肉品与牲口之间的价格关系），还有美国三种主要小麦契约（金宝生产大量面条，而且拥有面包糕饼厂）。

　　金宝接受我的建议，大量运用商品期货契约作为避险工具。我担任该公司的顾问，相关收入足以应付业务上需要的开支，还有生活费用，而我则趁这段时间学习期货市场知识与交易技巧。当时我如果立即被迫投入市场进行交易，结果恐怕很不乐观，或许很快就返回广告公司，或转到其他行业。

　　经过几年的学习之后，我在 1980 年左右开始交易自己的资金，起始资本还不到 \$10,000。最初，交易绩效并不理想，但也没有发生灾难。我试了我所听过或知道的每种方法。CBOT 的其他交易员似乎都能赚钱，但我就是找不到自己适合的方法。

　　这个时候，有位朋友介绍我看一本书《股市趋势技术分析》（Tech-

nical Analysis of Stock Trends），这是约翰·迈吉（John Magee）和罗伯特·爱德华（Robert D. Edwards）在20世纪40年代写的作品。这本书过去曾经是——目前也仍然是——股价形态分析的圣经。我花了整个周末的时间阅读这本书，而且从此就再也没有回头了。

根据走势图进行交易，具备一些其他方法没有的优点，大概包括：

- 显示市场趋向
- 时效判断机制
- 设定合理的进场点
- 衡量风险程度的工具
- 设定合理的获利目标
- 决定风险、报酬关系

从此以后，我都完全根据走势图进行交易。更明确地说，我特别重视价格突破重要的形态，比如：头肩顶或头肩底、矩形、通道、三角形等。我主要采用日线图和周线图，观察4个星期到几个月的排列。我虽然采用相对长期的走势图，但实际交易则倾向于短线，头寸持有时间介于一两天（如果交易失败的话）到一两个月。

1981年以来，我主要都是交易自己的资金，不过在20世纪80年代，我偶尔也会出售市场研究资料给其他交易者。20世纪80年代末期到20世纪90年代初期，我曾帮几家避险基金进行交易。例如：商品期货集团（由"高盛"买下）。这家避险基金曾经聘用好几位全球最顶尖的交易者（我不敢自认为是其中之一）。

20世纪90年代初期，由于职业倦怠，再加上热衷于其他与市场无关的事务，我逐渐淡出市场，授权其他交易员处理我的账户。结果并不成功。20世纪90年代中期到2006年之间，我追求某些个人非营利方面的事业（社会动机），几乎不从事期货交易。2007年1月，我又重拾过去的交易计划。

1990年，我与一位目前已经过世的朋友布鲁斯·巴郭克（Bruce Babcock）合写《运用传统价格形态进行商品期货交易》（Trading Commodify Futures with Classical Chart Patterns），其中概括谈论了我个人从事交易的方法。那本书激发我想写另一本书的计划，更详细解说我的期货操作方法。目前这本书，就是这个计划的实现。

我的自有资金操作记录

我积极从事交易的期间从 1981 年至 1995 年（包括我授权其他交易员帮我从事交易的 4 年），还有 2007 年之后，整个期间的平均年度报酬率为 68.1%（年度增加值月度指数法）。这段时间内，曾经有一年的绩效为负数（1988 年为 -4.7%），而且当时是完全由我本人操作。交易账户的月份绩效最大连续耗损年度平均值为 15.4%。图 1.3 显示我操作自有资金的绩效记录。请阅读本书最末端附录的免责声明，以及作者针对自有资金交易提出的附注。过去表现未必代表将来绩效。

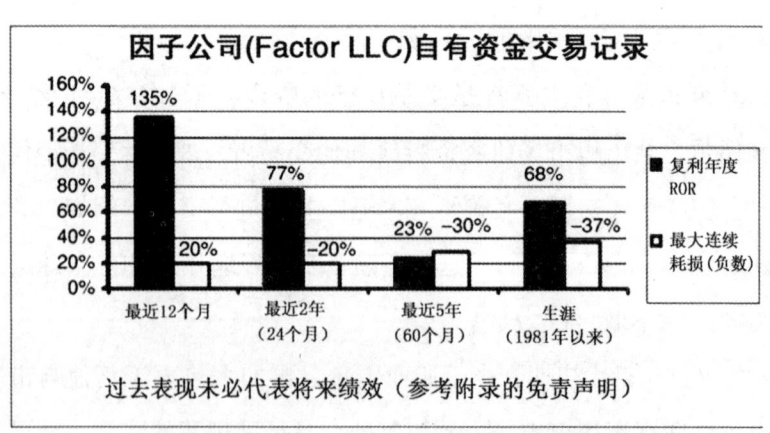

图 1.3　因子公司（Factor LLC）的自有资金交易记录

写书动机

关于商品交易方面的书籍、顾问服务、讲座和电脑交易软件，市面上充斥着一大堆垃圾。每年，我们都可以看到很多股票或商品交易方面的新书出版。所以，投资领域里，难道真的还需要另一本书吗？

我对于多数交易投资书籍的评价都不高。这种情况下，我竟然还想写一本这方面的书，似乎有些让人觉得奇怪。更明确来说，我相当排斥那些由假设性角度谈论技术分析的书籍。反之，我很喜欢杰克·施瓦格（Jack Schwager）的《金融怪杰》（*Market Wizards*）系列，因为这是由人性角度谈论活生生的交易者，他们如何运用智慧在市场上奋斗。各位如果还没有读过这些书籍，千万不要错过，因为这几本书绝对能够让读者更深入了解市场投机的内涵。我另外还喜欢两本书——《说谎者的扑克牌》（*Liar's Poker*）与《大空头》（*The Big Short：Inside the Doomsday Machine*），这两本书都是谈论交易者的真实生活状况。

我之所以接受这本书的挑战，是因为出版商与我有个共同的立场：实际市场操作的交易日志。

本书具有7项特色，我相信这些特色使得本书不同于一般商品交易书籍：

1. 我是运用实际资金在市场上实际从事交易的实际交易者。我不是知识象牙塔内的学者，也不是卖书来筹措房屋贷款。我没打算贩售交易系统，更不准备推销投资顾问网站。我只是想从市场上赚钱的交易者。

2. 本书记录着我进行交易的即时信号和临场行动，而不是根据已经发生的历史交易资料，套入某些最佳化法则操作的结果。换言之，本书是我的交易日志，记录着每天、每笔交易，每个想法，每个错误，每个胜利，每个情绪……当时发生的状况。我相信，我能够在未来21个星期的交易继续获利。可是，交易毕竟是有风险的。

3. 本书透露交易者如何在汹涌的情绪波涛中逆流而上。交易是一种不容易成功的艰巨任务。我不想假装不是如此，金融交易如果很简单的话，大家都可以靠此为生。某些作者很乐意跟读者分享他们成功的荣耀。至于我，则打算告诉各位，当连续发生8笔亏损交易之后，我如何摆脱情绪纠缠而进行第九笔交易。我想据实地告诉各位，成功的市场投机通常必须付出代价：白头发、失眠、揪心。

4. 我想试着告诉各位，成功的市场投机基本上就是风险管理。事实上，优秀的交易者通常都会把自己视为风险经理人。就如同打德州扑克一样，如何处理手上的牌，其重要性远超过牌本身。我认为，"资金管理"没有得到应有的重视。

5. 我想要杀死一条早就该死的神牛——真正的顶尖好手，他们所进行的交易十之七八都能赚钱。这条神牛该死，但愿本书能够完成这项"杀牛"任务。初学交易者几乎会把所有的时间，用来寻找所谓正确的交易。根据我的经验，"辨识交易机会"是交易赚钱最不重要的一环。事实上，我们究竟采用什么方法辨识交易机会，根本不太重要。我从不宣称自己采用的方法是最棒的，甚至不会认为我的方法优于平均水准。关键是：我如何选择交易机会，这与绩效表现之间没有显著的关联。我相信，初学交易者之所以费尽心思追逐那些胜率超过80%的交易系统，主要是因为他们不愿发生亏损。各位如果想在市场上稳定赚钱，首先就必须愿意认赔，愿意承认自己判断错误。

6. 本书并不打算告诉各位致富的捷径。有些书尝试告诉读者，如何在1年之内，把1万块变成100万。这种诉求或许有助于推销书籍，但完全脱离现实。这类故事如果真可能的话，他将在10年内拥有全世界的财富。如果不信的话，不妨实际算算看。我相当嫌弃风险。我对于2011年设定的目标报酬率是18%—24%。商品期货或外汇市场如能稳定提供2%的月份报酬率，而且账户净值又不会呈现剧烈波动，我就心满意足了。关于如何透过金融市场迅速致富，则留待其他作者讲解其中奥秘。所以，各位如果期待在市场上很快捞一笔，这本书恐怕不符合你的需要。反之，各位如果想深入了解市场投机的内涵，探索这方面的某些操作优势，请继续阅读。

7. 有关价格形态的分析技巧，我个人使用的效果很不错。因此，我想和大家分享过去几年来，在这方面学习和累积的知识，虽然这听起来似乎有点太无私了。某笔交易究竟应该怎么处理，由事后的立场观察，通常都觉得相当清楚、理所当然。可是，当我们处在走势图的最右端，针对即时市场进行交易，情况就变得非常不确定。我相信，有关价格排列方面的知识，我可以做些微薄的贡献，甚至可以协助各位发挥更高的学习效率。

我的最终目标，是要谈论专业交易者的行为和情绪——所涉及的层面，绝对不只是如何辨识下一笔交易机会。

读者

本书面对的对象包括：
- 商品、外汇专业交易者

- 一般投资大众（尤其是目前已届退休年龄的婴儿潮时代出生者）
- 没有经验的初学者

商品、外汇专业交易者

即使你的交易方法相当倚重价格形态分析，恐怕也很难由本书学到什么东西，但仍然希望本书可以稍微扩充你的知识领域。各位之所以阅读本书，相信不是想学习我的方法或专长。你已经相当成功，完全知道如何掌握自己的交易计划。

可是，当我谈论如何在市场上发挥自己的优势时，各位或许可以因此得到一些灵感。各位想必十分了解，成功的金融投机，其关键在于掌握情绪，也就是如何迎着波涛汹涌的情绪急流逆势而上。

你绝对是全球顶头的交易者之一，我向你致敬。金融市场如果是由商品专业交易者控制的话，就不可能发生2007年、2008年的全球性崩解。身为专业交易者的一员，你应该觉得很骄傲，因为你对于金融市场近年来的重大波动，不需负担任何责任。

身为商品、外汇专业交易员，实在有太多值得骄傲的地方。表1.1显示全球专业期货、外汇交易机构，表现最佳之前二十名最近5年来的绩效（风险调整后报酬率）。

最近5年来，这20家表现最佳的专业商品交易机构，其中19家在2008年全球性崩盘期间还能赚钱。这20家机构最近5年的平均绩效是12.9%（以复利计算回报率）。有7家机构在最近5年内，从来没有在任何一年发生亏损。由峰位到谷底的最大连续亏损只有-10.5%。这20家机构之中，最糟年份平均亏损为-1.9%。不妨拿这些数据和股票市场的剧烈波动表现做比较。

表 1.1　2005 年至 2009 年期间，表现最佳之全球专业期货、外汇交易机构（前二十名）

商品、外汇交易机构	平均年度报酬率	交易最大连续耗损	2008 年崩盘期间平均报酬率	最近 5 年赚钱年份百分率（最糟年份平均亏损）
前五名	20.5%	−8.9%	22.5%	88%（+0.3%）
第六名至第十名	12.8%	−11.3%	27.0%	80%（−1.8%）
第十一名至第十五名	10.2%	−10.9%	20.6%	84%（−1.4%）
第十六名至第二十名	8.2%	−11.1%	11.7%	76%（−4.7%）
综合没有加权	12.9%	−10.5%	20.0%	82%（−1.9%）

* 此处考虑的商品期货基金，其管理资产至少必须有 1,000 万美元，最大连续耗损不超过 15%，根据平均年度报酬率决定绩效排序。

资料来源：Managed Account Research Inc. 网站

这些专业商品交易者之所以能够长期维持稳定的绩效，我认为原因主要有 4 点：

1. 多数商品或外汇交易者，刚开始都是操作自己的资金。换言之，即使拥有财经 MBA 或量子物理学博士等傲人的学位，人家也不会拿好几百万的资金交给你管理。这些人往往是大学辍学生，或主修欧洲史、神学，甚至原本是航空管制员。

2. 身处在信用高度扩张的市场，你了解风险概念。你很清楚，失败头寸如果不甘心认赔的话，将付出惨重代价。你知道，目前的些微亏损，可能扩大为严重损失，甚至可能让整条船沉没。你绝对不允许失败交易严重侵蚀交易账户。

3. 你所交易的市场绝对透明，信息会立即反映在价格上，使得价格随时都充分反映真实价值。你使用的交易工具，每天都根据市价进行结算。你随时都知道整个投资组合的最精确结算价值——如果必须平仓的话，几分钟之内就可以办到。关于最近差点搞得全球经济崩溃的几桩事件，包括：美国国际集团（AIG）、雷曼，还有房地产抵押贷款交易工具，这些玩意儿可能让你不禁大笑。全球最大型的金融机构，怎么会把几十亿资金，押在这些每天交易结束之后，不能精确显示结算价值的东西上，甚至是自己都搞不懂的衍生性交易工具？结果，等到问题出了纰漏，还要政府出面来帮他们擦屁股。待麻烦一旦妥当，这些金融机构的管理阶层，又用一笔金钱犒赏自己。相当不错的赚钱路子，如果各位有门路弄到的话。

4. 你知道，想要保证交易可以长期成功，最重要的是如何处理亏损交易，而不是判断行情永远正确。你了解，获利头寸可以自己照顾自己，亏损头寸才需要接受管理。

一般投资大众

如果你是"一般投资人"，那么在过去几年之内，你所拥有的资产——股票、避险基金、房地产或其他——可能会莫名其妙"消失"，或起码会严重缩水。

反之，通过商品期货与外汇市场，你确实可以每年都创造两位数字的报酬，而且资本波动很有限。问题是，如果你打算自己从事这方面的操作，就必须了解其中涉及一些困难。想要在期货、外汇市场获得稳定的成功，你必须克服很多障碍。这不是一只会自动生金蛋的鹅。

你过去可能经常听人们说，商品期货是投机客玩的，投资人应该锁定股票和房地产。现在，但愿各位已经发现，这种传统的"投资"概念毫无根据。除了国库券之外，其他任何东西都是投机工具。未来几年之内，各位甚至还会发现，美国联邦政府发行的债务工具也未必可靠。美国30年公债可能是接下来即将破裂的泡沫。

不论喜欢或不喜欢，买进、持有策略是个天大的笑话。生命过程的每个决策，都是交易——你必须用某种东西去换取另一种东西。每笔交易都有显著的赌博成分。

各位或许也听过，商品、外汇交易是"由贫民窟迈向暴发户"或"由暴发户沦落贫民窟"的投机活动，因为这些交易工具蕴含着可观的信用扩张倍数。

落在适当的人手中，商品和外汇交易可以是保守的赚钱工具。就2010年3月的资料观察，由专业商品期货基金管理的总资产价值有＄2,170亿，他们试图提供给客户平均水平以上的报酬，而且尽可能减少资产价值波动。

如果这些叙述看起来像是帮期货交易摇旗呐喊，那是因为确实是如此。研究资料显示，股票与债券投资组合如果纳入期货成分，可以有效减缓资产价值波动。请参考图1.4，其中比较巴克莱商品交易顾问指数（Barclay Commodity Trading Advisor Index）与S&P 500股价指数的走势日期可以回溯到20世纪80年代初期。读者可以自行比较两者的价值波动状况。

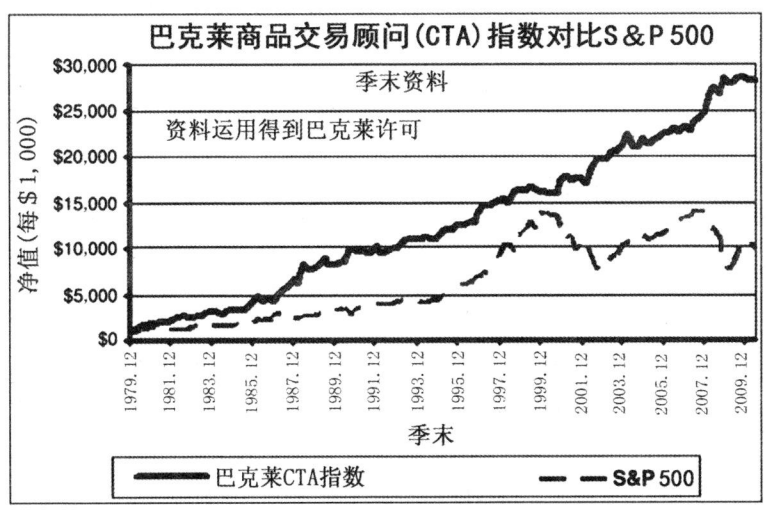

图1.4 巴克莱商品交易顾问（CTA）指数对比S&P 500股价指数

没有经验的初学者

对于你们，我要告诉各位一件事实！你们一直都被骗了！你们浪费很多钱购买那些昂贵的"黑盒子"交易系统，参加那些承诺各位迅速致富的讲座，梦想下一代的交易平台可以解决各种棘手问题，订阅一些专门提供交易建议的线上服务。可是，这是你自己造成的错误，因为你竟然想找到某种外在的方法，借以解决内在情绪上没办法断然认赔的问题。换言之，你的交易掺杂了太多"自我"与"自尊"。

你的交易有些会获利。事实上，有些年份的交易也会呈现获利。可是，交易不能维持稳定的绩效，因为你把绝大部分时间、金钱和精力都用于克服心理障碍。这样从事交易，就如同多莉·帕顿（Dolly Paton）唱的："在错误的地方寻找成功。"

你对于交易做的努力，大约有90%是用在最不重要的成分上：辨识交易机会。关于如何取得稳定、优异的绩效，本书将会讨论所有重要成分，但"辨识交易机会"仍是其中最不重要者。我认为，交易如果有所谓最重要成分的话，就应该是：如何管理亏损部位。

几年前，当我还在CBOT期间，曾经针对几十位专业交易员，进行一项不太科学的统计调查。这些年来，我也拿相同的问题请教初学者。我的问题是：

> 你有两个选择：两套不同的交易方法。这两套方法最近几年的交易绩效大致相同。其中一套的胜率为30%，另一套的胜率为70%。请问：你会挑选哪套系统？

专业交易者之中，大约有2/3的人选择30%系统。至于初学者，绝大多数都挑选70%系统。为何会有这方面的差异？

专业交易者了解初学者所不知道的一些东西。对于胜率高达70%的方法，如果想要达到预期绩效，恐怕没有犯错的空间。比如说，这种高胜率方法万一碰上很差的年份，结果将会如何呢？

专业交易者了解，胜率30%的方法，其风险管理结构应该优于高胜率方法，操作上允许有较大的犯错空间。事实上，胜率30%意味着有半数以上的交易将失败。任何方法都会碰上适用和不适用的期间。交易者应该未雨绸缪，预先考虑各种情况，尤其是艰困的行情。有句格言说："商品市场很容易赚钱，问题是如何保有所赚的钱。"这句话蕴含着无限智慧。想要保有所赚的钱，必须倚赖交易方法的风险管理功能。交易者如果不知道如何让资本安全渡过艰困期间，则先前赚再多钱也没用。

内容导览

本书的主题是：如何运用价格走势图，从事商品与外汇市场的交易。更明确说，本书是我个人运用价格走势图从事市场投机的方法。

可是，我并不因此认定，走势图判读方法优于其他交易方法；也不认为我使用价格走势图的技巧，优于其他交易者的这方面运用。事实上，我了解自己的交易方法存在缺陷。每年，我都会发现新的问题。本书会详细说明相关的缺陷。

阅读本书的过程中，我希望各位记住下列6个要点：

1. 想要取得稳定的商品交易绩效，关键不在于寻找某种神奇的进场方法。

2. 想要拥有稳定的商品交易绩效，关键在于扎实的风险管理。

3. 成功的交易，是一种不断重复、周而复始的程序；交易者必须秉持着最严格的纪律，以及最大的耐心。

4. 交易涉及的人性成分非常重要，这方面的问题长久以来都被多数人忽略。想要稳定而成功地从事金融投机活动，必须了解如何管理恐惧、贪婪……的情绪。

5. 长期而言，即使有半数以上的交易发生亏损，整体交易仍然得以获利。对于任何单笔或一系列交易，"过程"的重要性超过结果。

6. 图形排列判读并不是魔术，只不过提供一种交易程序的架构。

本书讲解过程，我会随时重复强调这 6 点。本书主旨是说明我如何运用价格走势图从事商品交易。除此之外，我并不想把这本书渲染为神奇工具。本书只是很单纯地把我从 1980 年之后学到的图形判读技巧，做有系统的陈述。整个学习过程中，我吃过不少苦头。我几乎犯过所有可能发生的错误，有些甚至重复无数次。市场不断重复地告诉我，务必要谦卑。

本书谈论的是价格走势图的形态，所以我觉得有必要稍微谈论这方面的历史背景。第 1 章将简略谈谈相关历史，以及传统图形的根本理论。同时，我假定读者已经熟悉走势图判读的基本技巧。第 1 章最后，还会讨论我个人认为这套交易方法本身蕴含的严重缺失。市场交易是一桩事业——任何事业如果想要成功，就需要一套经营计划作为决策与日常运作的根据。这些年来，我慢慢归纳出一项结论：所有成功的商品交易投机方法，都具备一些共通性质。

本书第 2 章至第 7 章，将解释我个人之交易方法的基本建构要素。我运用的任何特定交易决策，都是来自这套建构要素。其他专业交易者可能使用全然不同的建构要素，或使用内容类似而名称不同的建构要素。关于我的交易方法，我把相关成分划分为三大类：

· 基本成分（第 2 章）

· 交易成分（第 3 章至第 5 章）

- 个人成分（第 7 章）

第 6 章是案例研究，解释我去年在 3 个市场从事的交易，内容包括如何建立头寸、如何设定起始止损与后继调整、如何获利了结，以及交易的杠杆程度与风险承担。

第 8 章至第 12 章的内容，可以归纳为一句话："放手干"。这几章内容是我实际进行交易的记录，期间从 2009 年 12 月到 2010 年 4 月。我并不是基于绩效考量而特地挑选这段时间。方块文字与小节则包含下列内容：

- 市场行为的观察
- 不同行情与不同形态的特性
- 连续形态对比反转形态的交易
- 盘中走势图的运用
- 交易评论
- 教训与启示
- 错失交易
- 相关的人性因素

这几章说明过程使用很多走势图，主要是用来显示价格形态的演变，以及我执行交易计划的细节。请注意，这些内容是我每天进行交易当时的实际记录，绝对不是事后的叙述。所以，这部分内容将反映真正的交易——有好、有坏，还有丑陋者以及当时的想法和情绪。

第 13 章讨论这几个月的交易，以及摘要的统计分析。第 14 章则呈现本书讨论交易期间之价格形态范例的"最佳门面交易"（Best Dressed List）。但愿我们的"要素交易计划"能够掌握绝大多数的行情机会。我在这 5 个月期间的交易获利能力，完全取决于我是否能够准确辨识当时的价格形态，并运用适当的交易策略。

本书附录提供一些表格，说明本书讨论期间操作的资料。"附录 1"

提供交易日志的详细记录，内容包括：交易市场、进场日期、出场日期、信用扩张程度、辨别形态、交易信号类型、交易结果以及出场法则。"附录2"列举每笔交易的价格形态类别、信号类型与交易管理技巧。"附录3"列举作者推荐的一些书籍、网站交易平台。

  本书如果能够达成任何目的的话，那应该是说明成功的市场投机，是一种需要广泛与持续学习的技术领域。成功的投机，需要不断学习各种方面的市场行为、自我知识，并精通它们。

  关于本书，我对于读者与整个交易圈子有些期待：第一，我要推崇专业交易者为了维持成功、稳定的绩效所必须从事的艰难工作。交易是劳心、劳力的工作，必须克服各种心理情绪。可是，我们看到业内有很多交易系统、交易方法的推销者，把金融交易视为迅速致富的途径，完全不尊重交易面临的实际挑战。第二，我希望跟初入行的交易新手沟通一些观念，想要在这个领域取得稳定的成功，交易需要涵盖广泛的层面，绝对不只是相信某个市场将上涨或下跌而已。金融交易涉及各种决策和广泛领域。第三，传统价格形态分析是一种应该备受肯定的交易工具。形态交易者使用的方法，经常被批评为"戏法"或"花招"。事实上，形态只是交易工具，绝不是什么价格预测方法。第四，交易书籍通常很少谈论到人性因素，但这实际上是在金融交易取得稳定成功的最重要唯一因素。我希望借此机会，特别强调这个没有得到适当重视的因素。

第1章

传统图形分析的历史与理论

几百年以来，很多投机客采用价格走势图拟订交易策略。目前普遍运用的 K 线，据说最早是出现在 18 世纪，由日本稻米交易者本间宗久（Homma Munehisa）发明。本间宗久了解，稻米价格虽然取决于基本供需因素，但也会受到市场交易者情绪的影响。本间宗久设计的阴阳线绘图方法，是通过图形方式显示某段时期内的价格状态，希望借此掌握其他交易者不容易掌握的信息。投机客顶多只能期待拥有这种程度的优势。

美国方面，查尔斯·道（Charles Dow）在 1900 年左右开始绘制股价走势图。第一本深入讨论绘图技巧的书，是理查德·夏巴克（Richard W. Schabacker）在 1933 年出版的《股票市场获利技术分析》（*Technical Analysis and Stock Market Profits*），该书很系统地阐述股票图形的分析技巧，也就是现在所谓的"图形分析"。

夏巴克认为，股票市场行情深受大型玩家操控。这些大玩家的行为，基本上会反映在股价走势图所显示之每个交易时段的开盘价、最高价、最低价和收盘价等资料上。

另外他还发现，这些绘制在走势图上的价格信息，如果不是处于整理期间（代表大型玩家的承接或出货），就是处于趋势明确的期间。明确的趋势包括"上涨"（Markup）与"下跌"（Markdown）。最后，夏巴克发现，价格在整理期间以及有些趋势明确的期间经常会呈现特定的几何形态，交易者往往能够根据这些形态的结构，预测后继的行情走向和幅度。

夏巴克按照这些形态的结构和性质做了整理。传统的价格形态包括：

- 头肩顶、头肩底
- 趋势线
- 通道
- 圆弧形
- 旗形
- 等腰三角形
- 扩张三角形
- 直角三角形
- 菱形
- 矩形

夏巴克的研究成果，很多都被纳入罗伯特·爱德华（Robert Edwards）和约翰·迈吉（John Magee）在1943年出版的《股市趋势技术分析》（*Technical Analysis of Stock Trends*），后者被公认为是形态分析方面的圣经。

爱德华与迈吉踏在夏巴克的肩膀上，进一步拓展形态分析的研究，思考相关的交易法则，尝试把这方面的分析技巧系统化为交易草案。甚至到目前，《股市趋势技术分析》仍然被普遍视为是价格形态分析方面的最经典教科书。

我个人的观点

身为专业交易者，传统形态分析是拟订交易决策的主要依据。过去，我完全靠手工方式自行绘制价格走势图。目前，交易者有很多精密的绘图软体可供运用，甚至还有线上服务。

我目前仍然只采用价格形态分析，所依赖的就是日线图、周线图与月线图上的最高价、最低价、收盘价。我几乎完全不采用近20年来发展的各种技术指标，譬如：随机指标、移动平均、RSI、布林格通道……（虽然我偶尔也会参考平均趋向指数"Average Directional Movement Index ADX"，但程度相当有限）。

这些经过统计方法处理之后而得到的技术指标，并非没有用途，但它们毕竟都是从价格资料衍生出来的。我的立场很清楚：我的交易对象是价格，为何不直接观察、研究价格本身？我不能交易黄豆的RSI或移动平均，我只能交易黄豆。

我并不排斥技术指标，也相信有很多交易者确实可以成功地运用这些技术指标。我的想法很单纯，我的交易对象既然是价格，那我就只研究价格。

传统价格形态分析的限制

交易者如果考虑使用传统价格形态分析，就需要了解这方面运用的限制。

第一，我们经常会由"事后的"角度来"预测"行情。我看过无数书籍或资料都有这方面的问题，使得交易赚钱看起来非常简单。不幸地，为了更有效地讲解价格形态的某些性质，本书有时候也会犯下这种罪恶。

交易者面对的最大挑战，就是他必须在价格走势图的最右端进行交易。一般来说，具备可供运用之显著趋势的价格形态，通常都是由很多未必能够成功的小形态构成。价格走势图是一种持续发展的有机体，在实际开花结果之前，经常会愚弄交易者。

第二，价格走势图是一种交易工具，但未必是很好的预测工具。这些年来，我对于那些"走势图经济学家"的表现总觉得很有趣，他们不断根据价格走势图的最新演变，重新解释经济基本面状况。

基于特定的价格形态做完交易，与基于同样的价格形态看空市场的基本面，此两者是截然不同的。价格走势图是一种阶段性交易工具！任何价格走势图的其他用法，结果通常都会令人失望，而且也会造成损失。有些人认为，我们可以根据目前的价格形态，有效预测未来行情发展。这种想法是种迷信。价格走势图是交易工具——不是预测工具。

我使用价格走势图的历史已经有30多年，所以应该有资格发表一些意见。我是价格形态分析的支持者。我想要批判的，不是价格走势图本身，而是某些人运用价格走势图的方法。我认为，借由价格形态进行预测，这是相当致命的错误，尤其是用来预测经济状况。

各位可能知道某些交易顾问机构运用走势图预测未来经济状况。他们会渲染、夸大正确的预测；至于错误的预测，他们则会寻找各种借口，或干脆闷不吭声、绝口不谈。我想，我应该老实承认，我从来不知道行情将会如何发展——不论是否采用走势图。

第三，这方面的交易不能完全排除情绪干扰。当我们研究或解释价格形态时，不可能完全阻断恐惧、贪婪、期待等情绪。所以，我们不能假装形态分析是绝对客观的。价格形态分析本身就蕴含着交易者的倾向。

摘要总结

传统价格形态分析可以比做一种滤网,协助交易者了解市场行为,并且作为市场投机的完整架构。本书后续章节,将根据价格形态而提出一套完整的市场投机方法——我称此为"要素交易计划"(Factor Trading Plan)。然后,我会说明如何引用要素交易计划,实际从事21周的商品、外汇交易。

第11篇
期货狙击手"要素交易计划"

如同经营企业一样，交易也需要一套经营计划——换言之，在各种不同程度内，预先考虑交易可能遭遇的各种因素，并拟订相关的应对计划。30多年的交易生涯里，我发现了一套交易准则，也可以说是操作法则，作为拟定决策的依据。我称这套法则为"要素交易计划"（Factor Trading Plan）。

这套"要素交易计划"的内容，会随着交易经验、知识累积而持续演变，而且市场行为的性质也会出现变化。我相当清楚，其他专业交易者使用的计划，可能跟我的计划有很大的差别，但所处理的主题应该有很多共通点。事实上，我深信，成功的市场投机方法，在性质上应该有某种程度的相似之处。

本书第Ⅱ篇将解释我个人之交易方法的基本建构要素。"要素交易计划"有三大主轴，涵盖10个主要成分，请参考图PⅡ.1。

三大主轴的内容包括：

- **基础成分**：处理事项包括个性、脾气、交易资本、风险管理哲学等。
- **交易计划本体成分**：处理事项包括市场分析方法、交易操作方法，以及交易与风险管理方法。
- **个人成分**：处理事项包括成功交易者的性质和习惯。

第2章将讨论基础成分。至于交易计划本体成分，则在第3章至第5章讨论。第6章则借由案例研究说明交易的实际状况。第7章探讨成功投机客应该具备的一些性质和习惯。

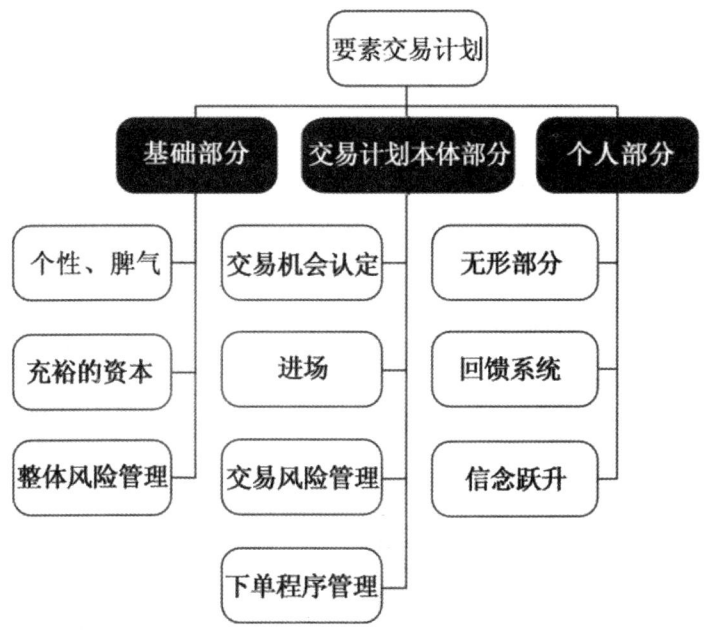

图 PⅡ.1 要素交易计划的主轴和构成

图 PⅡ.1 显示"要素交易计划"的整体状况，包括三大主轴与相关成分。借由这张图表，读者可以了解本书后继章节所讨论的主题。如果有必要的话，阅读过程可以回头参考这份图表，了解本书每部分讲解与整体架构之间的关联。

第2章
建构交易计划

交易计划的基础成分,将处理实际进行交易之前所必须预先考虑的一些问题。我相信,很多商品、外汇交易者之所以失败,是因为他们直接跳入市场进行交易,没有预先做些该有的准备工作。想要成功地从事投机活动,务必要先把基础打稳,把应该做的准备工作做好。

图2.1可以作为本章内容的指引,包括:个性、脾气、充裕的资本,以及整体风险管理概念。

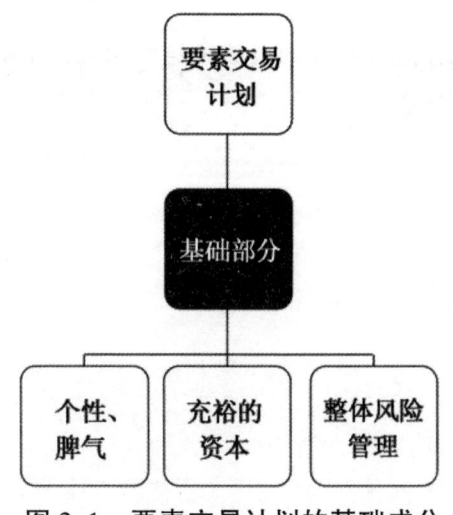

图2.1　要素交易计划的基础成分

交易者的个性、脾气

商品、外汇市场的价格波动剧烈，信用高度扩张。唯有心脏够强的人才适合从事商品交易。任何人如果想从事商品、外汇交易，或把资金交给专业期货经理人管理，都需要了解这些市场的价格波动情况。

对于自行管理交易账户的人来说，整个账户的资本，用于商品交易的部分，最好不要超过10%—20%，而且这部分资本之中，如果发生严重损失的话，应该不至于显著影响交易者的生活。

交易者还需要注意商品、外汇方面特有的性质。商品市场每天进行24小时的交易。唯有在美国的下午，市场才会短暂停止交易，借以决定当天的收盘价（结算价格）；紧跟着，新的交易日又开始了。所以，交易几乎是持续不断的，由美国到亚洲，然后是欧洲，接着又回到美国——每周的交易，是由星期天下午开始，一直持续到星期五的下午。几乎没有任何停顿！一周接着一周，生生不息！

商品交易通常都会采用高度信用扩张，甚至高达100倍。换言之，交易者可以借由$1,000的现金，控制价值高达$100,000的商品或外汇资产。这种情况下，相关商品价格只要出现1%的不利走势，就会造成保证金的完全损失。

所以，即使风险敞口不大，商品交易账户每天也可能出现2%—3%的净值波动。

关于商品期货交易，市面上有很多相关书籍可供参考。本书并不打算介绍商品、外汇交易的基本概念。对于初学者来说，我推荐各位阅读亚历山大·埃尔德（Alexander Elder）的《以交易为生》（*Trading for a*

Living），还有本书"附录3"列举的一些书籍。

商品与外汇交易涉及一些非常重要的因素，是初学者必须特别注意的。这些因素凸显了它们不同于债券、股票、房地产或其他收藏品。

商品、外汇市场的每个多头，都存在对应的空头。对于股票市场来说，纽约证交所的融券余额通常只有3%左右，很少超过5%。反之，对于商品或外汇市场，空头永远与多头对等。

每个多头头寸都存在对应的空头头寸。这种性质也就是所谓的"零和博弈"（Zero-Sum Game）。换言之，多方所赚取的每$1获利，都是来自空方的$1损失，反之亦然。事实上，商品、外汇交易并不是真正的"零和"，而是负数，因为交易还涉及佣金和其他费用。

对于股票交易来说，如果行情上涨，几乎所有的投资人都会赚钱。可是，由于商品、外汇市场属于零和实局，所以初学者必须设法击败专业交易者和商业避险者，否则就不能赚钱。

我个人认为，某些人不适合从事商品、期货交易，虽然其他专业交易者对此可能有不同看法：

1. 当日冲销者。
2. 随时查核账户余额的人。
3. 情绪化的人。

当日冲销者

商品市场不适合进行短线的当日冲销，因为必须考虑交易成本。就欧元与美元的交易为例（表示为EUR/USD），假定交易者每天进行5笔交易，每笔交易涉及1合约（100,000欧元）。为了进行这些交易，账户内至少必须有$2,000的保证金（实际金额取决于经纪商、账户规模与交易所的规定）。

外汇交易几乎不需要佣金，但当日冲销者必须克服买卖报价之间的价差。提供报价的银行或交易商，它们也要赚钱。所以，它们提供的买进和卖出报价，两者之间通常会有2—4个基点的价差。举例来说，每欧元的买进报价可能是＄1.4559，卖出报价可能是＄1.4561。这种情况下，当日冲销者想要买欧元，每欧元必须支付＄1.4561，如果想卖掉欧元，则每欧元只能取得＄1.4559。

所谓买进或卖出报价，是以报价银行的立场来说，"买进"是报价银行的买进价格，"卖出"是报价银行的卖出价格。换言之，交易者如果想买进，只能根据卖出报价买进；想要卖出，则必须根据买进报价卖出。对于进出金额很大的专业交易者来说，买卖报价之间的价差可能只有1个基点，但一般小额交易者，买卖报价的价差可能高达3个基点。

就目前的讨论来说，我们假定买卖报价之间的价差是2点。所以，每天进行5笔交易，相当于要赚10点，整体交易才能勉强打平。10点相当于是＄100（实际金额取决于交易币别）。

经过两个星期之后，交易成本就会累积为＄1,000（对于每单位100,000欧元的合约，每天10点，10天就是100点）。所以，＄2,000的保证金只够支付4个星期的交易成本。换言之，对于这位当日冲销者来说，每个月必须取得100%的报酬，才能避免耗尽保证金。

随时查核账户余额的人

根据我的经验，那些在交易过程，随时关心账户余额状况的人，注定是商品、外汇市场的失败者。至于个中原因，则与杠杆市场的性质有关。过分关心账户价值的人，其市场判断势必受到影响，结果会倾向于采用防御策略。防御策略在商品、外汇市场是绝对不适用的。

想要在商品市场获得成功，虽然必须引用适当的资金与交易管理策略，但交易过程必须把整个注意力完全摆在交易本身（而不是账户净值）。所以，如果你随时都必须知道账户余额，恐怕就不适合从事商

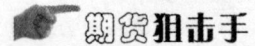

品、外汇交易。

情绪化的人

商品市场不要俘虏。任何人在情绪管理上如果存在显著问题,商品市场一定会充分运用这些情绪瑕疵,偶尔给予致命打击。

想要在金融市场获得成功,交易者需要培养某些"违背"人性的素质。换言之,想要在市场上赚钱,交易者必须克服情绪干扰。事实上,绝大多数的专业交易者都会告诉你,他们最成功的交易都是跟情绪直接对立的。

所以,任何人在财务决策、日常生活、人际关系方面,如果经常因为情绪失控而发生问题,就不适合从事商品交易。即使没有情绪包袱,商品、外汇交易已经够困难的了。

摘要总结

"要素交易计划"——或其他有组织、有系统的任何市场投机方法——假定交易者有能力管理其情绪。这并不是说你在交易过程不能呈现任何足以干扰游戏计划的强烈情绪,也不是说你必须完全排除任何可能影响交易的情绪,更不是说交易过程不得出现任何情绪。可是,这意味着你必须了解情绪(包括:恐惧、忧虑、不切实际的期待、贪婪、压力……),清楚这些情绪虽然很正常,但并不可靠,你必须想办法让它们不至于影响交易。

执行"要素交易计划"(或任何市场交易操作)需要具备两个条件:

1. 交易资本充裕,足以应对长期的交易不顺利。

2. 有能力管理情绪(至少通常能够如此),使交易准则或方法不至于受到影响。

充裕的资本

1980年,我拟订了"要素交易计划",开始从事交易,起始资本还不到$ 10,000。任何人如果相信这区区$ 10,000就足以让我成功,头脑想必有点不正常。我没有被三振出局,可以说是全然的奇迹。刚开始,我的交易总是前进三步,后退两步,没有明确的进展,直到1982年,我把全部资金押在瑞士法郎的交易上,情况才改观(请参考图2.2)。直到这笔交易成功,我才取得较充裕的资本。这个时候,我的交易方法也开始慢慢成形。此处显示这笔交易相关的走势图,目的只是供读者参考。这笔交易采用的杠杆,足以让我现在觉得不寒而栗,是我目前杠杆水平的20倍!

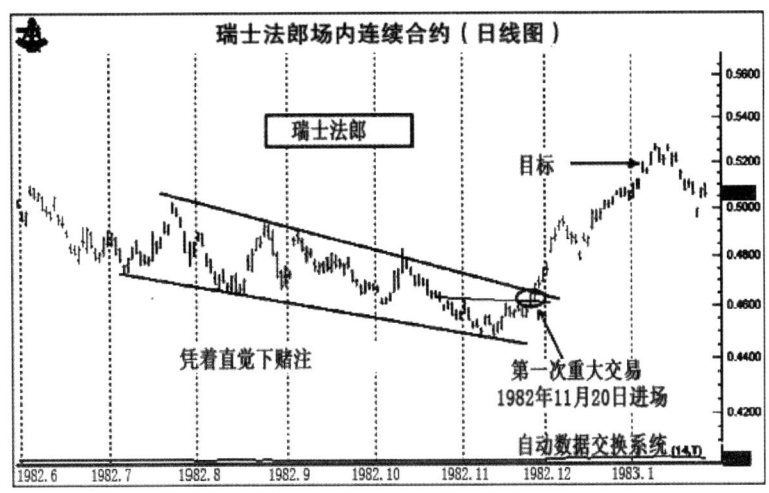

图2.2 做多瑞士法郎:第一笔重大交易

经常有朋友问我,商品与外汇交易需要多少资金。这个问题没有简单的答案,因为有太多不确定因素,我只能就我的交易方法来回答这个问题。

如果想要采用"要素交易计划"提供的全部信号，每单位交易资本需要＄100,000。这并不是说，进行这些交易所需要的保证金为＄100,000。我之所以设定这个金额的交易资本，完全是考虑期望获利与潜在最大连续耗损之间的关系。

根据我个人的交易经验，平均年度报酬率大约是最大年度账户净值连续耗损的两三倍。我们可以运用几种方法衡量报酬与风险之间的关系，譬如：史特灵比率（Sterling Ratio）、卡马比率（Calmar Ratio）、索提诺比率（Sortino Ratio）与MAR比率。任何年份内，根据我的交易数据计算的修正卡马比率（"年度报酬"除以"月底最糟连续耗损"）波动很剧烈，有时候是负数，有时候则会高达30∶1。

我设定每单位交易资本为＄100,000，目的是要限制每年最糟连续耗损，让该期望值大约是交易资本的10%。这并不是说我的账户净值耗损绝对不会超过10%，也不是说我的交易必定能够获利。我是依据风险参数来设定交易资本单位，这跟初学者的考量全然不同。初学者的想法往往很单纯，譬如："我的账户资本为＄25,000，每黄豆合约的保证金为＄2,500。因此，我可以买进或放空10合约。"一般来说，每交易1黄豆契约，我起码要有＄100,000资本。

关于交易资本，我猜——纯属有根据的猜测——其他专业交易者大多设定每单位为＄100,000。某些较有名气的商品交易顾问，他们规定客户的账户资本不得低于＄500,000，或甚至＄1,000,000。这些金额显然代表他们的标准交易单位。

整体风险管理

交易操作成功与否，基本上是取决于如何管理风险。初学的商品交易者，心态上总是认定每笔交易都会成功。专业交易者的心态刚好相反，他们通常都假定每笔交易很可能会失败，并且由这个角度思考风险管理。这两种立场之间的差异非常重要。

"要素交易计划"秉持有几种基本假设：

- 我不知道行情会朝哪个方向发展。我可能认为自己知道，实际上却不然。根据过去的经验观察，我对于行情走势看法的把握程度，与市场实际发展之间的关系，往往呈现负相关。事实上，我认为，交易者只要运用适当的风险管理方法，他即使建立与其强烈看法相反的部位，也同样能够获得稳定的成功。
- 根据长期资料观察，我的交易大约有30%—35%能够获利。
- 我的下一笔交易，能够获利的概率小于30%。
- 短期之内，我的交易可能出现高达80%的失败率。
- 任何一年内，我很可能遭遇连续8笔或以上的失败交易。
- 整周、整月或整年的交易，结局经常是亏损。

前述假设代表的风险管理概念，都完全纳入"要素交易计划"。原则上，任何特定一笔交易承担的风险，都不得超过整体交易资本的1%，最好是在0.5%左右。

由于我的交易资本单位设定为$100,000，这意味着每单位交易资本所能够承担的最大风险为$1,000。我从事交易支付的保证金，很少超过整体账户资本的15%。我不记得曾经接过任何追缴保证金的通知。

假定每笔交易承担的风险不超过交易资本的1%，这种情况下，如果每年起码会发生一次连续8笔失败交易，那么账户净值最大连续耗损起码会有8%。

我在情绪上所能够接受的账户净值最大连续耗损，大概是15%。自从我采用"要素交易计划"以来的最近10年，其中有9年曾经出现至少15%的最大连续耗损。

我发现自己年龄愈大，愈能够忍受风险。目前，根据我个人的风险管理原则,账户净值的年度最大连续耗损设定为10%(此处是考虑以"周"为单位的账户净值;换言之,最大连续耗损是由周净值峰位到周净值谷底)。关于账户净值发生在盘中的波动,我通常都不理会,因为我不会试图掌握每天的最高价与最低价,我甚至不会浪费精力去思考这方面的问题。事实上,如同本书所强调的,我认为交易者不该过分关心账户净值的每天波动。

我是由市场之间的相关性来思考风险。举例来说,美元兑换欧元的空头走势,意味着美元兑换瑞士法郎或英镑的汇率走势也会疲软。黄豆如果呈现多头行情,则黄豆油与黄豆饼通常也会上涨。对于高度相关市场的综合部位(作物、利率、股价指数、外汇、贵金属、工业原料等),我会限制其风险为整体资产的2%。任何的市场交易操作,如果想获得成功,就必须考虑整体风险管理。

内容重点

- 外汇与商品市场属于信用高度扩张的市场。
- 商品与外汇交易属于零和博弈,性质上不同于股票或债券。某位交易者如果赚钱,必定有某位交易者发生亏损。
- 交易资本是否充裕?你是否禁得起亏损?
- 你是否了解交易可能引发的情绪,以及相关的情绪管理?
- 在情绪上与心理上,你是否要求每笔交易都成功?对于所使用的交易方法,你是否允许多数交易决策为错误?
- 交易过程中,你的注意力主要会摆在如何寻找成功的交易机会,或摆在亏损交易的管理上?想要获得稳定的成功,风险管理的优先性应该高于寻找交易机会。

第3章 交易与交易术语

现在,我们想要讨论"要素交易计划"的技术面成分。这套交易计划试图处理下列问题:

- 我应该交易哪些市场?
- 应该做多,或放空?
- 是否现在就介入,或者应该再等等?如果决定再等等,究竟应该等什么呢?

在我们的"要素交易计划"中,有关如何辨识交易机会的部分,将讨论一些实操和战术的问题,请参考图3.1。

我想我应该趁这个机会再强调一次,我不敢说自己这套方法是最好的方法,也不敢说这套方法已经没有改进的空间。事实上,在各位阅读本书的过程中,应该会看到这套交易计划还存在很多缺点。我之所以详细叙述"要素交易计划",主要目的不是凸显我的方法有多么杰出,而是要让各位了解,如果想在金融交易市场获得稳定的成功,应该采用一套涵盖所有必要层面的完整计划。交易程序很重要,交易者需要预先考虑交易投机活动可能发生的各种情况。

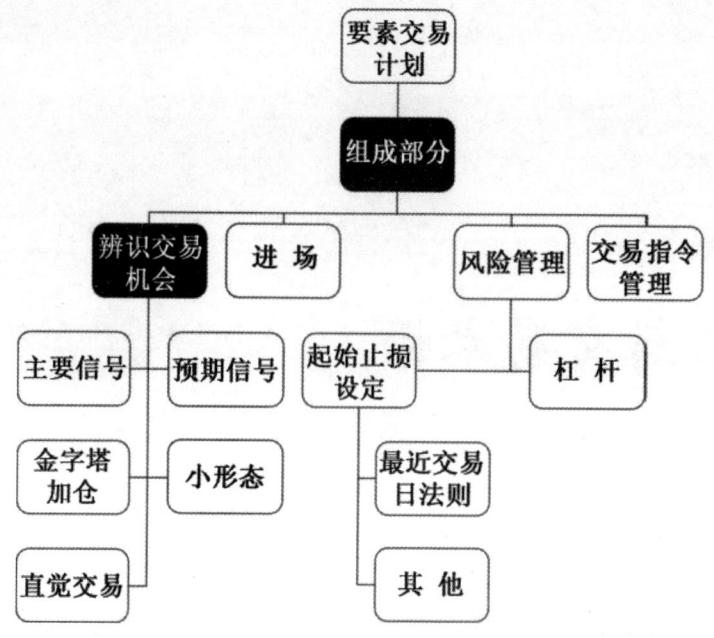

图 3.1　辨识交易机会

这套"要素交易计划"是根据下列假设而拟订：
- 对于任何特定市场，研究价格走势图并不能判断市场的走向。
- 价格走势图是一种交易工具，不是预测工具。价格走势图能够让交易者拥有些许优势，但绝对不能用来预测价格。
- 交易者不能因为价格走势图而坚持某种行情看法，或坚持某种交易头寸。
- 不要假定下一笔交易能够获利。
- 多半情况下，市场的实际走势并不符合交易者根据价格走势图所做的预测。
- 市场行情发展往往不是传统价格形态理论所能够解释的。

在这些前提之下，第 3 章至第 5 章将探讨"要素交易计划"的运作，尤其是交易成分的内容。本章将讨论如何辨识交易机会，包括一些基本概念，并界定相关的术语。第 4 章介绍一些最理想的案例。第 5 章讨论各种交易形态与其发生频率，并解释整个计划的运作方式。

交易认识

有许多方法可以解释交易。重点是交易者必须知道，什么是交易信号、什么是可交易机会、什么是正确时机。不论交易者究竟是采用机械化系统、自由心证技术方法、基本面供需方法或采用某种经济模型，情况都是如此。交易者如果不知道当时的行情是否是可供交易的架构，那么问题就严重了。这也是我为什么建议初学者先做个一两年的纸上模拟交易，然后才投入实际的资金。

"要素交易计划"采用的方法，属于技术分析领域。技术分析是研究价格本身的行为，借以辨识适当的交易机会，并提供交易信号。至于基本分析方法，则是考虑整体经济状况以及交易对象的供需条件。本书并不打算深入讨论这两种方法的差异。

"要素交易计划"所采用的技术分析，是属于"自由心证"（Discretionary）类别，而不是"机械化"（Mecbanical）系统。所谓"自由心证"，是指相关方法使用上，交易者必须做某种程度的主观判断。至于机械化系统（有些人称此为"黑盒子"系统），其"进场"、"出场"讯号非常明确，完全不涉及使用者的主观判断。

我之所以挑选自由心证方法，纯粹是因为个人偏好，不是机械化系统有什么明显的缺失。事实上，我的交易计划存在一些令人困扰的缺失，如果使用机械化系统，这些缺失或许就不会发生。可是，我原则上认为，自由心证方法比较符合我的个性，也符合我对于市场价格行为与动态机制的认知。

更明确说"要素交易计划"是根据传统的价格形态理论,借以拟订交易决策。有关价格形态理论的简单介绍,请参考第1章。

要素交易计划相关术语

任何产业或企业,都会借由一套专门的术语,用以描述相关作业的概念或程序。一般来说,书籍使用的术语,都会整理在附录之中,方便读者查阅。可是,我认为,"要素交易计划"引用的术语,将直接影响读者对于这套计划的了解。所以,读者有必要精确地了解这些术语。

下文的术语介绍,并不是按照英文字母顺序排列,而是按照我认为实际操作中的发生顺序排列。

交易单位(Trading Unit)

我的交易单位是 $100,000。计算风险与杠杆时,我永远是根据 $100,000 做考虑。因此,交易资本如果是 $500,000,那就是 5 个交易单位。

头寸单位(Position Unit)

我经常在不同时间、不同价位分批建立头寸。举例来说,当我预期价格即将突破时,可能预先建立第一层的头寸。等到价格实际突破时,我建立第二层头寸。当价格折返重新测试突破点时,我可能在这种几乎没有风险的情况下,进一步扩张信用,建立第三层头寸。最后,我可能找到加码的机会,于是建立第四层头寸。所以,整个头寸是分四批交易进行。请注意,我绝对不会加码亏损头寸。唯有当既有部位处于获利状态,我才会加码。即使是分批建立头寸,但整个头寸承担的风险,仍然不得超过账户净值的1%。分批建立头寸，并不是常态。

突破（Breakouts）

我是个突破交易者。可是，我借由两种方式界定突破。首先，任何价格形态都有界定其几何形状的界线。某些交易者或分析师采用非常精细的界线；我则采用相对粗糙的界线，有时候为了更明确标示价格形态的几何形状，界线可能没有精准通过最高价或最低价。对于界线或突破价位如果太斤斤计较，往往会让我付出代价。

根据爱德华与迈吉的看法，有效突破是当价格穿越界线达3%或以上。这种定义恐怕不适用于某些商品交易。举例来说，假定黄金价格目前为每盎司$1,000，3%的突破就是$30。

突破是相当复杂的概念，不只是穿越形态边界而已。任何价格形态都是由一些小型高点、低点构成。形态边界就是由这些高点、低点构成。所谓有效的突破，行情应该穿越用以界定形态边界之最近高点或低点。最好的情况下，我希望看到行情穿越已完成形态边界的最高价或最低价。图3.2显示英镑/美元（GBP/USD）汇率周线图的例子。

冰线（Ice Line）

"冰线"与"边界"（Boundary Line）的意思相同。冰线是指行情一旦穿越形态边界，则穿越之前与穿越之后的价格行为，应该截然不同。冰线是指湖水结冰之后，区隔湖面冰层与下侧湖水之间的界线。湖面冰层可以支撑人兽通行。可是，一旦突破冰线而跌落下侧湖水，则冰线将成为向上穿越的阻碍。

图3.3显示英镑/美元（GBP/USD）汇率走势的冰线。图3.4则显示白金的冰线。

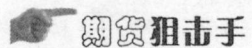

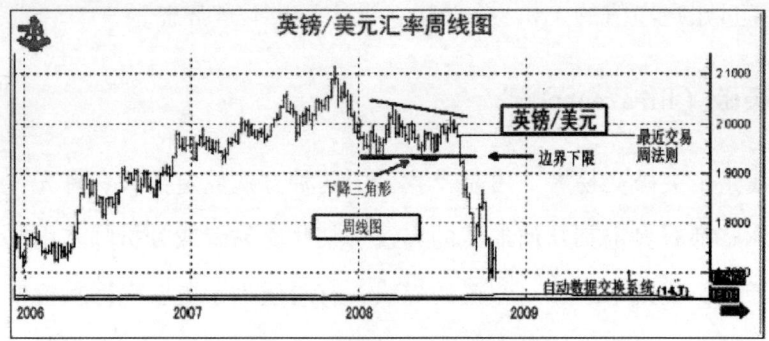

图 3.2 英镑的形态突破

图 3.3 英镑的冰线

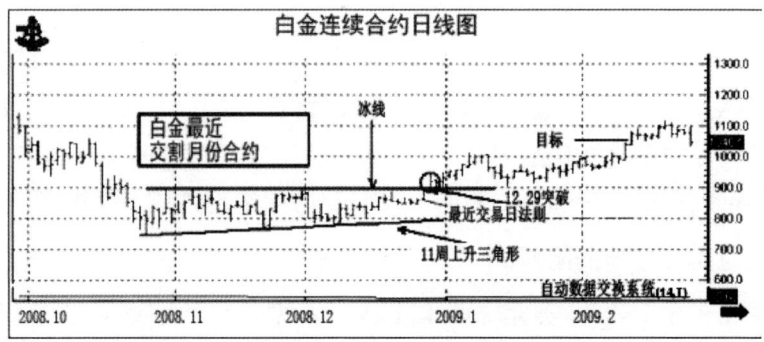

图 3.4 白金的冰线

脱序走势（Out-of-line Movement）

绘制价格形态的边界，未必能够很精确。事实上，市场根本不在意我们绘制的边界如何。几何界线没有什么神奇之处，价格走势的高点或低点，如果刚好能够用来绘制界线，那当然很好，但这是例外情况，不是常态。边界应该界定整体价格走势的大致范围，不该太迁就极端走势。所以，边界可能穿越某些线形。

价格形态发展过程，某天的盘中价格可能显著穿越既有的形态界线，但很快又折返回到界线之内。爱德华与迈吉称此为"脱序走势"。脱序走势虽然会造成交易操作上的一些困扰，但历史案例显示这类走势通常只会影响一两天。形态界线没有必要因为脱序走势而重新绘制。图3.5与3.6显示伦敦糖与纽约糖的一些脱序走势案例。

图 3.5　伦敦糖的脱序走势

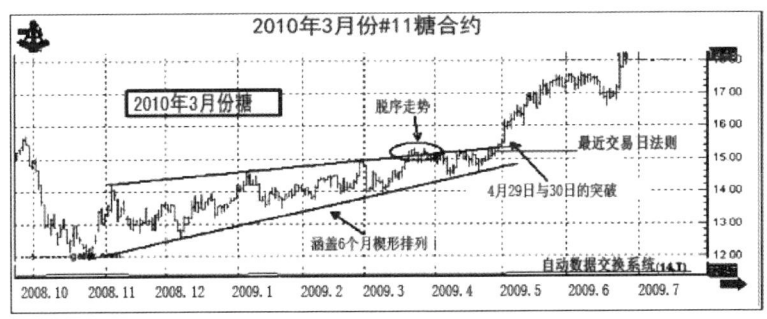

图 3.6　3月份糖的脱序走势

过早的突破（Premature Breakout）

过早的突破，情况不同于脱序走势，其收盘价穿越到形态的既定界线之外，甚至连续几天呈现突破走势的后续发展。可是，这类突破走势最终还是返回价格形态之内。过早突破往往有预示作用，真正的突破走势可能在几个礼拜之内发生。我称这类后续突破为第二期突破（Secondary Breakout）或形态重新完成（Pattern Recompletion）。图3.7显示可可的案例。

图3.7　可可的过早突破

假突破（False Breakout）

假突破不同于过早突破，后者最终会发生相同方向的真正突破，但假突破随后会导致价格发展为更大规模的形态，或干脆朝相反方向突破。有些人把向下或向上的假突破，分别称为空头陷阱（Bear Trap）或多头陷阱（Bull Trap）。这是说，交易者如果根据最初的突破信号建立头寸，结果将站在错误的一边。图3.8显示德国股票市场DAX的假突破。

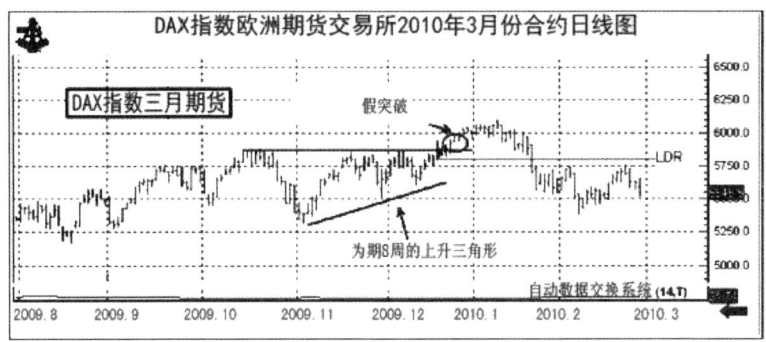

图 3.8 DAX 的假突破

2009 年，美国股票市场出现相当经典的假突破走势。请参考图 3.9。标准普尔（S&P）500 期货在 7 月份完成为期 9 周的头肩顶排列。日线收盘价跌破头肩顶颈线，而且随后 5 天继续呈现向下突破应有的发展，然后突然向上反转。7 月 14 日，价格重新站上头肩顶的颈线，显示整个情况可能发展为空头陷阱。7 月 16 日，价格强劲走高，向上穿越头肩顶排列的右肩高点，这代表有效的买进信号。

图 3.9 标准普尔指数中的假突破和随后的买进信号

突破如果不是真正的突破，通常都会造成交易操作上的重大困扰。当交易者根据最初的突破走势建立头寸之后，如果价格朝原先的形态折返，他将不知道该走势究竟是短暂的脱序，或者先前的突破只是过早突破或假突破。所以，在最初的突破走势发生之后，价格只要显著折返到先前形态之内，我就会放弃稍早根据突破走势建立的头寸。

水平状或对角状的形态

我个人明显偏爱边界呈现水平状的形态。譬如：矩形、上升三角形和头肩排列等。我把这类排列看成是水平状形态。我的交易之所以偏爱水平状形态，主要是因为价格穿越形态边界的同时，通常也会穿越形态高点或低点。图3.10显示黄金在2007年形成的矩形排列。当价格穿越矩形上限时，也同时穿越重要的4月份高点，这代表买进信号。

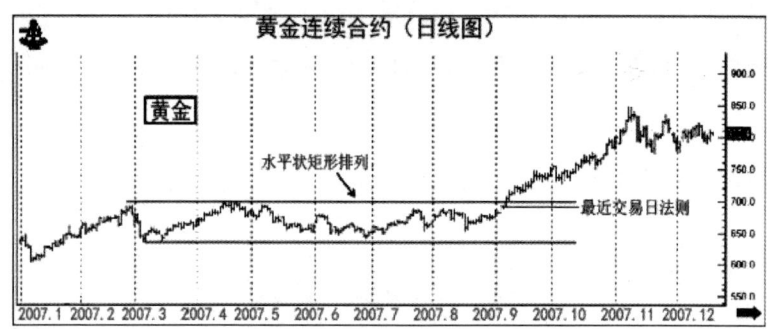

图3.10　黄金的水平状价格形态

相反地，对角状的形态，其形态边界是呈现倾斜状。这种形态排列在操作上会造成困扰。第一，根据我个人的经验显示，边界呈现倾斜状的形态，比较经常出现过早突破或假突破。

第二，当价格突破呈倾斜状的形态边界，未必会突破相关的重要高点或低点。图3.11显示欧元/美元汇率的向上倾斜趋势线以及该趋势线在2009年造成的问题。

10月底，当价格跌破趋势线时，交易者在操作上将面临难题：是否应该重新绘制趋势线,或者把随后的向下突破——譬如:11月中、下旬的突破——继续视为假突破。

第三,交易者针对突破走势建立头寸,假定行情回测。这种情况下,如果测试失败的时间拖得愈久,认赔造成的损失也愈大。请参考图 3.12,黄金突破下降楔形排列,随后几天的回测致突破交易发生损失。

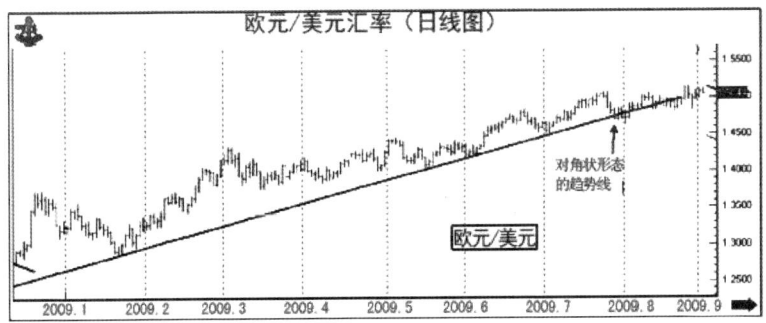

图 3.11　欧元/美元汇率:对角状形态造成的问题

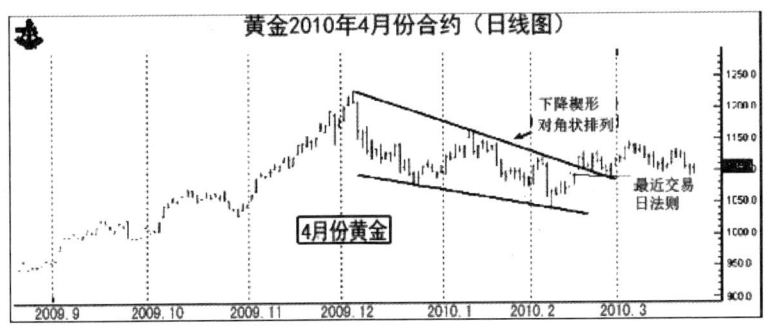

图 3.12　黄金的对角状形态

尤其是关于趋势线或趋势通道的处理,对角状排列会显得特别棘手。事实上,除非趋势线经过多次的测试,否则我个人不认为趋势线适合进行交易。

最近交易日法则

最近交易日法则（Last Day Rule）是"要素交易计划"设定头寸起始止损的主要方法。

形态突破如果有效，则突破当天的走势显然很重要。正常情况下，我会根据突破当天的最高价或最低价，作为头寸的防护性止损点。这称为"最近交易日法则"。

如果价格借由跳空缺口穿越形态界线，或开盘价位在形态界线附近，我可能将突破前一天视为最近交易日，根据其最高价或最低价决定头寸的起始止损。

图3.13显示原油如何借由最近交易日法则决定多头头寸的起始止损，后者始终没有遭到威胁。事实上，有效的价格形态一旦完成，最近交易日法则几乎都不会受到威胁。

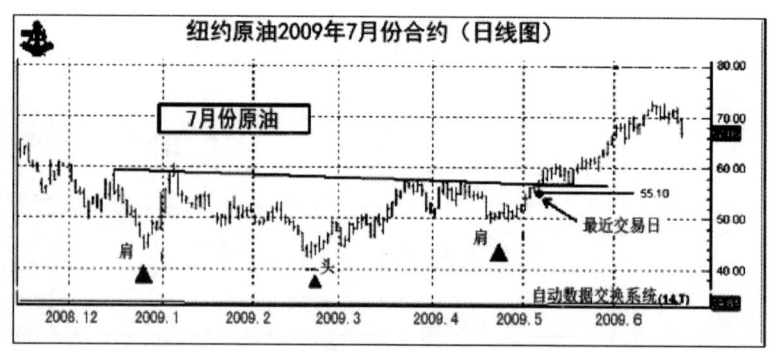

图3.13　原油的最近交易日法则

图3.14显示白银的两个最近交易日法则案例，第一个止损遭到引发，第二个则没有受到威胁。

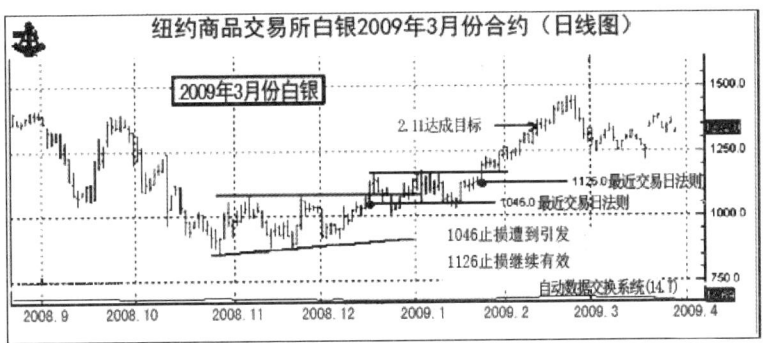

图 3.14　白银的最近交易日法则

本书的范例走势图都借由一条细线和 LDR，标示最近交易日决定的止损价位。

最近交易小时法则

某些情况下，当价格形态突破时，交易区间可能非常大。因此，最近交易日法则决定的头寸止损点，其风险可能超过资金管理法则允许的程度。若是如此，我会选择更严格的保护性止损。可是，我不会因此武断地采用某特定金额，我还是希望根据价格形态设定止损。碰到这种情况，我会根据突破当时最近 1 小时或 2 小时、3 小时——或其他适当时间架构单位的盘中最高价、最低价设定止损。

总之，如果最近交易日法则决定的风险程度不恰当，我通常会在盘中走势图上寻找突破之前小型涨势，或下跌走势的关键价位。当然，有些时候，我顶多只能根据资金管理法则而采用特定金额的止损。不论是根据 1 小时、2 小时、3 小时或其他盘中走势图设定止损，相关法则都统称为最近交易小时法则（简称 LHR）。

图 3.15 显示 S&P 走势引发最近交易小时法则设定的止损。最近交易日法则的概念，也同样可以运用在周线图甚至月线图。

总之，不论时间架构如何，有效的风险管理准则都同样适用。

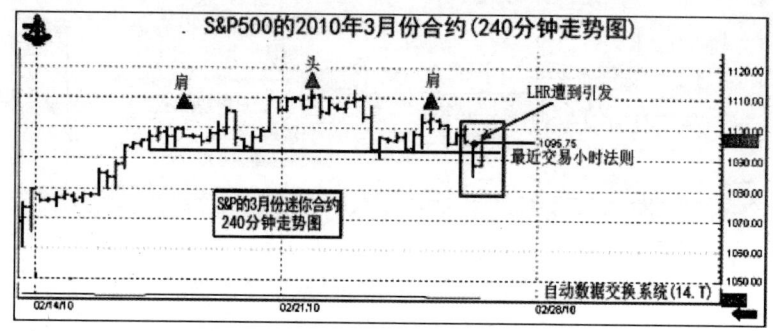

图 3.15 S&P 3 月份合约的最近交易小时法则

回测（Retest）

根据我多年来的经验显示，最棒的突破走势都很干净利落，几乎会立即朝突破方向发展，而且不再回头。事实上，我相信，对于我所建立的每个头寸，假定收盘时发生损失，就立即认赔出场。这种情况下，我的整体交易绩效一定会变得更好。可是，在形态最初突破之后，价格经常会重新折返，测试原先的形态边界，测试时间可能长达数天或一个星期。这类的回测属于正常现象，交易者不需要太担心，前提是折返走势不该显著贯穿冰线。图 3.16 就是芝加哥期货交易所糙米突破走势的回测。

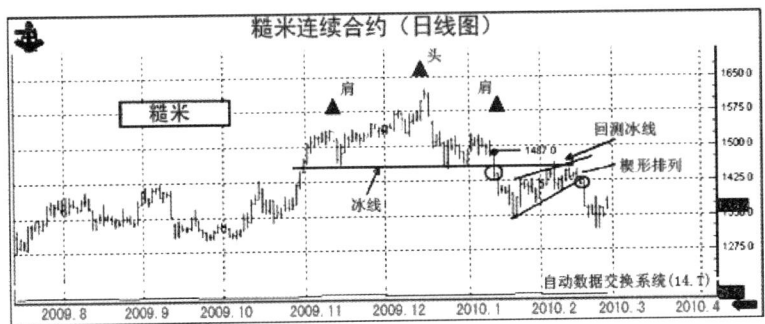

图 3.16 糙米头肩顶形态的回测

硬性回测

所谓"硬性回测"（Hard Retest），是指折返走势实际穿入先前突破的价格形态。硬性回测虽然会挑战交易者的耐心，但未必代表先前的价格形态已经失败。

多年来，我听到交易者经常提出一个问题：形态排列突破时，是否最好不要马上建立头寸，应该等待价格折返回测时才建立头寸？关于这个问题，我的答案是很明确的"不"。不妨冷静地思考这个问题。如果不在突破时建立头寸，意味着我们不能掌握那些立即朝突破方向发展而不回头的交易，而这些交易机会刚好是最值得进行者。价格形态突破之后，如果回测，失败的可能性也跟着提高。关于硬性回测的案例，请参考图 3.17 的美元/加元汇率走势。

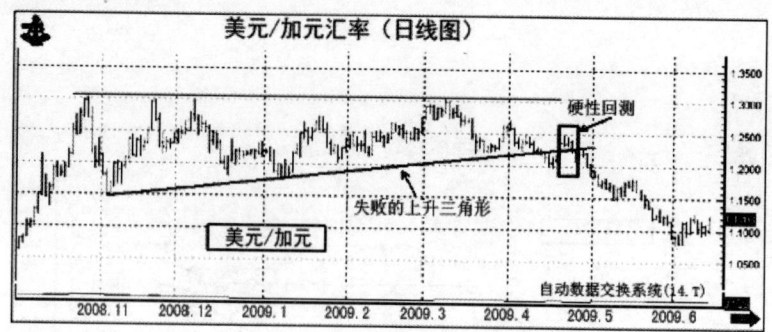

图 3.17　美元/加元的硬性回测

回测失败法则

硬性回测让交易者有机会根据该回测的最高价或最低价调整止损点。假定最初突破建立的头寸按照最近交易日法则设定止损，随后如果发生硬性回测，我可以把既有空头（多头）头寸的止损调整为硬性回测的最高价（最低价）。相关概念请参考图 3.18 的 2010 年 11 月份黄豆合约走势。对于这个案例，为期 12 周的三角形形态在 11 月 11 日当周向上突破（A 点），12 月 25 日出现硬性回测（B 点），根据硬性回测最低价的止损，在 1 月 15 日被引发（C 点）。

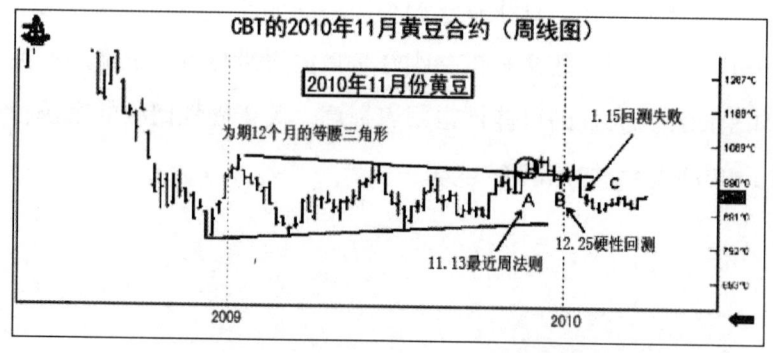

图 3.18　黄豆周线图：回测失败法则

目标价位

价格形态完成之后，通常可以设定随后将发展之走势的目标价位。原则上，由突破点衡量的目标价位，其幅度起码应该是先前价格形态的高度，虽然这个法则有很多例外情况，实际的目标价格衡量也蛮复杂的。多数情况下，我会在预定目标价位获利了结（全部或部分）。图3.19 显示糖走势的目标价位衡量，C—D 的距离应该等于 A—B 的距离。图 3.20 则显示英镑/美元汇率之上升三角形排列的目标价位，C—D 的距离应该等于 A—B 的距离。

我另外采用两种方法衡量目标价位。第一种引用所谓的波动目标（Swing Objectives）方法。换言之，价格呈现波浪走势，每波浪的垂直距离大约相当。

我偶尔还会采用 OX 图计算较长期的目标价位。我计算 OX 图上价格整理期间的距离（请注意，OX 图不考虑时间因素），用以衡量目标价位。每当碰上较长期的整理（筑底走势），如果我预期形态完成之后，价格走势幅度很可能超越形态高度，往往就会采用 OX 图衡量较长期的目标价位。

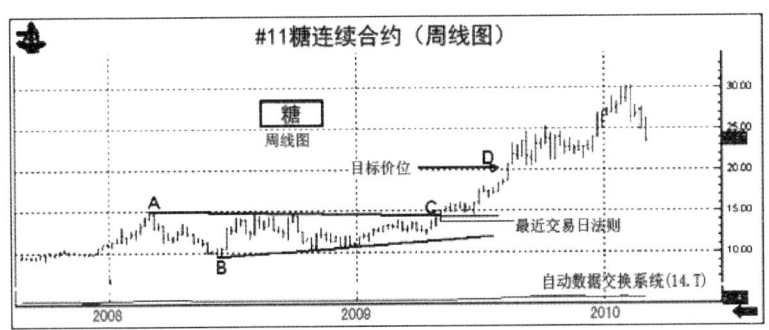

图 3.19　糖三角形的目标价位

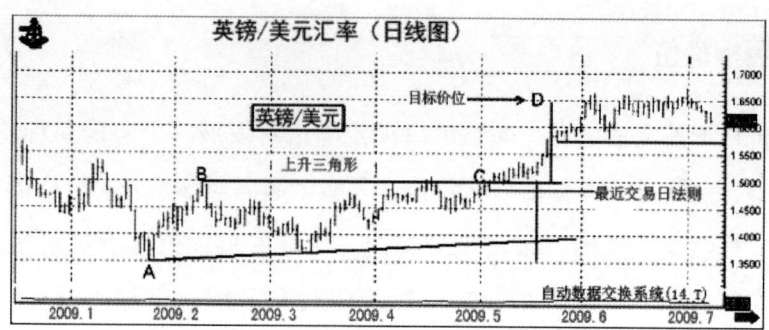

图 3.20　英镑/美元上升三角形的目标价位

请注意：关于这方面的衡量，当然不能保证行情一定会达到目标价位。交易者随时要注意行情发展，走势可能在价格到达目标之前就耗尽动力。

中间形态与加仓

持续性趋势的发展过程，既定的价格走势可能会出现停顿。这类停顿可能演变为比较小型的独立价格形态，它们在形式上有可能是对原趋势的延续也可能是反转。如果是延续，则该形态完成之后，行情将回复原先的趋势；如果是反转，则可能导致原先趋势结束或暂时告一段落。碰到延续形态的话，既有头寸有机会加仓，也可以调整既有头寸的止损点。如果碰到反转形态，既有头寸的获利要避免得而复失［我称这种得而复失的走势为"爆米花"（Popcorn）或"回程"（Round-trip）走势］。

身为交易者，我对于延续形态的感觉，可以说是好坏参半，实际情况取决于走势停顿的时间长短。如果停顿时间太长的话（譬如三四个星期），可能会考验我的耐性。我喜欢看到较短暂的延续形态整理，尤其是旗形或三角旗形的形态。图 3.21 与图 3.22 分别显示澳元/美元汇率日线图与周线图的延续形态整理。

图 3.21　澳元/美元汇率日线图的延续形态

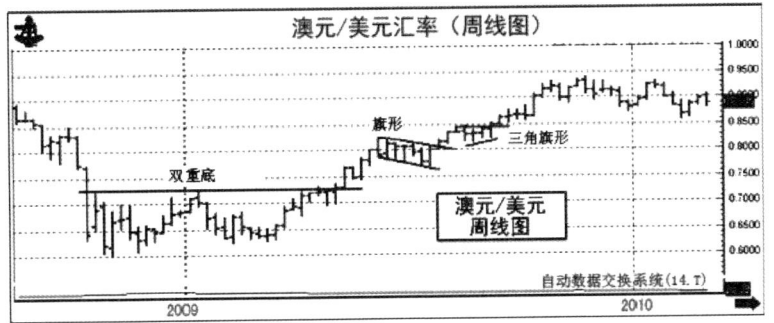

图 3.22　澳元/美元汇率周线图的延续形态

　　主要趋势发展过程出现的延续形态，让我有机会朝有利方向调整头寸的止损。当相关延续形态完成突破时，也会有其自身的最近交易日法则（止损）。这种情况下，我可以把既有头寸当初设定的止损，取代为延续形态最近交易日法则决定的止损。

　　这些形态也可能是反转形态，使得既有趋势在到达目标价位之前就提早结束了。如果出现这类不同于头寸方向的反转形态，我也可能调整止损。

如同本书稍早谈到的，在目标价位之前提早获利了结，这类决策对于交易者来说是相当困难的。就这方面来说，我的交易方法还有很大改善空间。一般而言，我的想法通常都会受到最近交易状况的影响，这点或许很不幸。这种想法就像是追着自己尾巴的狗——永远追不着。

追踪性止损法则

有段时间，我从来不会调整最近交易日法则（LDR）决定的止损价位。换言之，对于所建立的头寸，如果不是达到目标价位获利了结，就是在最近交易日遭到止损。

这种策略显然蕴含着相当风险。举例来说，对于某笔交易，假定止损设定让每 $100,000 资本承担 $800 的风险，每交易单位的目标获利设定为 $3,200。所以，起始的报酬与风险比率为 4∶1。另外，假定这笔交易发展得相当顺利，经过一段时间之后，每单位头寸的未实现获利为 $2,400。这个时候，头寸的获利潜能只剩下 $800（$3,200-$2,400），但部位如果在原来的止损位置出场，亏损将是 $3,200（包括得而复失的 $2,400 在内）。

这种资金管理显然不合理，所以交易头寸的风险与报酬关系应该随着市况发展而做调整。为了方便说明起见，有关追踪性止损点的讨论，将依据折返百分率或金额。

于是，我发展所谓的"追踪性止损法则"（Trailing Stop Rule）。这套法则需要借由三天走势来执行：新高（新低）日、设置日与引发日。

图 3.23 显示道·琼斯工业指数多头运用追踪性止损法则的情况。关于追踪性止损点的设定，首先当然要辨识当时的最高价。每当行情创新高，最高价也会随之变动。就目前这个例子来说，道·琼斯工业指数于 8 月 28 日创新高。设置日是指价格创新高之后的第一个收盘价低于

创新高当天最低价的交易日。

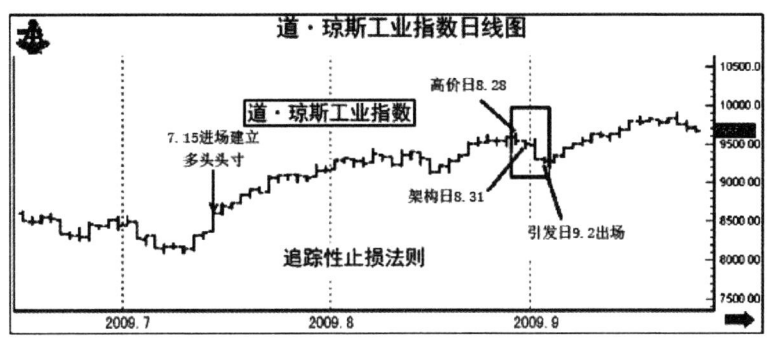

图3.23 道·琼斯工业指数的追踪性止损法则

目前案例的设置日是8月31日。设置日的最低价，即是多头的止损点。9月1日，当道指跌破8月31日（设置日）的最低价，止损点遭到引发而出场。

我希望强调一点，追踪性止损策略并没有显著的技术意义，其目的只是要防止煮熟的鸭子飞了。换言之，我们不希望账面获利得而复失。图3.24显示英镑/美元汇率的价格形态完成之后，几乎就马上开始引用追踪性止损法则。

图3.24 英镑/美元汇率的追踪性停止法则

周末法则

我经常引用理查德·唐吉安（Richard Donchian）的周末法则（Weekend Rule），用以扩张头寸的信用程度。唐吉安被公认为管理性期货产业的创始人之一，他发展一套管理期货资金的系统性方法。他毕生都致力于提倡保守性的期货交易。唐吉安于20世纪90年代初期过世。

周末法则的概念很简单：星期五（周末）的走势如果很明确而创新高价或新低价，该走势很可能会延续到隔周的星期一，甚至星期二早盘，因为主要玩家如果愿意持有相关头寸度过周末，意味着他们相当有把握。

如果碰到长周末（3天或以上的连续假期），周末法则更适用。

价格形态的突破如果发生在周末（尤其是周线图形态的突破），周末法则显然很有用。碰到这类交易，头寸风险可能由0.6%或0.8%提高到1%，甚至2%。图3.25与图3.26显示糖在2009年多头市场的向上突破（发生在周末）。

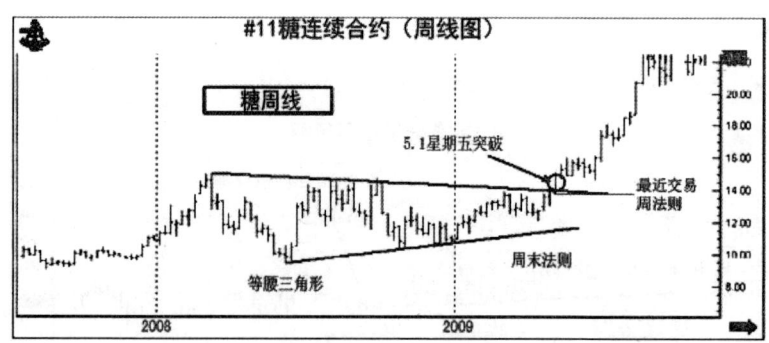

图3.25　2009年5月：糖突破的周末法则

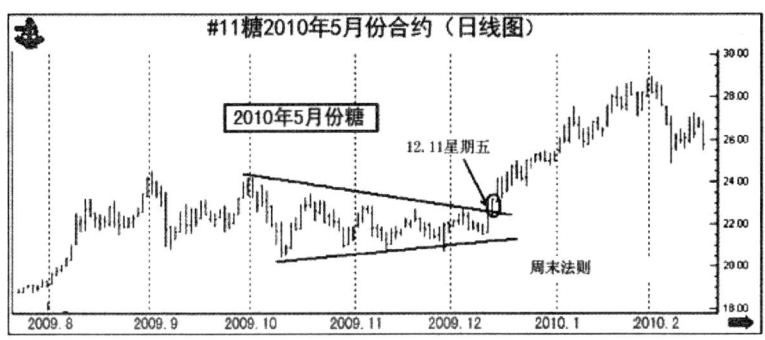

图 3.26　2009 年 12 月：糖突破的周末法则

强劲走势

我相当偏爱直线状的市场走势。这类走势经常发生在趋势强劲的市场。以下两个例子显示这类急涨与急跌的走势。

图 3.27 的黄豆油 3 月份合约显示价格急遽下跌的走势，波段高点持续下滑（如果是强劲的涨势，则是波段低点持续垫高）。对于目前这个案例来说，连续 18 天的盘中高价持续下滑。价格连续 4 个星期走低，这可能是交易者难以想象的，但趋势只要够强劲的话，就可能如此发展。

图 3.27　黄豆油的持续性走势

图 3.28 显示黄金最近交割月份合约展现强劲的涨势。由 10 月 29 日到 12 月 4 日之间的行情发展过程，盘中低价虽然偶尔会低于前一天低价，但任何一天的收盘价都从来没有低于前一天的最低价。

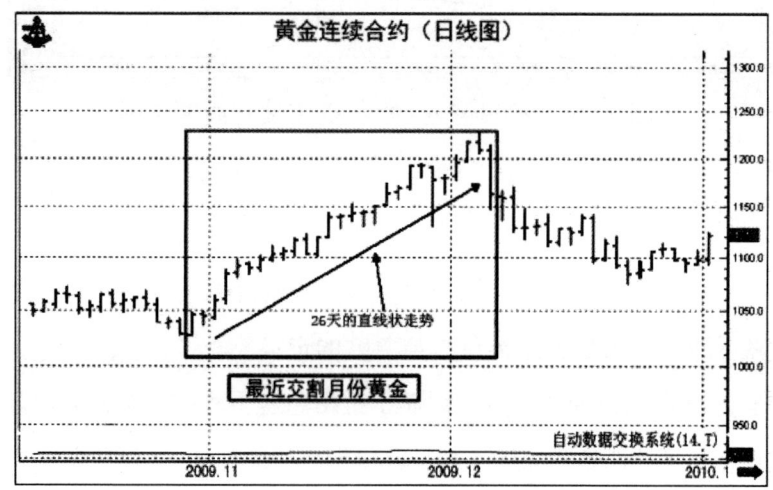

图 3.28　黄金的强劲涨势

形态重新完成

前文曾经提到过早突破。过早突破属于失败的突破，但也意味着随后将发生成功的突破。当随后发生成功突破时，代表相关形态重新完成（Pattern Recompletion）。

图 3.29 是这种情况相当极端的例子。7 月上旬，美元/日元汇率完成头肩顶形态。8 月份，价格重新上涨到原先的头肩顶形态范围内，到了 8 月 27 日，则正式向下突破。接着，行情呈现明确的下降趋势，直逼目标价位 86.20。

当形态重新完成时，我采用最近交易日法则设定空头头寸的止损 94.58（8 月 26 日最高价）。一般而言，每个主要形态，我会尝试掌握一次的形态重新完成。如果失败,就寻找其他交易对象。

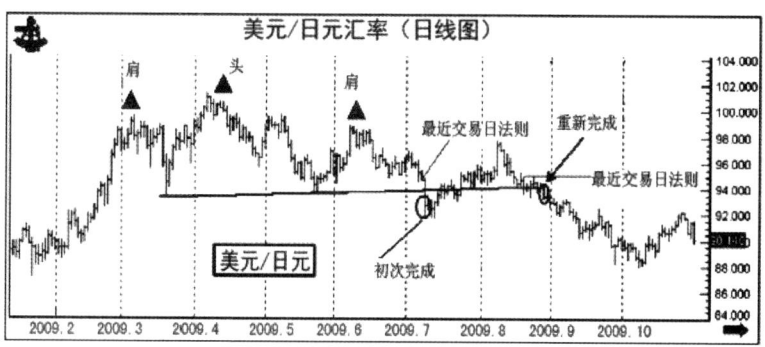

图 3.29　美元/日元汇率形态重新完成

对于自由心证交易者来说,如果在特定市场连续发生几笔失败交易,往往会产生偏执的心理,认为市场欠他一些东西,这是相当不好的心态。想在哪里跌倒哪里爬起来,这是非常危险的。我每年都至少会犯一次这类的毛病。我必须经常提醒自己,永远有其他的市场,其他的机会。

内容重点

- 金融交易需要依赖一套有组织的方法拟定重要的决策。譬如:交易哪个市场?什么时候进场?如何设定止损?如何出场?杠杆如何?
- 任何人都不可能知道市场的未来发展方向,交易计划必须蕴含这项假设。
- 传统图形理论可以作为交易计划的建构基础。
- 成功的交易计划必须明确界定市场行为与交易行动。

第4章
完美的价格形态

我是根据技术分析的某特定领域——所谓传统价格形态——建构交易方法（请参考第1章），更明确地说，我是根据价格走势图线形的最高价、最低价与收盘价关系，判断可供交易的几何形态。挑选交易对象采用的准则如下：

· 对于主要价格趋势，包括周线图与日线图上的整理形态与反转形态，涵盖期间为10周至12周（但日线图与周线图呈现的几何形态可以稍微不同）。

· 只呈现于日线图上的小型整理形态，涵盖期间至少4周至8周。

· 只呈现于日线图上的小型反转形态，涵盖期间至少6周至10周。

· 对于加仓机会，原始头寸是根据周线图上的走势建立，随后在日线图上呈现短暂——为期1周至4周——的价格停顿（所谓的旗形或三角旗形排列）。

第5章会更详细讨论价格形态发展涵盖的期间长度，并说明这对于"要素交易计划"的重要性。

为了辨识伪钞，银行柜台人员必须仔细研究真钞的特性。同样的道理，为了辨识"要素交易计划"想要掌握有效的价格形态，交易者必须了解典型的价格形态。下文将从 2008 年与 2009 年的实际案例中，特别挑选一些最标准、最完美的价格形态。

我想借此机会特别强调：由事后的角度观察，我们很容易辨识价格形态。可是，在实际交易过程中，如何在价格走势图的最右端，及时辨识可供运用的形态排列，则是严苛的挑战。虽说如此，交易者还是应该先熟悉这些标准的形态。

本章列举的价格形态，并不是实际交易上会经常碰到的情况。在本书的第 3 篇，各位将看到我所犯的许多错误，而且我经常缺乏耐心。可是，就目前来说，让我们先看看最标准的价格形态应该如何。

头肩顶反转形态（铜）

2008 年 8 月初，铜完成长达 6 个月的头肩顶形态（请参考图 4.1），价格在 8 月底向上反弹而回测颈线。对于有效的价格形态而言，回测不该显著穿越完整形态的边界。正常情况下，边界就像"冰线"一样，会阻止价格重新进入已经完成的价格形态。请注意，目前这个例子中，回测并没有引发 8 月 4 日形态完成当初根据最近交易日法则设定的止损。

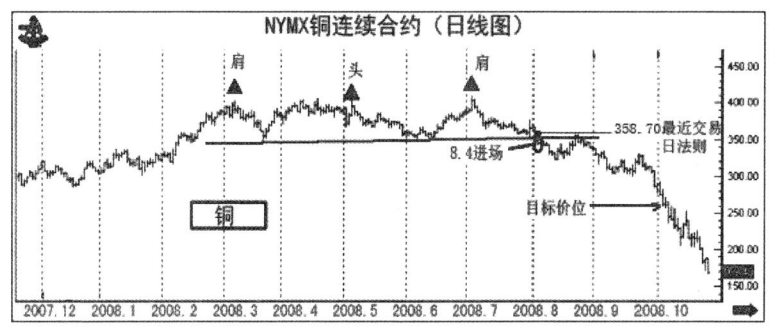

图 4.1　铜：5 年多头行情末端的头肩顶形态

对于这种价格形态，往往会磨光交易者的耐心，他们在趋势真正出现之前，可能已经数度进出市场。交易者如果想要预期形态完成的时机提早进场，难免会遭到反复走势，甚至等到真正的突破发生时，交易者已经不敢进场了。我非常了解这种情况，因为我有这方面的丰富经验。

上升楔形反转形态（澳元/美元）

2008年8月初，澳元/美元汇率完成了长达12个月的上升楔形反转（请参考图4.2）。一般来说，上升楔形一旦完成，价格会立即暴跌；反之，下降楔形的突破，价格往往会回测，需要一些时间酝酿，才能发展新的上升趋势。

图4.2 澳元/美元汇率：长达12个月的上升楔形，随后出现暴跌走势

契形与双顶（黄豆油）

此处显示黄豆油的两份走势图。2008年3月，黄豆油价格做头下跌，随后展开反攻，形成为期15周的楔形整理形态，该形态在7月21日完成（请参考图4.3）。

读者如果仔细观察的话，可以看到楔形形态最后8周的形态是等腰三角形。大型形态之内包含着较小型的形态，这是很正常的现象。因此，较小型形态的交易信号，往往可以作为较大型形态预先建立头寸的参考。

9月5日，价格跌破4月初低点，完成相当庞大的双顶形态（请参考图4.4）。请注意，9月底价格反弹而再回测，这波反弹涨势并没有穿越冰线。9月5日形态向下突破之后，头寸止损的最近交易日法则是采用9月4日的高价。10月底，行情走到目标价位32美分。

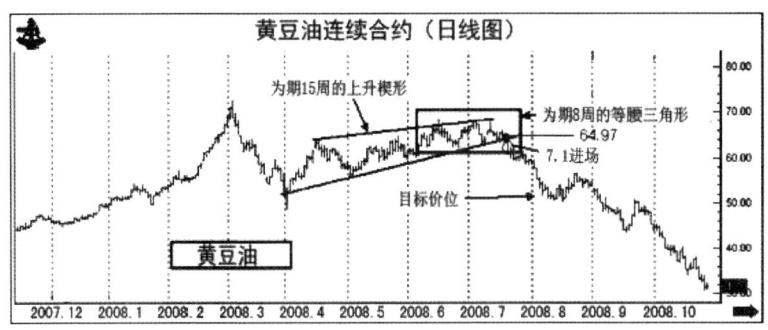

图4.3 黄豆油：为期15周的上升楔形，最终是为期8周的三角形

图 4.4　黄豆油：为期 7 个月的双顶，导致价格大跌

底部三角形反转（糖）

图 4.5 显示糖在 2007 年 12 月底发动的涨势，这是发生在为期 6 个月等腰三角形底部完成之后。

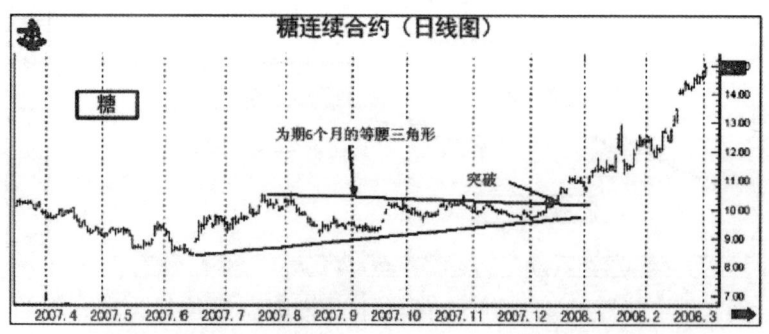

图 4.5　糖：为期 6 个月的典型等腰三角形形态

持续整理形态与加仓（美元/加元）

图4.6呈现两种不同的形态。8月初的涨势，代表为期7个月的上升三角形形态完成。8月底，价格回测，9月底又再度回测，这迫使我减仓。可是，即使是第二次回测，价格也没有真正穿入先前完成的三角形形态。10月第二个星期的涨势，代表为期9个星期的扩展形态完成，这是加仓机会。

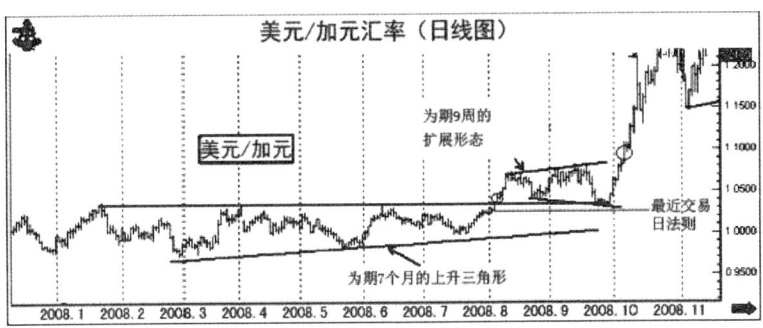

图4.6 美元/加元：为期7个月上升三角形引发的主要涨势

头部反转（白银）

白银市场是给心脏够强的人玩的。这个市场在出现真正的行情之前，可能会有许多假走势。请观察图4.7，3月份曾经出现为期只有3个星期的双重顶。对于如此短暂的头部，我通常都不会介入。价格下滑之后，跌势在4、5、6月份获得支撑，然后在7月份展开反弹，这波涨势穿越了4、5月份的高点，实在是个令人难以处理的变化。

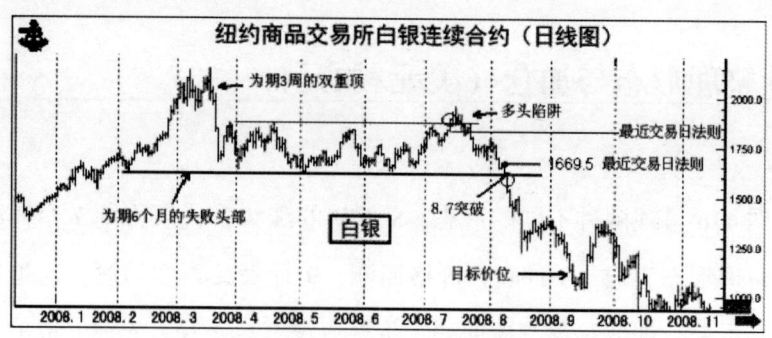

图 4.7　白银：长达 6 个月的头部反转

7月11日，价格向上突破长达3个多月的弧形底，于是我进场建立多头部位。结果，这是多头陷阱（Bull Trap）。价格很快就下跌，而且跌破先前4、5月份的下档支撑，完成长达6个月的顶部反转。市场在出现真正走势之前，往往会先呈现反向的多头或空头陷阱。交易者应该由这个案例中汲取教训。由3月底到7月初，交易者如果趁着强势买进、趁着弱势卖出，试图持有几天的头寸，结果都是以亏损收场。

这段时间的行情剧烈波动，让许多交易者丧失信心。8月7日，当价格向下突破时，市场看起来严重超卖，很少有交易者真的敢建立空头头寸，虽然事实证明这才是明智之举。所以，我们发现，情绪上最难以接受的决策，往往才是正确的决策。

头肩顶形态（罗素1000股价指数）

2008年股票市场崩盘期间，罗素1000股价指数出现长达8个月的头肩顶形态（请参考图4.8）。关于价格形态的辨识，有些交易者给自己太多解释上的主观弹性。头肩形态辨识上的最关键法则，就是左、右两肩必须彼此重叠。9月中旬，当价格跌破头肩顶形态的颈线时，情况相当棘手，因为价格很快又折返到颈线之上。这次的突破显然是过早的突破。9月底发生的突破，才是真正的突破，随后出现暴跌走势，于11月份达到目标价位，空头走势到了2009年3月才见底。请注意，8个月的头肩顶，其头部本身也是由较小型的头肩顶构成。

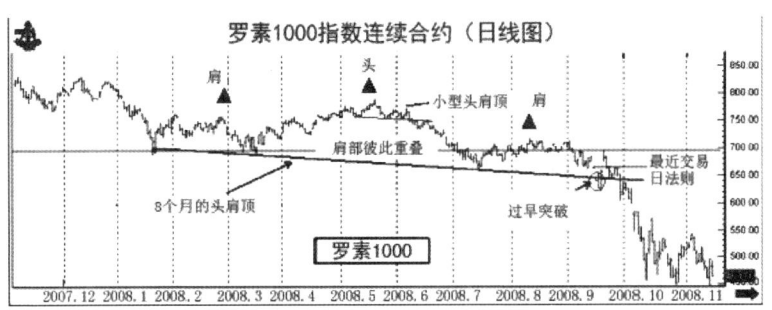

图4.8　2008年底，头肩顶导致股票市场崩盘

什么情况下的头肩形态无效？

美国全国广播公司财经频道（CNBC）或其他电视财经频道对于价格形态的解释，有时候实在令人发笑。头肩形态是最经常遭到"专家们"批评的价格形态。一般来说，真正的头肩顶或头肩底具有三种性质：

1. 头肩形态通常是反转形态。这种情况下，形态发生之前，应该要有可供反转的趋势存在。

2. 左肩与右肩必须有彼此重叠的部分，而且重叠的部分愈多愈好。如果左肩与右肩没有重叠，那就不是头肩形态。

3. 在运行周期与价格幅度方面，两肩必须有某种程度的对称。

最后：关于头肩形态的颈线，我个人比较喜欢水平状或朝预期突破方向倾斜于颈线。换言之，我不喜欢颈线向上倾斜的头肩顶，或颈线向下倾斜的头肩底。

矩形整理（肯萨斯小麦）

2008年3月至5月之间，经过一段强劲的空头走势之后，小麦市场出现为期14周的矩形整理。2008年9月中旬，这个矩形整理结束而向下突破，随后出现一波弱势反弹，回测矩形整理的冰线。

12月初，行情到达下档目标价位。图4.9与图4.10分别显示周线图与日线图上的走势情况。

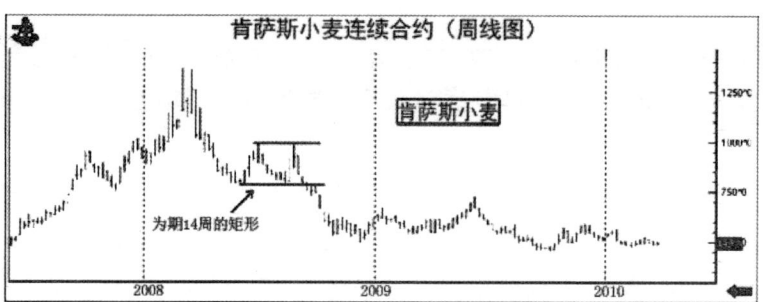

图4.9 小麦周线图：矩形整理

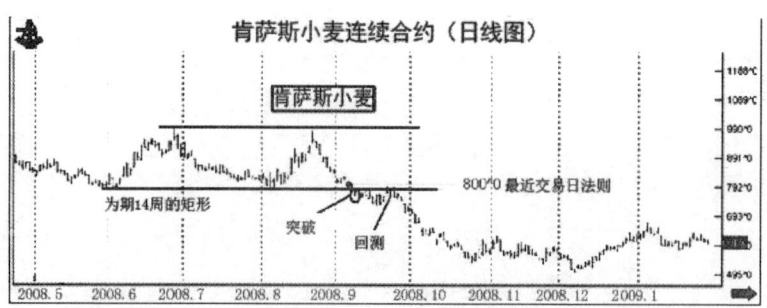

图4.10 小麦日线图：矩形整理的对应走势

矩形整理与三角形整理加仓（原油）

原油在2008年出现一波多头走势，创造一些交易机会。2月份的涨势发生在为期4个月的矩形整理完成之后。3月份出现硬性回测，但价格从来没有真正跌破先前矩形整理的上限。

这段回测的过程，形成为期3周的三角形整理，其向上突破代表多头的加仓机会。最终目标价位完成于5月初（图4.11）。

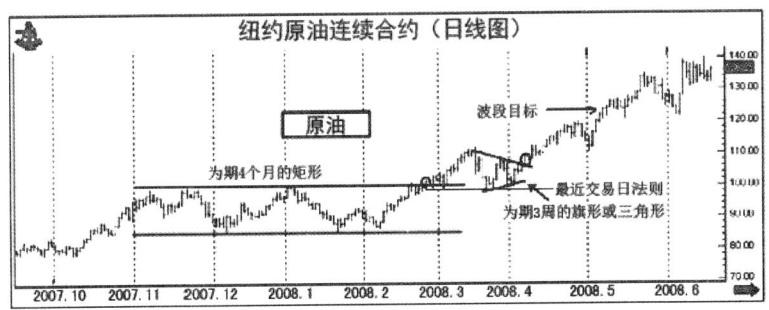

图4.11　原油：为期4个月的矩形整理和为期3周的三角形整理

这个为期4个月的矩形整理，其向上突破的过程——如果由事后角度观察——虽然可以称得上干净利落，但当时却造成相当大的困扰，因为3月份发生硬性回测。

头肩顶整理（道·琼斯公用事业指数）

图4.12显示道·琼斯公用事业指数在2008年空头市场中，7月份

完成头肩顶整理（内嵌双重顶）。

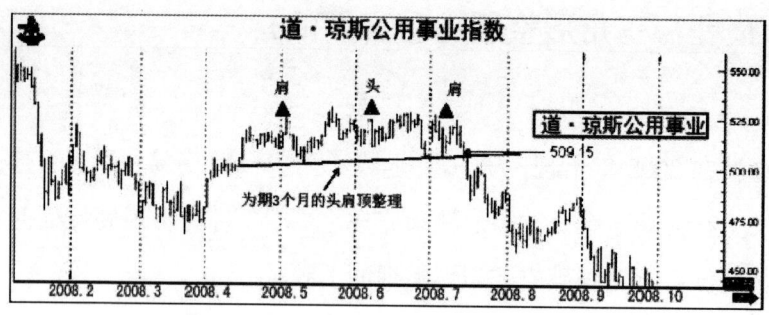

图 4.12 道·琼斯公用事业指数：为期 3 个月的头肩顶整理引发一波跌势

三角形整理、M 头、旗形整理（欧元/美元）

接下来三份图形显示欧元/美元汇率的走势。

延伸性多头行情的末期阶段，有时候可以看到三角形排列，这并没有什么不寻常之处。发生在末期阶段的三角形排列，其结构经常包含 6 个价格端点（转折点），不同于发生在趋势中期的三角形，后者的结构经常包含 4 个价格端点（请参考稍早的图 4.10）。

周线图上的三角形整理很快就到达目标价位（图 4.13）。请留意日线图上的三角形整理结构（图 4.14），我们可以清楚看到 6 个价格转折点。随后，我们看到为期 5 个月的 M 头（双顶）（图 4.15）。

9 月份出现为期 10 天的旗形整理，这类运行期间很短的旗形或三角旗形整理，通常代表很好的加仓机会。

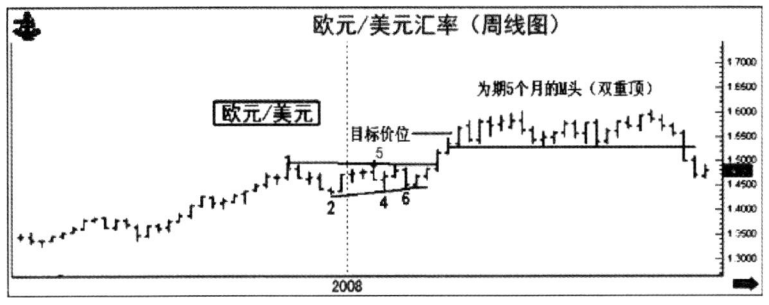

图 4.13　欧元/美元汇率周线图：三角形与 M 头

图 4.14　欧元/美元汇率日线图：2008 年初为期 3 个月的三角形整理

图 4.15　欧元/美元汇率：为期 5 个月的双重顶与为期 2 周的旗形

头肩顶与三个整理形态（英镑/日元）

英镑/日元汇率周线图在 2008 年呈现多种不同的形态：一个主要头部反转形态，以及随后的三个空头整理形态，请参考图 4.16。1 月初，市场完成为期 13 个月的头肩顶形态。1 月份与 2 月份之间，走势出现为期 5 周的三角形走势，这代表空头的加仓机会。由 3 月份低点到 7 月初的高点，价格形态呈现楔形排列。由 2008 年 7 月份高点到 2009 年初低点的大型下跌过程，曾经出现为期 4 周的旗形整理，这也是空头头寸加仓的好机会。图 4.17 显示日线图的 3 个整理形态。

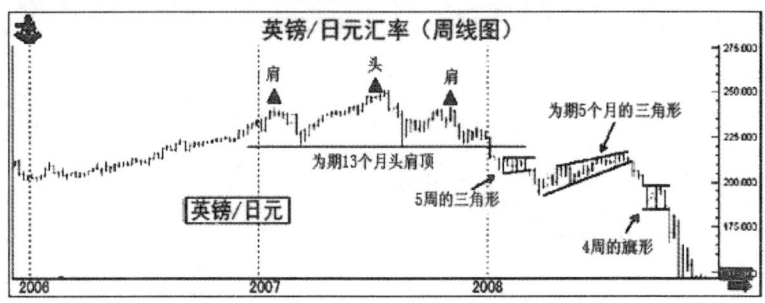

图 4.16　英镑/日元汇率周线图：典型的空头市场

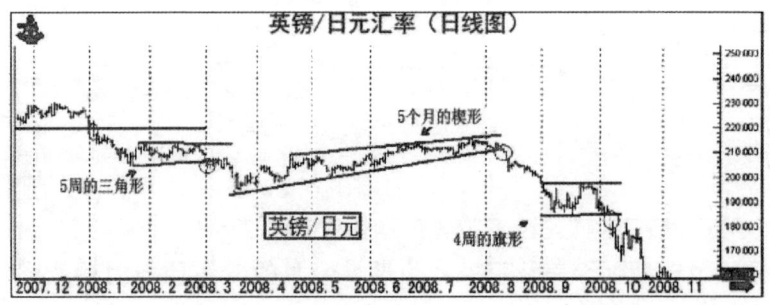

图 4.17　英镑/日元汇率日线图：一系列空头市场形态

等腰三角形反转（澳元/日元）

图 4.18 显示澳元/日元周线图上为期 14 个月的等腰三角形头部形态，完成于 2008 年 9 月。形态向下突破之后，曾经出现反弹走势。对于有效的突破来说，回测几乎都无法真正贯穿冰线。这是主要形态完成之后的正常现象。至于日线图上的对应走势，请参考图 4.19。

关于澳元/日元汇率的这段跌势，还有一点值得留意。经过长达 18 个月的盘头走势、突破、回测之后，真正的跌势只发生在几个星期之内。事实上，9 月底的回测之后，主要跌势只集中在短短 2 天之间。所以，头部形态经过漫长的 18 个月的发展，真正的走势却完成于短短几周之间。

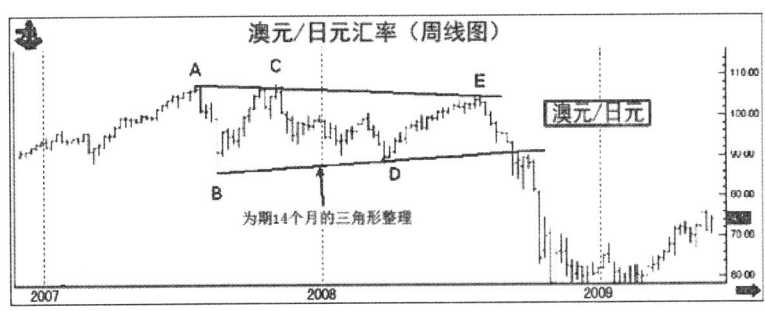

图 4.18　澳元/日元汇率周线图：为期 14 个月的等腰三角形

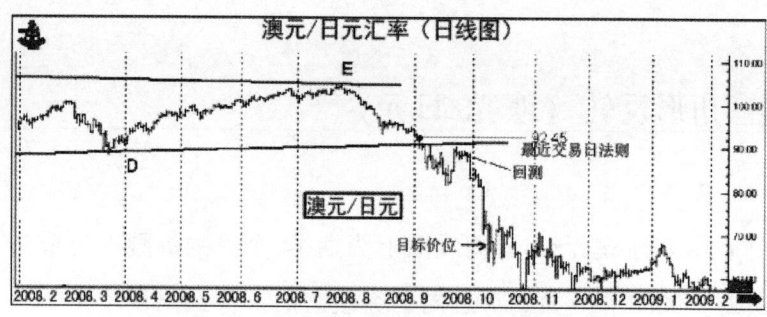

图 4.19　澳元/日元汇率日线图：回测

两种整理形态（英镑/瑞士法郎）

英镑/瑞士法郎的 2008 年空头行情，呈现两个相当不错的整理（请参考图 4.20）。首先是为期 7 个月的圆弧底，10 月初发生过早突破，价格反弹到冰线之上，到了 10 月底才出现真正的突破。圆弧底经常都不会发生干净利落的突破。随后为期 8 周的下降三角形（三角旗形）完成于 12 月中旬。

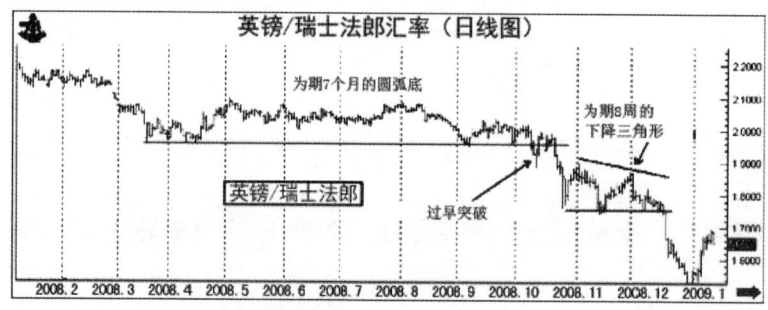

图 4.20　英镑/瑞士法郎汇率日线图：长达 7 个月的圆弧底及随后 8 个星期的下降三角形

三角形与楔形整理（糖）

"要素交易计划"在2009年的获利，很大一部分来自于糖的交易。图4.21显示周线图上为期14个月的等腰三角形，该形态完成于5月1日。这个形态引发了28年以来糖的最大涨势。

图4.22显示2009年10月份合约的走势情况。观察日线图可以发现为期6个月的上升楔形也完成于5月1日。

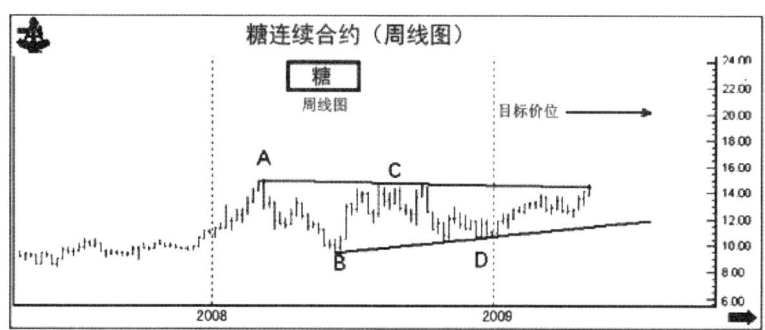

图4.21　糖周线图：等腰三角形

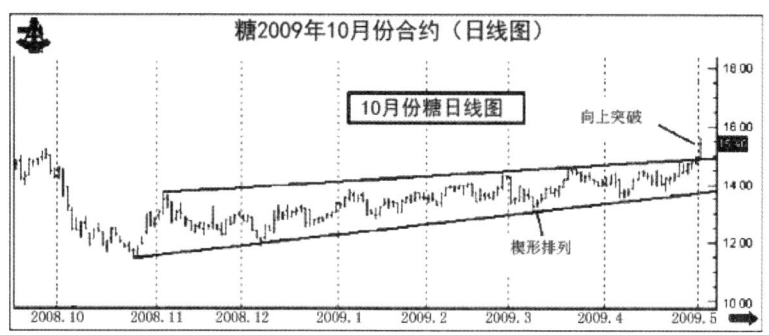

图4.22　10月份糖日线图：为期6个月的楔形整理

根据传统价格形态理论，股票市场的上升楔形属于空头形态，但外汇市场与商品市场的许多案例都显示上升楔形属于多头形态。

头肩底（苹果电脑）

这是本书讨论的唯一一个股票案例（图4.23），苹果电脑日线图在3月23日完成头肩底形态。请注意，形态向上突破之后，价格折返回测，但没有引发LDR（最后交易日法则）设定的止损。

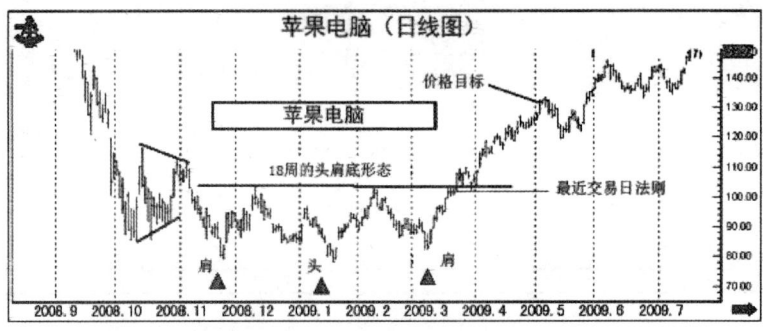

图4.23 苹果电脑日线图：完美的头肩底形态

头肩底与等腰三角形（黄金）

黄金市场呈现三个典型的价格形态。图4.24显示黄金周线图上的18个月的头肩底形态。这个形态完成之后，上档最低目标价位为1340，截至本书截稿为止尚未完成。当然，目标价位未必会完成。我们经常看到形态完成之后并不能达成目标价位的案例。

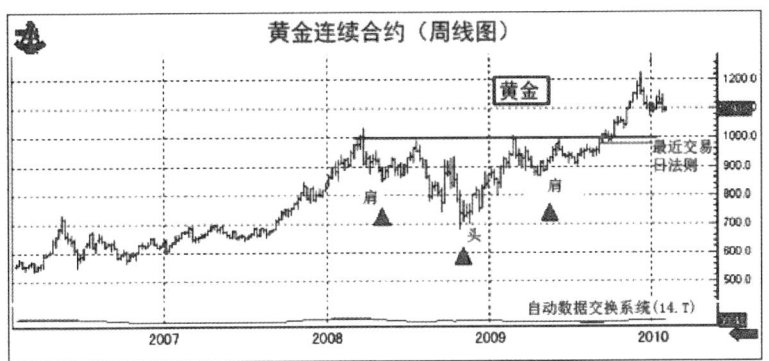

图 4.24　黄金周线图：头肩底

关于这段走势，技术分析圈子出现一些意见分歧。某家著名的艾略特波浪理论研究机构认为，把这段走势解释为头肩底整理形态是笑话。可是，爱德华与迈吉在《股市趋势技术分析》一书中明确提到：

　　价格发展有时候会呈现头肩底，但随后出现的走势却延
　续先前的趋势……这种情况如果发生在上升趋势，结果将是
　头肩底整理形态。

我们看到，周线图上的头肩底，其右肩在日线图上呈现为 6 个月的等腰三角形。另外，这个等腰三角形在 9 月初向上突破之后，形成另一个为期 5 周的失败的头肩顶形态。交易者可以借由这个小型形态进行加仓。另外，这个小型形态也允许我重新调整头寸的止损点。

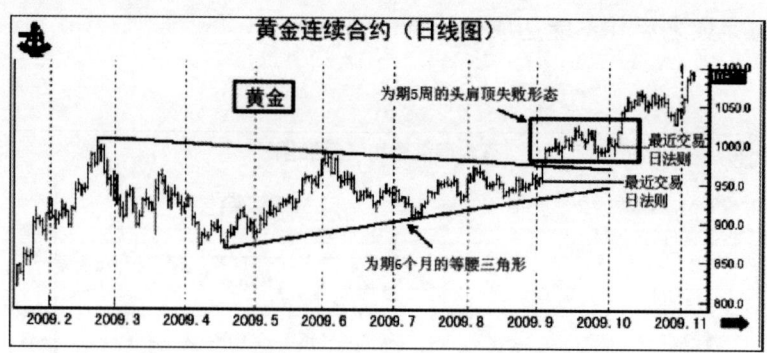

图 4.25　黄金日线图：大型的等腰三角形形态与小型的失败头肩顶形态

一系列多头形态（铜）

图 4.26 显示铜在 2009 年 3 月至 12 月之间多头行情的一连串整理。请注意，每个形态最近交易日法则决定的止损点都没有受到威胁，虽然这类直线状涨势有点让人紧张难耐。一般来说，需求面驱动的涨势都会有较重大的起伏发展，供给面驱动的行情则比较猛烈。多头趋势的运行周期通常比较漫长，对应的空头行情往往只需要一半的运行时间。

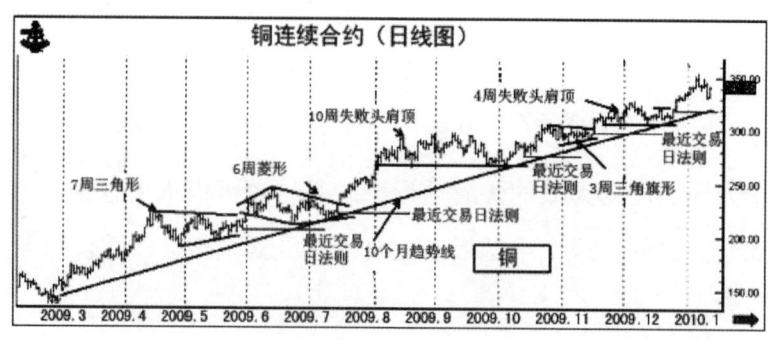

图 4.26　铜日线图：一系列多头整理行情

失败的上升三角形（美元/加元）

直角三角形通常都会朝水平状边界的方向突破。事实上，我们可以期待价格朝水平状边界方向突破。可是，有些时候，价格还是会朝倾斜边界的方向突破，譬如图4.27的例子。

图4.27 美元/加元汇率周线图：上升三角形

美元/加元呈现长达7个月的上升三角形，整个走势有着明确的多头倾向。如同图4.28日线图显示的，即使当上升三角形下限（斜边）在4月中旬遭到突破时，我仍然认为这只是重新界定形态下限，价格最终还是会朝上突破。虽说如此，我还是在4月14日建立空头头寸，该头寸根据4月13日最近交易日法则设定的止损很快就被触及。

4月29日与30日的重挫走势确认了上升三角形失败，行情显然向下突破，下档目标最近价位为1.09，稍后在6月初达到目标价位。这个案例说明价格形态原本即使存在预定突破方向，但实际突破方向可能相反。

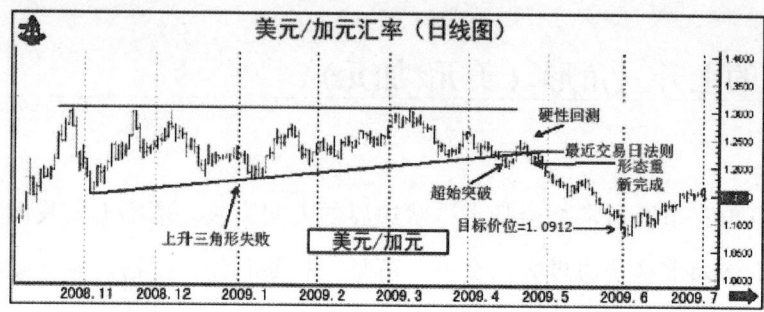

图4.28 美元/加元汇率日线图：令人伤脑筋的突破

12周的矩形整理（道·琼斯运输指数）

为期12周的矩形整理完成于7月底。请注意，7月23日最近交易日法则决定的形态止损点，从来没有受到威胁，如图4.29。

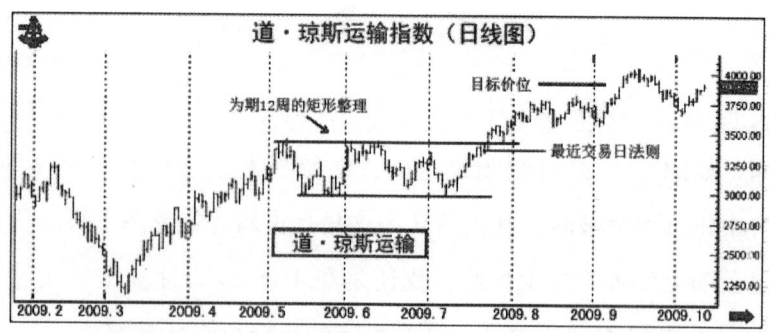

图4.29 道·琼斯运输指数日线图：矩形整理

罕见的牛角状形态（布伦特原油）

所谓的牛角状底部形态（Horn Bottom），是在主要低点发生之后，随后两个次要低点的价位持续垫高，而且所夹的两个波段高点也持续上扬，如同图4.30显示。这个形态的形状犹如向上翘的牛角。这种形态的条件之一是两波段涨势必须有彼此重叠的部分。爱德华与迈吉的著作没有提到这种形态。可是，夏巴克认为，这是传统价格形态之一。我经常把牛角状形态称为"倾斜底部形态"（Sloping Bottom）。

5月初，当价格向上穿越4月份高点，代表多头买进信号，最近交易日设定的止损从来没有被引发。

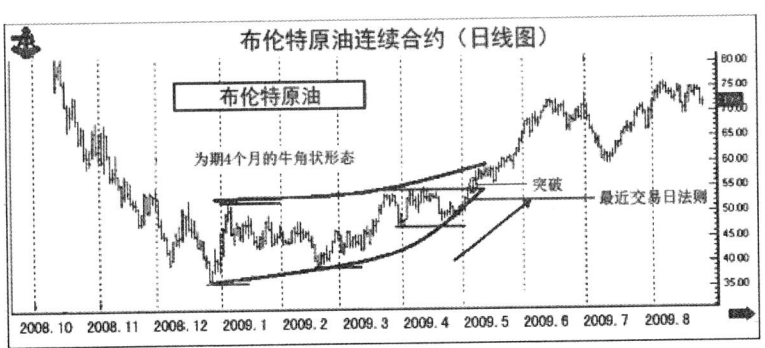

图4.30　布伦特原油连续合约日线图：向上倾斜的底部形态

头肩底引发2009年多头行情（S&P股价指数）

当股票市场由2009年3月份低点回升以来，我始终抱着偏空的看法。虽然看到图 4.31 呈现的大规模头肩底形态，但我还是有所疑惑。2009 年的行情上涨过程，我虽然偶尔会做多，不过还是不全然相信前述的头肩底。2010 年 4 月，市场几乎达成头肩底形态的目标价位。

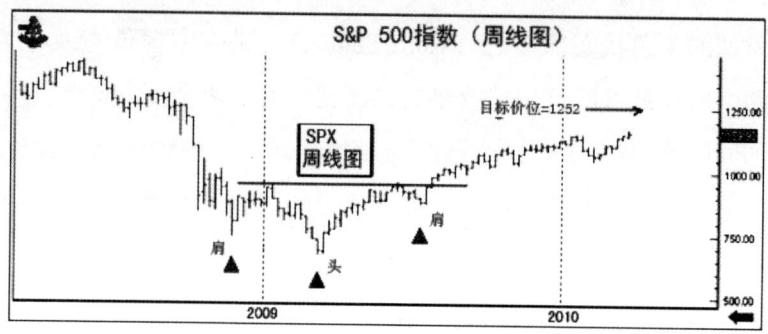

图 4.31　S&P 500 指数周线图：头肩底

摘要结论

本章列举传统价格形态的一些标准案例，代表我所谓的"最佳表现清单"，也就是最足以代表特定价格形态的案例。

我每年的交易获利，基本上都取决于自己是否能够正确辨识该年发生的大多数价格形态。这些形态由事后角度观察，都属于"最佳表现成员"。事实上，我个人交易的获利，多数都是来自本章列举的这类型案例。

请注意，这些所谓"标准"的价格形态，由事后角度观察或许是如此，但当时看起来未必"标准"。我整年度的交易如果都能锁定这类的价格形态，那就太棒了，不过这纯属梦想。现实交易过程，很多形态的最终发展并不标准。很多作者可能会宣称，实际交易的对象都应该呈现标准形态，而且他们也只会交易这类形态。可是，我毕竟是位交易者,"写作"并不是我的专业,所以我必须承认自己经常碰上导致亏损的理想形态。

内容重点

- 交易者必须明确了解何谓理想的价格形态。
- 适合交易的价格形态不会每天都有,通常要花好几个星期或几个月的时间酝酿和发展。
- 培养耐心,耐心等候市场表达自己的意图,这是目标,但不是目的地。身为交易者,我要的是改进,不是完美。
- 交易者看到潜在的价格形态,往往会迫不及待想要进场(包括我在内),但市场通常会清楚显示适当的进场时机。

第5章 要素交易计划的运作方式

现在,让我们开始讨论"要素交易计划"。图5.1显示这套计划有4个主要部分:交易辨识、进场方法、交易风险管理与交易指令管理。本章会详细说明每个部分。

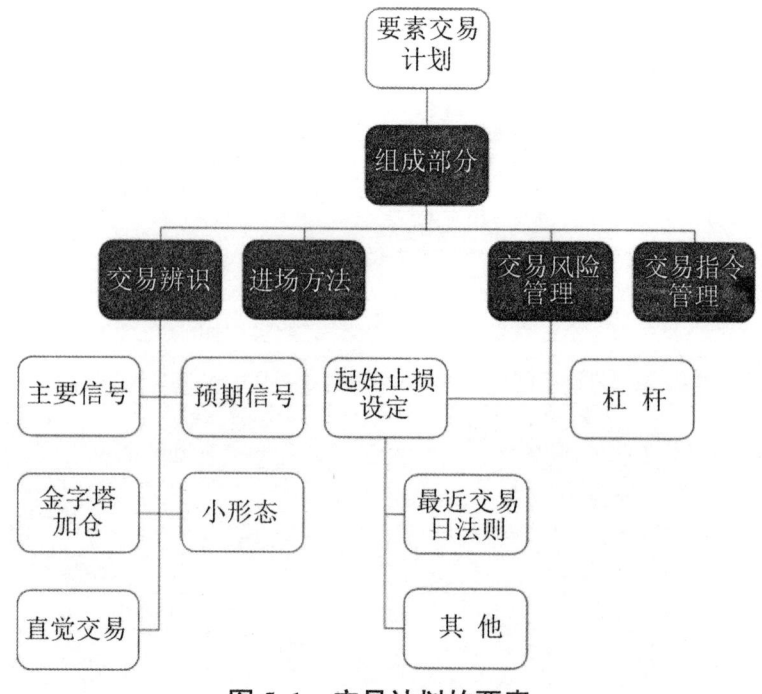

图5.1 交易计划的要素

交易辨识

我是先想成为交易者,然后才成为价格形态分析者。"交易"是我的专业,"价格形态分析"则是方法。踏进商品交易市场,我的目的是通过交易赚钱。可是,事实上,我当初并不知道这是什么意思。

当我开始寻找"方法"的时候,发现价格形态很有道理。相较于其他方法,价格形态的效益如下:

- 借以了解市场趋势。
- 显示行情发展方向。
- 判断时效的工具。
- 评估风险的工具。
- 设定获利了结的实务工具。

可是,我很快就发现,分析价格形态与实际交易价格形态,两者之间存在显著的差异。很感谢罗伯特·爱德华和约翰·迈吉的《股市趋势技术分析》,这本经典著作针对形态交易实务上的一些难题,提出很好的建议。

可是,这本书并没有谈到我遭遇的主要困扰。当我观察价格走势图时,发现到处都是可供交易的对象。我需要一套更明确的方法,用以界定适合我交易的机会。每种传统价格形态都同样重要吗?就我个人的个性、风险容忍程度与资本状况,某些价格形态是否更适当一些?

价格形态运行期间的实务问题

事后观察,我发现自己当时想要处理的难题,是所谓"时间架构"(Time Framing)的问题。传统价格形态分析理论有两个实务上的问题,这是图形分析者都必须处理的议题。

第一，价格形态如果从事后角度观察，情况通常都很清楚。交易顾问机构发行的宣传资料就充满这类证据，我们很容易由事后的立场，精准交易某些市场。可是，实际的交易，只能在即时市场进行，那些事后看起来很清楚的价格形态，实际交易过程将显得很模糊。形态结构会不断地演变。那些最终提供适当交易机会的价格形态，通常是由许多小形态构成，某些形态未必会出现该有的走势。另外，真正的重大走势发生之前，往往会先发生许多假走势。

第二，当我们进场交易时，很多看起来十分明确的价格形态，结果并没有呈现预期的走势，而是演变为更大型的形态结构。

黄豆"重大"走势的故事

我进入芝加哥期货交易所（CBOT）的第一年，有位黄豆交易者跟我成为好朋友。他住在埃文斯顿（Evanston）的一栋豪宅，开着德国进口车，种种迹象都透露其交易事业相当成功（实际上也是如此）。有个下午，他告诉我，他非常看好黄豆的走势，当时的价格大约在$5.40。他说，他拥有大量的仓位。所以，随后几天内，我密切注意黄豆行情的演变。价格攀升到$5.60。于是，我进场买进1手合约，但几天之后，价格又跌回$5.40。由于头寸发生亏损，我希望这位朋友能够给我一些鼓励，提供一些建议。可是，他却告诉我："我发了一笔小财。这难道不是很棒的走势吗？"

原来，这位朋友实际上是专抢帽子的短线玩家，他的持仓时间很少超过10分钟，更少持有隔夜头寸。对于他来说，所需要的就是两三美分的走势。当他最初告诉我，他认为，黄豆可能在一两天之内出现10美分的走势，所以他想要持有隔夜部位。可是，他当初并没有告诉我这个要点。

所以,我学了教训。如果没有明确的时间架构,则所谓"多头"或"空头"走势并没有意义。

由于形态结构每隔一段时间就需要重新界定(尤其是在较长期的整理过程),所以我们必须知道自己想要交易的时间架构。如果某位交易者告诉我,他看好某个市场,那我会问他:在哪个价格买进?目标价位在哪里?时间架构如何?止损设定在哪里?如果没有搞清楚这些问题的答案,看多或看空是没有意义的。

时间架构的案例:英镑/美元汇率

以下有关英镑/美元汇率的4份走势图,显示时间架构考量的重要性与含义。

图5.2是英镑/美元汇率周线图,运行期间由2009年1月至2010年3月。这个案例的主要走势,是2009年上半年的涨势,然后在2009年5月底至2010年2月之间形成双重顶形态,于是形成空头趋势。这个案例里,我们还可以看到第二个形态,这是完成于2009年9月底的19周头肩顶,但该形态并没有如同预期地向下突破,随后出现17周三角形整理,后者在2010年2月初向下突破,使得整体结构演变为双重顶。

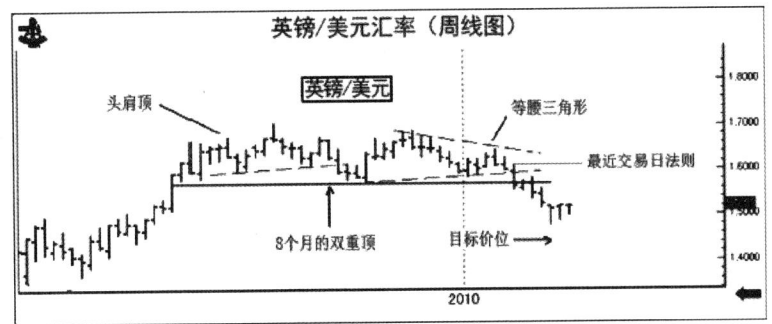

图5.2 英镑/美元汇率周线图(2009年6月至2010年3月):双重顶

图 5.3 是英镑/美元汇率日线图，运行期间由 2009 年 4 月至 2010 年 3 月。这份日线图对应着图 5.2 的周线图。

根据这份日线图显示，大型结构可以由许多小形态构成，而这些小形态在当时看起来可能很重要。以下让我们按照发展顺序仔细观察。为期 2 个月的上升三角形（标示 A）完成于 7 月底。这个形态出现假突破之后（不足 3 天），很快就失败了。短暂的假突破，演变为后来为期 16 周头肩顶形态（标示 B）的"头"。这个头肩顶形态在 9 月底向下突破，但也很快就失败。

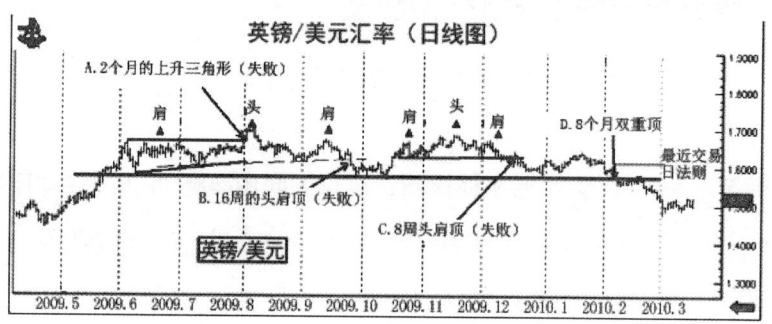

图 5.3 英镑/美元汇率日线图（2009 年 6 月至 2010 年 3 月）：双重顶

由 10 月初低点启动的涨势，发展为 8 周的复杂头肩顶（标示 C）。这个形态完成之后，曾经出现短暂的跌势，但很快就稳住，然后展现为期 4 周的横向小涨势。我根据这个头肩顶建立的空头头寸，也因此遭到止损出场。

前述这些小形态，最终结合成为 8 个月的双重顶，后者完成于 2010 年 2 月初，下档目标价位为 1.440—1.470。

图 5.4 更清楚显示 2009 年 9 月至 2010 年 3 月之间的走势，也就是图 5.3 的最后 7 个月定势，目的是要观察更短期的价格形态。事实

上，这段时间总共发生至少 7 个更短期的形态（标示 A—G）。这份图形说明小型形态可以结合为大型形态，而后者又可以结合为更大型的形态。

最后，让我们看看图 5.5，这是 2010 年 1 月至 3 月之间的英镑/美元汇率日线图，也就是图 5.2 所涵盖的 15 个月走势的最后 3 个月。由这份走势图可以看到一些更短期的价格形态，某些抢短线的交易者或许可以运用这类的交易机会。

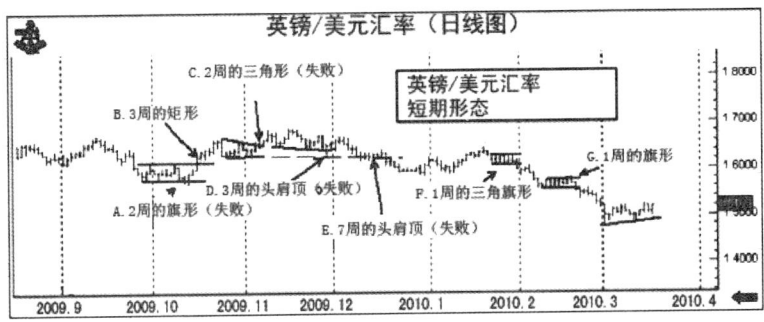

图 5.4 英镑/美元汇率日线图（2009 年 9 月至 2010 年 3 月）

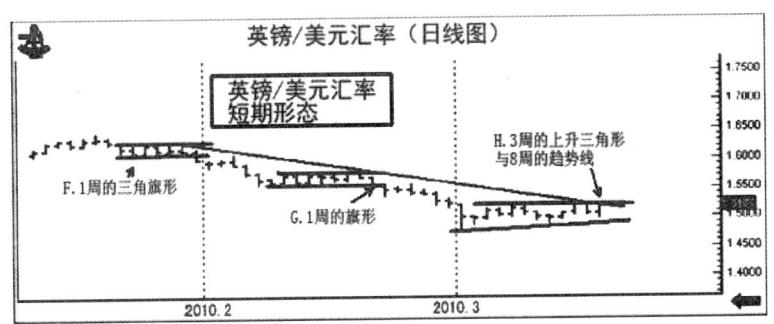

图 5.5 英镑/美元汇率日线图（2010 年 1 月至 3 月）

从这个例子可以发现，英镑/美元汇率交易的时间架构，可以建立在月线图、周线图、日线图之上，甚至是4小时走势图、2小时走势图、1小时走势图……

我借由这个案例想要强调两个重要观念。第一，某个时间架构上的交易信号，对于另一个时间架构来说，可能毫无意义。第二，较短期的价格形态经常失败，结果演变为某种更大型的形态。

走势图是交易价格的历史记录，但交易是要在即时市场进行，而且对于未来行情发展抱持着某种预期看法。想要成为成功的交易者，我们必须有适当而明确的时间架构。

关于时间架构，让我再谈一点。我认为，进场决策与交易管理应该摆在相同的时间架构上处理。想想看，如果我们根据周线图的交易信号建立头寸，然后经由小时走势图管理头寸，这有什么意义呢？或者，根据日线图进场，然后通过月线图管理头寸，如此显然完全不合理。我认为，时间架构在交易操作上必须保持一致性，否则通常会付出惨痛代价。根据我的了解，艾略特波浪理论的解释，也跟时间架构长短有关。顺便说明一点，这也是我对于艾略特波浪理论的仅有了解。

所以，讨论交易信号与"要素交易计划"之前，首先要弄清楚时间架构的问题。

由最简要的格式说明"要素交易计划"，实际上是很单纯的：

- 辨识周线图上明确的价格形态（以及日线图上的对应形态），根据《股市价趋势技术分析》界定的形态，寻找每年最标准、最适合交易的10个形态。
- 周线图上的价格形态一旦确认之后，在其即将完成之前，预先建立部分头寸。
- 当相关形态完成而价格突破时，扩张头寸的规模。
- 周线图价格形态引发的趋势如果很显著，根据随后发生的较短期整理形态，试着进行加仓。
- 对于所追踪的市场，每年试着寻找最适合进行交易的两三个日线图价格形态。
- 当价格穿越形态边界而进行突破时，建立相关头寸。
- 在较短期的时间架构上（两三天），根据历史案例谨慎挑选胜算最高的价格形态。
- 设定合理的止损，每笔交易承担的风险程度，不该超过账户净值的 0.8% 或 1%。
- 获利头寸应该尽可能听任发展。

很简单，不是吗？当然，魔鬼藏在细节里。本书将陆续讨论这些魔鬼。

四种类型的交易

经过长时间的累积之后，"要素交易计划"认可的交易有 7 种，可以划分为四大类型。

主要形态 周线图上至少运行 10 至 12 周的形态，对应日线图上或稍有不同的结构。主要形态划分为 3 种：
1. 预期性与解释性的头寸：在形态高点或低点附近预先建立头寸。
2. 形态完成的头寸：头寸建立于价格穿越形态边界。
3. 加仓头寸：运用随后的较短期整理进行加仓（譬如说，为期三四周的旗形或三角旗形）。

次要形态 次要形态包括 2 种交易：
1. 整理形态：日线图上至少为期 4 至 8 周的形态。
2. 反转形态：日线图上至少为期 8 至 10 周的形态。

次要形态不需经过周线图的确认。

直觉交易 这是指不属于重要形态或次要形态而让交易者有强烈直觉的机会。这通常是很短期的交易，万一判断错误，只会造成很少亏损，如果判断正确，也会在一两天之内获利了结。

经过多年的训练，我对于市场已经培养出某种直觉，往往能够判断维持两三天的短暂涨势或跌势。可是，对于这类交易，我相当克制，否则的话，时间架构很可能会变得愈来愈短。

混杂交易 混杂交易基本上是指既有趋势内短期动能驱使的一些交易机会。

如同前文强调的，价格形态由事后角度观察往往很明确，但在即时市场则非如此。

请注意，某特定形态失败之后，往往会成为更大级别形态一部分。当然，价格形态也可能彻底失败，价格朝预期的相反方向发展。

另外，即使正确辨识价格形态，起始突破经常可能过早。最后，某些情况下，我的交易时间架构可能变得太短，使得相关信号禁不起事后的检验。价格形态交易属于不完美的科学。

表 5.1 是正常年份内的"要素交易计划"典型结构。

如同表 5.1 显示的，为了达成年度交易目标，每年平均进行 235 笔交易，大概是每个月 20 笔交易，也就是每个市场每年进行 8 笔交易。假定每笔交易采用 1 手合约，每笔交易资本为 $ 100,000，总计将是 235 手合约，每笔交易资本 $ 100,000（或 2,350 手合约，每笔交易资本 $ 100 万）。

表 5.1 交易信号的种类与类型

交易信号	年度目标（成功交易笔数）	交易进行笔数
主要形态：突破（周线图）	10	30 个形态，每个形态平均各有 1.5 笔交易，总共进行 45 笔交易
主要形态：预期（日线图）	10	周线图的 20 个形态，每个形态平均各有 1.5 笔交易，总共进行 30 笔交易；不是每个主要形态都有这类机会
主要形态：加仓（日线图）	10（相当于每个成功趋势各有 1 个加仓机会）	15 个发展趋势，每个趋势平均各有 2 次加仓（包括失败部分），总共 30 笔加仓交易；不是每个主要信号都有加仓机会
次要形态（整理或反转）	20（相当于 20 个追踪市场日线图上各有 1 个明确的形态）	包括假突破或过早突破，20 个追踪市场平均分别有 3 个形态（总共 60 笔交易）
直觉交易	20	40 笔交易，成功 20 笔
混杂交易	由事后立场评估，这类交易全无意义	30 笔交易，5 笔可能基于运气而获利

对于表 5.1 进行的 235 笔交易，其中有 75 笔交易会获利，所以正常年份（不论如何界定"正常"）的交易成功率大约是 32%。

可是，对于较短期或较少交易笔数而言，交易成功率可能只有 15% 或 20%。

底线

我采用一种我称为"底线交易"（Bottom Line Trades）的概念。假定我汇总这辈子进行的每笔交易的损益单据，然后把它们叠起来。30 年交易累积的损益单据，应该有一大堆。接着，我要知道自己身为交易者的总绩效。

由这叠损益单据中，假定我按照获利多少的顺序，逐张挑出单据（第一张获利最大，第二张获利次大，依此类推）。依据这种方式持续挑出单据，直到所挑出单据的总获利符合我的交易总绩效，这称为"底线交易"。就我个人的历史数据估计，获利最大的前10%的交易，就是我的底线。另外，就表5.1的架构来说，每年大约只要进行20笔交易（每个月平均还不到2笔），就能达成整年份的底线。至于剩下的215笔交易，其获利与亏损则会彼此抵销，这些交易对于整体绩效没有助益。

评估每个月、每季与年度交易，我发现一些重要的衡量数据：

· 每个类别交易的比率以及其中的盈亏比率。
· 成功交易的比率。
· 成功交易的平均获利以及失败交易的平均亏损。

以上说明了"要素交易计划"的关键成分。可是，实际执行之前，计划毕竟只是计划。接下来，我准备讨论战术执行上的议题。

进场

进场是个很重要的议题，所以本书第6章将用整章篇幅处理这个议题。此处为了说明流程，所以先简单介绍这方面的基本概念。至于实际的案例，请参考第6章。

我进场交易都会设置止损，同时趁着强势买进、趁着弱势卖出。更详细说，当我看到符合条件的价格形态时，会在形态完成的方向上即突破位置开仓。

关于价格形态会如何发展、其走势将如何，我根据多年的经验汇总出整套的交易法则。这些法则并非神奇的魔术，只是蕴含着我为了维持个人交易纪律而采用的准则。如果不能维持严格纪律，交易可能变得随心所欲，很容易受到情绪干扰。如果不严密控管交易，可能会有"见树不见林"之虞。换言之，交易可能太过偏向短线，缺乏耐心等待真正重要的形态，这是我个人从事交易的最大挑战。

交易风险管理

交易风险管理是指我如何管理交易的风险，这种程序是从头寸建立开始涉及一些重要部分。

杠杆

信用杠杆是指每单位资本（$100,000）所能够交易的合约手数。请注意，对于所进行的每笔交易，我规定其所能够承担的风险程度，不得超过账户资本的0.8%或1%，实际水准往往只有0.5%。承担风险程度是取决于进场价格与起始止损之间的关系。举例来说，如果在121-00价位放空长期公债，止损设定在122-08，这个空头仓位承担的风险超过1整点。每手合约承担的风险为$1,250。如果每$100,000资本交易1手合约，承担风险相当于资本的1.25%，显然超过我允许的程度。这种情况下，解决办法之一，是把交易资本提高为$200,000，使得风险承担程度降到0.6%左右。另一个办法是调整头寸的起始止损，使得每手合约所能发生的最大亏损不超过$700，然后每单位资本$100,000仍然交易1手合约。

交易风险管理规定每笔交易所愿意承担的风险程度，如何决定信用杠杆（每特定资本所能够交易的合约手数），如何设定起始止损。这些决策将决定任何特定交易所能够承担的最大风险程度。

设定起始止损

我个人偏爱采用最近交易日法则决定头寸的起始止损。关于最近交易日法则的解释和案例，请参考第 3 章。某些情况下，我未必根据最近交易日法则设定起始止损，但这方面的讨论太过繁琐，超过本书准备处理的范围。

调整止损点与出场

头寸一旦建立，而且设定起始止损之后，"要素交易计划"运用一些方法决定头寸如何出场。

多数情况下，当价格到达相关价格形态预定的目标价位时，头寸就会获利了结。另外，当行情朝预期方向发展，头寸也会通过一些方法持续调整止损点，包括：回测失败法则（Retest Failure Rule）、追踪性止损法则（Trailing Stop Rule）以及后续形态介入法则（Intervening Rule），细节内容请参考本书第 3 章。

交易指令管理

风险管理处理的议题，是有关单笔或一系列交易的风险承担程度和信用杠杆，而交易指令管理则处理交易进场、出场的实际程序。

我身为交易者，实际上只是下单。从表面上来看，交易是由一系列下单程序构成。市场行情发展不是交易者能够控制的，交易者能够控制的是交易程序。不论我买进、卖出、继续持有，或什么也不做，市场都会按照自己的方式发展。每天交易结束时，我发现自己真正能够控制的，只有我递入的交易指令。

本节内容将分为两部分，包括：新建头寸的交易指令管理以及既有头寸的交易指令管理。

新建头寸

每个星期——通常是星期五下午或星期六早上——我都会浏览大约30个市场的周线图，让自己掌握个别市场的发展情况，看看是否有可供运用的交易机会。

周线图上哪些价格形态是值得交易的？关于这个问题，我花了很长时间才慢慢整理出完整的概念。正常情况下，个别市场整年内，大概只会出现两三个值得交易的周线形态。对于任何市场（包括趋势非常明确的市场在内），如果我发现值得交易的周线形态超过3个，大概就意味着我想太多了。

到了星期六下午，我大概就决定隔周准备交易的对象。一般来说，周线图上的形态，需要花好几个星期，甚至好几个月的时间才能完成。这就造成相当大的困扰，因为我一旦看到发展之中的价格形态，往往就会迫不及待想要介入。这个时候，耐心就显得相当重要了。

对于隔周准备进行的交易，我会印制相关的周线图（还有日线图）。目前，网络上有许多很好的绘图套装软件（我使用3套这方面的线上服务），但对于真的想交易的市场，我还是希望实际印出图形，然后每天手工更新K线，这让我更能够掌握行情发展的脉动。

接下来，我会开始浏览日线图，尤其是周线图已经选定的交易对象，不过我还是会观察每个市场交易较活络的日线图。

周线图虽然是我运用的主要工具，但日线图可以提供更多、更细腻的交易机会。

日线图上的价格形态，如果在隔周有明确的发展，我也会印出日线图。星期天下午2点左右，我会把前一天印制的图形都整理好。接着，我要决定每个市场如果发生突破的话，所采用的进场策略、风险参数，以及头寸的信用杠杆，进入我的线上交易平台，开始设定进场交易指令，设定交易指令成交的通知警讯。

不论进场或出场，我通常都会使用"取消之前有效"的开放型交易指令。某些市场经常会在晚盘出现故意引发止损单的短暂走势，譬如小型的金属合约、作物、软性商品、纤维与牲口市场，我会避免在这些市场采用取消前有效的交易指令，而是在正常交易时段内，采用当天有效的指令。

到了星期天下午市场开盘时，我已经大约完成了建立新头寸相关的交易指令。星期天没有递入的交易指令（比如交易冷清的电子撮合市场），我会在星期一早晨递入。一直到美国当地时间早晨3：30，我通常都不会入睡而继续观察亚洲和欧洲的交易情况。我对于睡眠的需求下降。

交易者究竟在什么时间做些什么工作，这方面的细节问题并不重要。就我个人来说，我会在某个时间借由某些方法做某些事情，主要是因为我喜欢这么处理。每位交易者都应该依据自己的条件，安排这类的工作程序，然后严格遵守。关键是行为本身，行为的时间则不重要。

除了交易之外，我还喜欢驾驶飞机。每次飞行，驾驶员都要做一系列的例行核对，包括飞行之前，还有飞行之后。交易者的情况也是如此。

一般而论，整周交易过程中，我预先锁定的交易机会只有很少数得以实现。至于交易过程临时"发现"的对象（换言之，不是前个周末锁定的对象）大多属于失败交易。

不同的线上交易平台提供不同的功能。我偏爱那些允许采用附条件交易指令（Contingency Order）的交易平台；换言之，我可以要求进场交易指令成交之后（头寸建立），自动递入止损交易指令。如果不允许采用附条件交易指令的话，我就必须随时留意进场交易指令是否成交。

本书讨论过程将不断重复强调一种概念：交易进行过程，我希望自己与市场之间能够保持某种程度的距离。

正常交易时段内，我愈留意行情发展，就愈可能在情绪受到干扰的情况下拟订违背预订交易计划的决策。我太了解自己了，我知道自己的情绪会对盘中交易造成影响，而且绝对有损长期交易绩效。身为交易者，我发现如何控制情绪是最大的挑战。这将是一场永无止境的斗争。

敞口头寸

在交易所有的相关层面上，这是一个最令我感到困扰、承受最大压力的领域。头寸建立之后，如果行情朝有利方向发展，接下来将如何处理？我认为，这是最棘手的交易难题，我经常因此而失眠。

对我来说，如何进场建立头寸，这个问题并不困难。对于失败交易，我也能够断然认赔。其他包括加仓或在目标价位获利了结，我发现这类决策都不困难。可是，当交易已经产生未实现获利，但还没有到达目标价位，这类头寸我觉得最难处理。

管理未平仓头寸的根本概念很单纯：既要保护已经取得的账面获利，同时又要保留头寸获利持续扩大的潜能。所以，关键是如何在此两者之间取得平衡。

处理敞口头寸的下单流程，类似于开仓建立新头寸。对于手头上的每个头寸，都应该递入两种交易指令，一是设定在目标价位获利了结的限价单，一是防范行情反转的止损单。关于这两种交易指令，如果其中一种成交，则自动取消另一种。我持有的任何头寸，都有这两种出场的交易指令。

每天下午，我会检视相关市场的日线图，评估是否应该针对未结头寸调整交易指令。这部分调整大多发生在当天市场收盘时段，到晚盘开盘（属于隔天交易）之间。

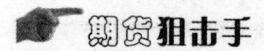

本书第 6 章会探讨这方面管理的技巧,并提供实际案例。

最佳交易常规

所谓"最佳交易常规",是指交易者如果习惯性地长期奉行,会对绩效表现产生正面的影响。另一个角度说,如果没有采用最佳常规,将会降低交易绩效。采用一套最佳常规,能够让交易者保持正确心态。当然,每位交易者的所谓最佳常规都可能不一致。关于交易指令管理,我的最佳常规如下:

- 唯有在市场停止交易的星期六研究周线图。
- 浏览可能交易的每个市场。研究周线图以及交易最活跃期货月份合约的周线图。
- 每天只阅览一次日线图(趁着市场没有交易的期间)。
- 每天只下单一次。一旦开始进行交易,就不改单。
- 避免采用盘中走势图。避免在交易时段内,直接观察行情发展。
- 不要受到其他交易者或分析的影响。根据自己的方法进行交易。

内容重点

- 交易者必须通过组织性方法,整理一套交易信号系统。任何交易者想要取得稳定的成功,都必须克服时间架构(Time Phasing)的障碍。
- 交易者必须拥有一套涵盖各个交易层面的计划,包括如何进场,如何决定相关风险。对于多数专业经理人而言,每笔交易承担的风险通常不会超过账户净值的1%。
- 交易计划必须包括出场策略。
- 交易计划必须处理风险管理议题。换言之,对于任何一笔交易,其承担风险可以占交易资本的多少比率?
- 必须整理一套交易例行程序,尤其是关于分析进场下单的部分,然后严格执行。

第6章
运用"要素交易计划":
三个案例研究

本章将讨论我在 2009 年运用"要素交易计划"的实际案例,进一步说明本书稍早谈到的法则、准则与理论。

本章将运用完整的走势图,回答下列问题:

- 什么叫做交易信号?
- 交易计划内,交易信号是如何产生的?
- 如何决定起始止损价位?
- 如何决定交易合约手数?(如何决定交易的信用杠杆?)
- 当行情朝有利方向发展,既有头寸如何调整止损点?
- 什么情况下,头寸可以加仓?加仓程序如何进行?
- 如何获利了结?

本章将要讨论的三个案例包括道·琼斯工业指数期货合约的两笔交易、黄金的整年度交易、糖的整年度交易。

我之所以挑选这三个案例作为研究对象,主要是因为我在 2009 年积极投入这些市场,而且这些市场也发生了各种交易情况。2009 年,黄金市场让我取得一笔获利最丰硕的交易,而糖则是那年让我赚钱最多的市场。当然,我也可以讨论欧元/美元汇率的交易案例,但我决定不这么做。请注意，2009年之内，我虽然在某些市场赚钱，但也在另外一些市场赔钱。

道·琼斯工业指数的重要技术案例

道·琼斯工业指数出现两个相当典型的价格形态，一个属于空头信号，另一个则是多头信号。根据空头信号建立的空头头寸，将因为价格下跌而获利。多头头寸的情况则相反，头寸将因为价格上涨而获利。对于外汇和商品来说，交易者可以先买后卖，也可以先卖后买；换言之，买卖顺序并不重要。空头是先卖，期待价格下跌，然后再买回来；多头的情况则相反。

空头交易：2009年7月6日

一旦找到适合进行交易的对象，我通过交易平台输入进场开仓的交易指令。图6.1显示道·琼斯指数2009年9月份迷你合约的走势。7月2日，我判定可能是头肩顶形态，于是决定在价格跌破颈线与右肩低点的时候，进场开空仓。我下单价位（Sell Stop，在当前价位下方挂空单，即突破追空）设定在8182。这笔交易稍后在7月6日成交。

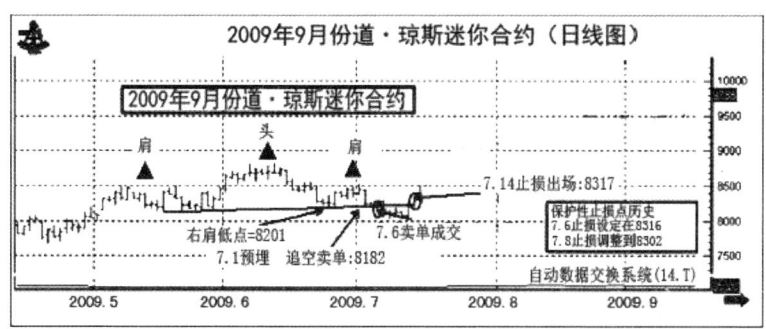

图6.1　道·琼斯工业指数：头肩顶

设定头寸起始止损的方法，主要是采用最近交易日法则（LDR）。根据这个法则，我们认为有效价格形态突破之后，突破当天的极端价位不该再遭到反向突破。换言之，对于有效的向上突破，价格不该再折返到突破当天的最低价；同理，向下突破之后，价格不该再折返到突破当天的最高价。否则的话，就属于无效的突破，所建立的头寸也应该止损出场。对于目前这个头肩顶形态，由于价格向下突破，所以空头头寸的止损设定在突破当天的最高价。如果突破当天的价格线只有很少部分与形态价格范围重叠，则可以把突破前一天视为最近交易日，根据后者设定止损点。

7月6日，当道·琼斯9月份迷你合约向下突破时，当天价格线超越头肩顶颈线的部分大约只有30点，所以我决定采用前一天的价格线设定止损。空头的止损设定在8316，每手合约的最大潜在损失为$670。

我允许每笔交易承担的风险，大约是账户资本的0.6%或0.8%，但不超过1%。对于目前这个空头头寸，由于每手合约的风险是$670，所以每$100,000资本只可以交易1手合约。

我采用爱德华与迈吉在《股市价趋势技术分析》介绍的方法衡量形态的目标价位。价格形态完成之后，由突破点向上（向下）衡量价格形态的高度，即是多头（空头）的目标价位。就目前这个案例来说，"头"的高点是8828，"右肩"低点是8194，所以形态高度是634点。由突破点8194向下衡量634点，空头头寸的目标价位是7560。当这个空头头寸建立之后，我立即在7561点挂了止盈委托平掉空头头寸。

空头头寸建立当天，收盘价就朝反向发展，导致头寸出现亏损。这显然是不祥的预兆。根据过去的交易经验显示，头寸建立当天，假定收盘价朝不利方向发展，如果我就立即认赔出场，长期交易绩效将提高。

7月7日，整天的走势都朝下发展，收盘价明确落在头肩顶颈线的下方，这又让我燃起新希望。另外，这也让我得以把止损点调整到8302，也就是在7月7日最高价的稍上方。7月14日，这个空头头寸的止损点遭到引发，正式结束这笔失败交易，同时准备建立反向的多头头寸。

我原本就该怀疑这个头肩顶形态，因为这个形态经常在CNBC讨论。大家都认定的东西，通常就不会发生了。

多头交易：2009年7月15日

我发现，不论是商品或外汇市场，失败的头肩形态都代表相当可靠的交易机会。所以，我认为，失败头肩形态本身也是一种形态。所谓"失败的"头肩排列，顾名思义，最初会呈现头肩排列，也就是"左肩"—"头"—"右肩"都清晰可辨，但在"右肩"出现之后，不论价格是否穿越颈线，如果价格稍后反向穿越"右肩"端点（换言之，价格穿越头肩顶的右肩高价，或跌破头肩底的右肩低价），就代表失败头肩形态完成。

所以，7月14日，当我根据头肩顶形态建立的空头头寸被止损出场之后，我立即挂高位追多买单（Buy Stop，在当前价上方挂买单，即突破追多）准备建立多头头寸，追进价位设定在右肩高点。如同图6.2显示的，多头头寸建立于7月15日，买进价格为8568。

图6.2 道·琼斯工业指数：头肩顶

最近交易日法则是采取 7 月 14 日盘中低点 8327。多头头寸的起始止损可以设定在 8319。所以，在 8568 建立的多头头寸，每手合约的最大潜在亏损为 $ 1,245，远超过每单位资本 $ 100,000 所能承担的风险 $ 700。

所以，我有两个选择：一是放弃 LDR，改用金额设定止损，或者用两单位资本 $ 200,000 交易 1 手合约。我决定采用后者，止损仍然设定在 8319，每单位资本 $ 100,000 只交易半手合约，风险水准大约是 0.6%（$ 1,245 除以 2）。

头肩顶失败形态的上档目标价位，是由右肩高点 8527 向上衡量头肩顶排列高度 634。所以，目标价位是 9161，随后在 7 月 30 日达成。就这笔交易来说，每手合约的获利超过 $ 3,100，或每单位资本 $ 100,000 的获利为 $ 1,550。

这笔交易取得重大成功之后，我很想继续在这个市场进行交易。在贪婪情绪鼓动之下，我想重新进场。每当产生贪婪的念头，我会提醒自己：机会永远存在，往后还有很多机会。我必须严格遵守纪律，一旦在某个市场结束交易，就必须到其他市场寻找机会。

当然，对于前述多头头寸，我也可以不必主动在预定目标获利了结，可以改为追踪性止损法则；若是如此，多头头寸将结束于 9 月 2 日。

黄金的整年交易

2009 年，"要素交易计划"进行了 7 笔黄金交易。虽然交易是针对个别合约进行，但为了说明方便起见，此处采用连续合约的周线图与日线图（图6.3与图6.4）。

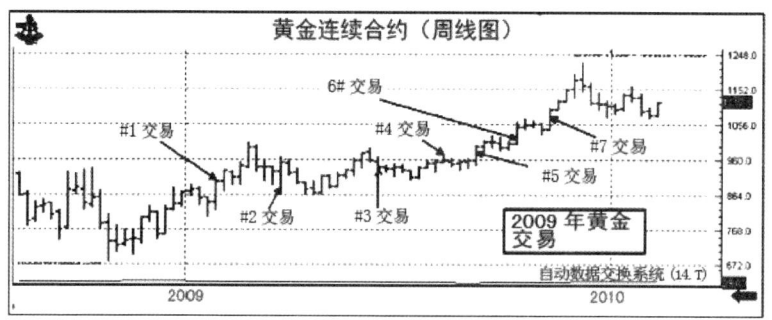

图6.3　2009年黄金交易

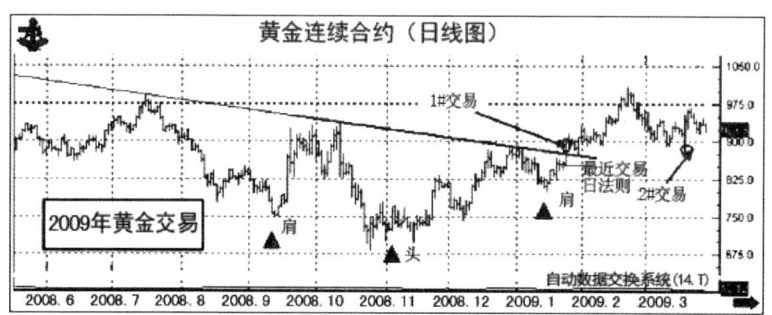

图6.4　黄金#1交易

1月23日，当黄金向上突破头肩底形态，我建立黄金多头头寸。请参考图6.4，这个头肩底形态的运行期间，可以回溯到2008年7月。我在884.2买进黄金4月份合约（代表33盎司黄金），根据最近交易日法则设定的止损在853.8，每手合约承担风险大约是账户资本的1%。

关于这笔交易，我犯了错，我的解释显然有问题。有效的头肩形态，头与两肩的结构应该相对明确，应该有明确的"承接"或"出货"迹象。由事后观察，1月份的"右肩"与2008年9月的"左肩"，两者似乎没什么关联。

我想，我只是为了想要买进黄金而寻找借口。头肩形态如果不够明确，运行的价格区间太大，就值得怀疑。我对于价格形态的判断，经常受到自己对于行情看法的影响。有些时候，我发现到处都是头肩，另一些时候，则到处可以看到楔形，当然也可能是三角形或通道。

这个头寸借由追踪性止损法则而在 2 月 25 日出场，价格为 958.2。图 6.5 与 6.6 说明这个法则涉及的三个程序。

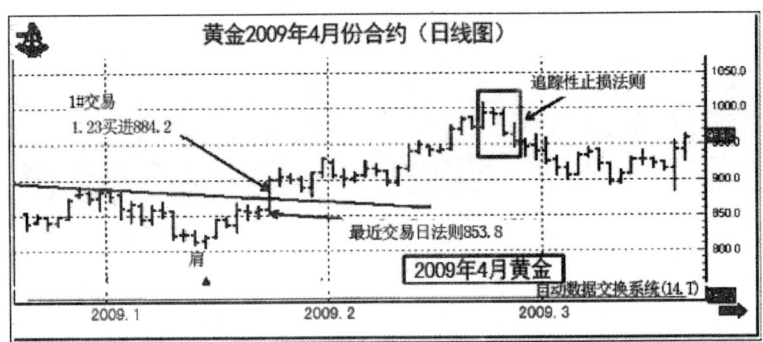

图 6.5　黄金#1 交易：追踪性止损法则

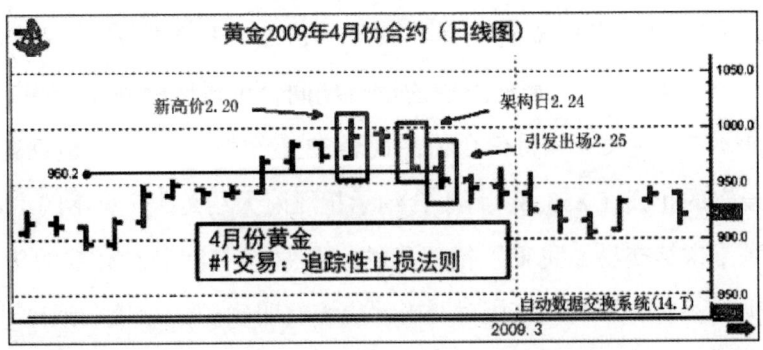

图 6.6　黄金#1 交易：追踪性止损法则说明

政府报告导致价格波动与亏损

有时候,行情发展非常快,往往让我摸不着头绪。图6.7的脱序走势就是这类情况。

3月18日早盘,当政府公布报告时,黄金价格跌破头肩顶颈线,我在888.7建立空头头寸。突破当时,最近交易日法则决定的止损在916.3,但我改用资金管理止损900.7,使得每单位资本$100,000得以交易2手迷你合约。这笔交易承担的风险大约是0.8%,大约只经过几分钟,头寸就遭到止损。回忆过去场内交易的美好时光,当头寸止损回报时,搞不好建立头寸的交易还没有回报。这就是雪上加霜!

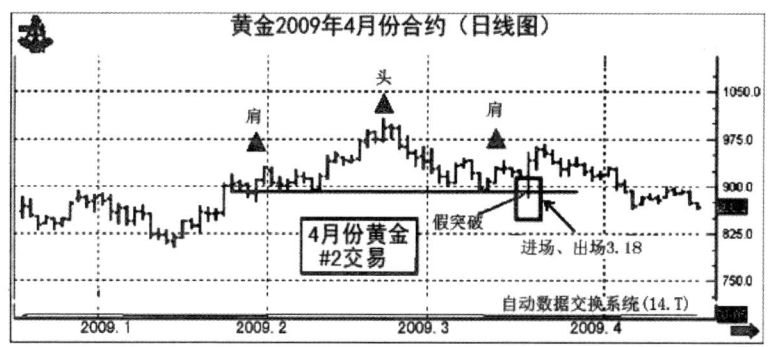

图6.7 黄金#2交易:脱序走势

交易小规模形态的空头头寸

我对于头肩形态还是很执着,于是在6月12日放空黄金8月份合约,进场价格为942.4(请参考图6.8)。这个头肩顶的运行期实在太短了,原本是不该进行交易的。

明知道这笔交易不合理,所以采用相当严格的止损,该头寸在 6 月 24 日结束,赚了一点小钱。这笔交易能够赚钱,我觉得纯粹是侥幸。

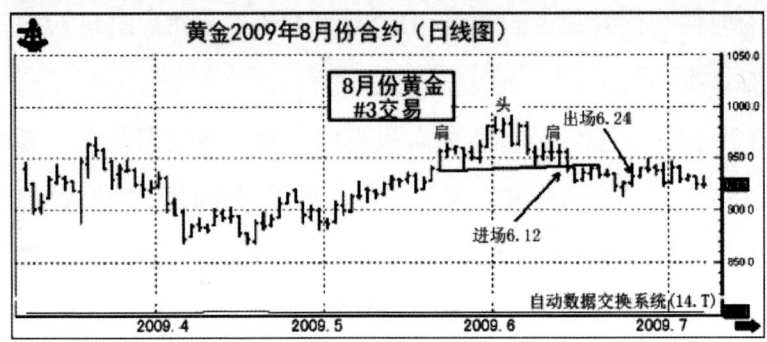

图 6.8　黄金#3 交易:很小的头肩顶

另一个失败的头肩形态

继续考虑头肩形态。8 月 4 日,我根据某个为期 7 周的头肩底——颈线稍微朝上倾斜——建立多头头寸(请参考图 6.9)。8 月 6 日,价格回测颈线。根据回测失败法则,我把止损调整到 8 月 6 日低点。结果,8 月 7 日,头寸遭到止损出场,损失为账户资本的 0.6%。

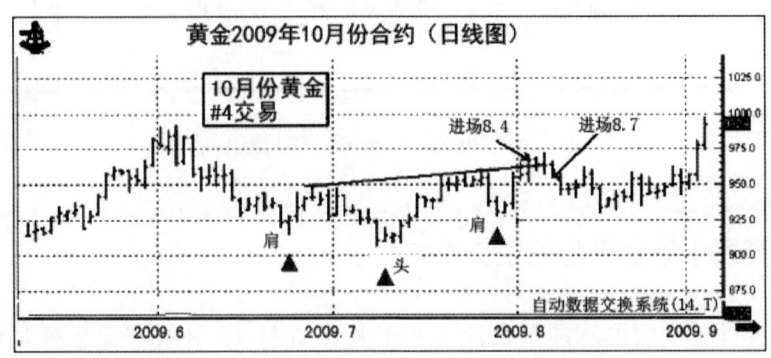

图 6.9　黄金#4 交易:另一个失败的头肩

通过这些个案研究，希望能够传达我想要传达的信息：对于整体交易绩效来说，进场信号相对不重要。交易对象——也就是进场信号的重要性次于资金与风险管理。如何选择交易对象，其重要性明显被高估。

锁定重大走势

8月初，种种迹象显示黄金市场即将出现重大走势。周线图呈现规模庞大的头肩底整理（请参考图6.10）。爱德华与迈吉的著作《股市趋势技术分析》曾经简略讨论这种罕见的形态，夏巴克在《股票市场获利技术分析》也曾经提过。

另外，头肩底的"右肩"形成6个月期的等腰三角形。这个三角形由6个接触点构成（请参考图6.11的A—F）。对于黄金市场正在酝酿的重大发展，我觉得充满期待。

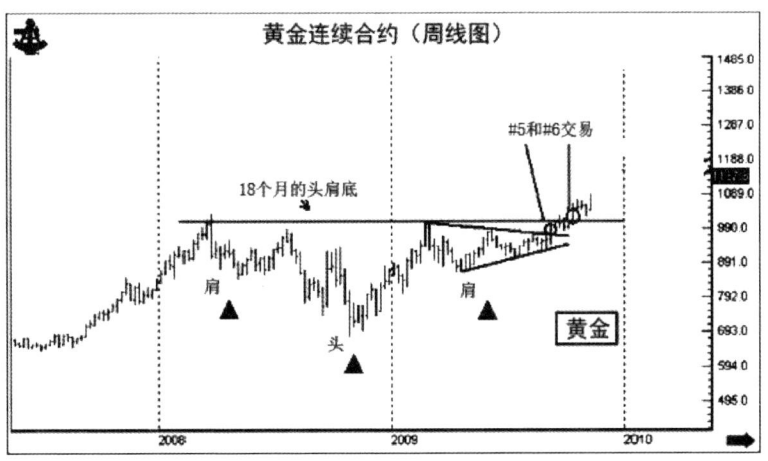

图 6.10　黄金#5 和#6 交易：周线图的头肩

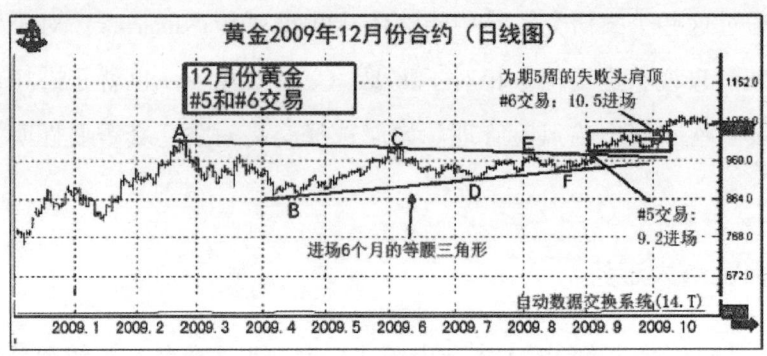

图 6.11 黄金#5 和#6 交易：庞大的等腰三角形作为头肩底的右肩

9月2日的涨势向上穿越三角形形态边界，紧跟着又穿越形态高价（E点），于是我进场买进12月黄金，价格是978。这个多头头寸的目标价位为1094，是取 B—C 距离而由 E 点向上衡量。当然，目标衡量也可以取 A—B 距离。这笔交易在11月4日获利了结，如果采用追踪性止损法则，该头寸可以持有到12月7日，每盎司可能多赚 $ 45——然而，永远都有可能、原本、应该……

请注意，不论是9月2日的突破，或9月3日的向上冲刺，这两根线的低价都没有受到威胁。真正有效的突破，通常都是如此。突破之后，行情呈现大约1个月的横向整理，过程中显现小型的头肩顶，我甚至把多头头寸的止损点调整到该形态的颈线之下（参考图 6.12）。

10月5日，价格上涨而穿越头肩顶的右肩，我在1014加仓，目标价位为1050（很快就在10月8日达成），我决定不要在目标价位获利了结。同样的，请注意10月5日的价格低点（LDR 止损）也从来没有被威胁。

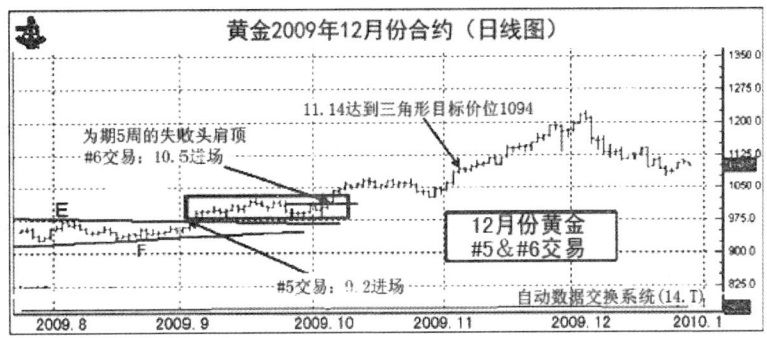

图 6.12 黄金#6 交易：小型的失败头肩顶

黄金市场投出变化球

交易由进场到出场之间，很少有完全不发生波折或困难的。最周详的计划也可能出差错。我根据 4 周失败头肩顶形态而在 10 月 5 号建立的加仓（交易#6）遇到的一些困难，因此我决定不在预定目标价位1050 出场。稍后，10 月 26 日的下跌走势构成小型双重顶，使得这个多头头寸蒙上阴影。10 月 26 日也是追踪性止损法则的架构日。10 月 27 日的行情引发追踪性止损点，但等到隔天才结束相关头寸，几乎是在多头行情向下修正的最低点出场，请参考图 6.13。

行情演变让我遭遇交易者面临的最大挑战：成功头寸在还没有到达较高获利目标之前遭到止损出场，应该如何处理？不幸的，这个问题没有简单的答案。

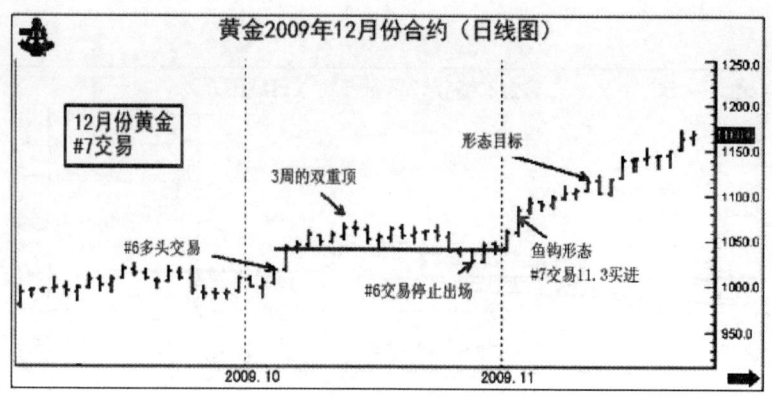

图6.13　黄金#7 交易：伪造形态

就在3周双重顶完成几天之后，行情又恢复既有的多头走势。这意味着先前的双重顶很可能是空头陷阱。另外，市场似乎出现鱼钩买进信号（Fishhook Buy Signal）。爱德华与迈吉的经典著作没有提到这种形态。所谓的鱼钩形态，是指形态完成之后很快就失败，价格立即穿入先前的形态。鱼钩买进讯号之所以具备动能，因为态度不坚定的多头浮筹已经被清理。

情况发展迫使那些提前出场的多头重新进场追击。鱼钩买进信号最初出现在11月2日，价格反弹穿越先前双重顶的高价。我原本可以在这里进场，结果却顽固地等到11月3日价格创新高。

一般来说，鱼钩形态总是发生在一段明确走势的中点，该走势可以借由波段目标来衡量（请参考图6.14）。

计算10月2日低点到10月14日高点之间的涨幅，距离大约是85点。由10月29日低点1027向上衡量85点，目标价位为1112，随后在11月12日达成目标。

图 6.14　黄金波段目标

2009 年黄金交易的启示

我痛恨在市场上左右挨耳光。我很怕在区间交易的上限买进，结果却在下限认赔。我厌恶假突破。我最怕对于行情发展方向判断正确，结果却因为走势反复而赔钱。譬如说：多头头寸因为价格回档而出场，然后在行情恢复多头走势之后重新进场，结果又因为价格折返而认赔。举例来说，在 $20 的区间走势里，我可能每盎司亏损 $50，而且对于最终的价格定向还判断正确。

震荡剧烈的走势，除了会造成严重财务亏损之外，往往也会伤害交易者的信心与心理状况。我记得自己曾经遭遇很多这类的经历，因为重大走势出现之前，经常会先出现剧烈震荡的反复行情，使交易者因此错失随后发生的真正机会。

提前止损出场之后，最大的诱惑莫过于重新进场，但随后可能很快又止损出场。一旦陷入这种恶性循环，交易纪律与耐心将备受考验。我进行的黄金#7 交易相当幸运。如果左右挨耳光的话，我也会晕头转向。

小型反转形态（譬如：小型双重顶）不该严重威胁明确的既有趋势，尤其后者是源自重大价格形态（三角形），而且该重大价格形态的预定价格目标还距离很远。

表 6.1 摘要整理 2009 年的黄金交易信号

讯号#	形态	盈亏（合约月份）	进场 日期/价位	出场 日期/价位	走势幅度 每盎司
1	6 个月头肩底	盈（4）	1.23@884.2	2.12@958.2	74
2	6 周肩头顶	亏（4）	3.18@888.7	3.18@916.4	-28
3	4 周头肩顶	亏（8）	6.12@942.4	6.24@938.7	4
4	7 周头肩顶	盈（12）	8.4@967.2	8.7@955.4	-12
5	6 个月等腰三角形	盈（12）	9.2@978	11.4@1094	116
6	4 周失败头肩顶	盈（12）	10.5@1014.4	10.28@1028.6	13
7	6 个月等腰三角形，3 周失败的双重顶，新高价	盈（12）	11.3@1076.2	11.12@1112	35
总计					202

周线图上为期 18 个月的头肩底，潜在目标价为 1320 到目前为止（2010 年 1 月）还没有达成。所以，我对于黄金保持多头看法。

在较宽广的交易区间走势内，我没有等待关键突破，却花太多精力考虑不太有必要的决策。这就是 2009 年进行最初 4 笔交易的情况。一直到#5 与#6 交易，市场才真正突破主要价格形态。事实上，真正值得一干的交易，只有#5 交易。

头寸出场

我的头寸可能因为 6 种情况而结束，其中 2 种会发生亏损，另外 4 种则属于成功交易。

亏损

1. 据以建立头寸的价格形态失败或过早突破。行情反转而引发

LDR 止损（或资金管理止损）。（案例：请参考图 6.7）

2. 行情没有立即朝突破方向发展。几天或几个星期内，市场回测价格形态，并且贯穿形态界线。如果发生硬性回测，我可能据此调整止损。（案例：请参考图 6.8）

获利

1. 目标价位获利了结。我通常会根据当初建立头寸的价格形态蕴含目标价位平掉头寸。（案例：请参考图 6.11 与图 6.14）

2. 成功交易在发展过程中，往往会出现较小型的连续价格形态。取决于这些连续形态的运行期和条件，既有头寸可能加仓。我通常也会根据连续形态的最近交易日法则调整既有头寸的止损点。

3. 到达目标价位之前，行情可能出现反转形态。我可能会根据这些逆趋势的反转形态调整头寸止损点。（案例：请参考图 6.13）

4. 交易发展过程中，我可能随时决定改用追踪性止损法则。（案例：请参考图 6.5）

糖的整年交易

关于 2009 年的交易，糖是我最关注的单一市场。我对于 2009 年的糖行情看法，凸显了我并不是绝对客观的交易者。我对于特定市场的看法，会影响我的形态技术分析结果。

就个别市场来说，糖是我在 2009 年获利最丰硕的市场。可是，我要特别声明，2009 年在糖市场的交易表现，并不是我交易糖市场的典型绩效（虽然我很希望是如此）。在 2009 年的整体交易获利之中，糖市场大约就占了将近 40%。

可是，在最初4个月里，我在糖市场可以说是屡战屡败，交易状况完全背离了我对于糖行情的多头看法。当我认为市场行情将启动，并不代表行情就立即或真的会发动，市场显然不理会我的看法。事实上，一旦我买进之后，对于市场就会抱着多头看法。同样的，作为空头，我对于市场的唯一影响，就是我的卖出行为。

年初看多行情

从2009年1月份的第一天开始，我就看好糖市场。图6.15的周线图形态，代表我认定当时对于糖走势的最重要影响：为期9个月的等腰三角形整理。2009年初，市场处在前述三角形形态的下限，所以我尝试根据可能的走势预先建立多头头寸。

我完全没有预料到整个过程会变得如此多灾多难。图6.16显示"要素交易计划"在这段时间产生的11个交易信号。我对于糖市场的执着，导致我进行太多交易了。这种过度交易的情况过去曾经发生，将来也还会发生。

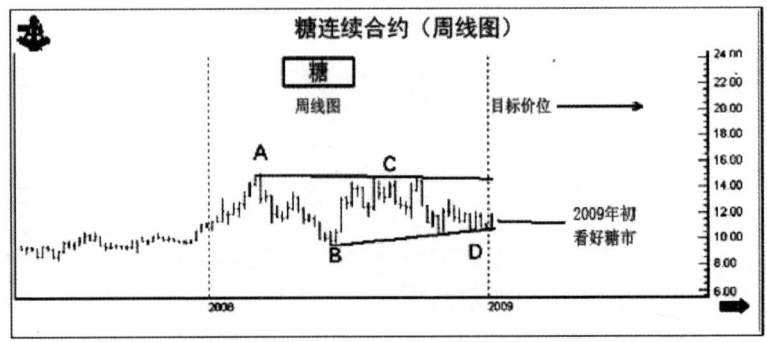

图6.15　2009年初的糖周线图

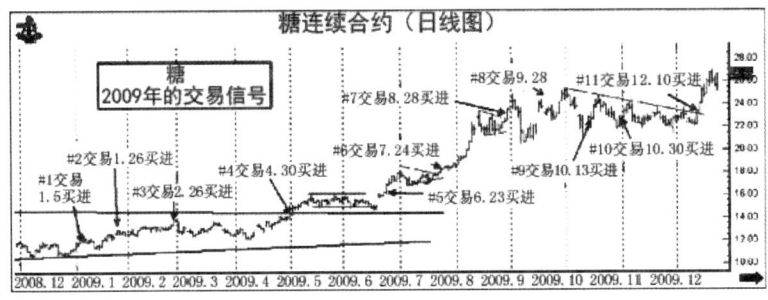

图 6.16 2009 年初的糖日线图

年初 3 笔亏损交易

图 6.17 显示 2009 年最初 3 笔糖交易的情况。虽然价格呈现上涨，而且我看好糖走势，但 3 笔交易还是发生亏损。多头头寸在多头市场发生亏损，对于交易者而言，显然是非常严苛的挑战。

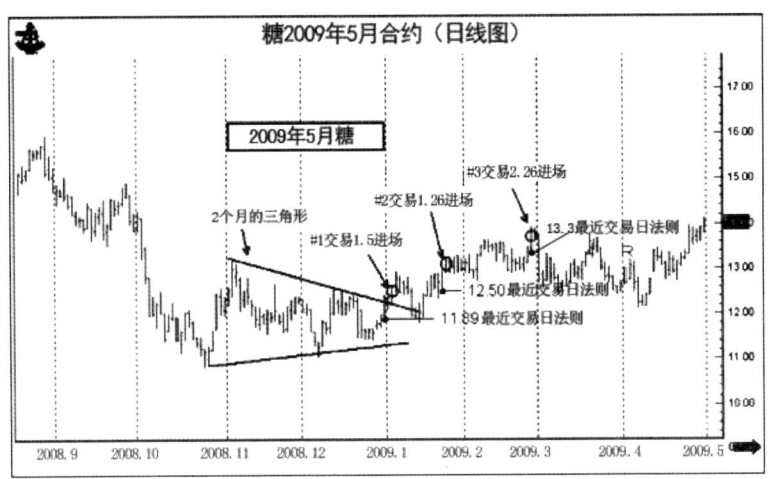

图 6.17 #1—#2—#3 交易：糖交易最初遭遇的挫折

1 月 5 日的涨势，完成了长达 2 个月的等腰三角形形态。我把形态的最后一根完整价格线（12 月 30 日）当作最近交易日设定止损。结果，这个头寸在 1 月 14 日遭到止损，损失 67 点。

价格创新高的买进

我认定糖市场呈现多头走势，所以在价格创新高时不断买进。这并不符合我平常的交易风格，我通常都会等待明确的价格形态。1月26日，我进场买进（#2交易），然后在2月26日价格创新高时加仓（#3交易）。3月2日的下跌走势引发这两笔交易的止损，总计亏损94点。#2交易的止损由原来1月23日的LDR，调整到2月19日回测失败法则的低点。

等待明确形态

先前根据价格创新高而买进的交易造成亏损，所以我决定等待比较明确的价格形态。4月底，我终于碰到这类机会。

几十年来，我一直通过电子邮件与10多位同行共同讨论价格形态技术分析，分享一些想法和技巧。以下是我在4月30日发给这些同行的邮件：

> 2009年4月30日
>
> 不错的交易机会
>
> 较长期走势图显示糖可能是2009年的最佳交易市场之一。技术面有几点值得注意。
>
> 周线图显示非常典型的等腰三角形，时间可以回溯到2008年3月份。7月份合约的14个月三角形形态，向上突破价位为14.72。
>
> 我们应该把周线图摆在历史架构内观察。收盘价有效突破2006年的高点19.75，使得OX图的上档目标价位在60多。
>
> 7月份合约今天突破9个星期矩形形态的上限。重大走势

起始于小形态的突破，这种表现相当不寻常。日线图应该与周线图配合观察，甚至包括月线图与季线图。

2009年5月1日更新资料如下：

今天，这月份的2010年3月份合约强劲突破6个月楔形整理的上限。这个形态可能是糖多头走势的跳板。对于相对庞大的头寸来说，这个价格形态代表低风险的机会。

所以，2天期间，糖的所有合约几乎都出现明确的向上突破（7月份、10月份、3月份与连续合约）。连续合约与个别月份合约的日线图情况稍有不同。7月份合约完成2个月的矩形整理，10月份合约则完成7个月的楔形整理（请参考图6.18与6.19）。10月份合约在6月24日完成最低目标价位。

周线图上的三角形形态请参考图6.20。周线图与日线图大约在相同时间完成主要价格形态，这是好现象。

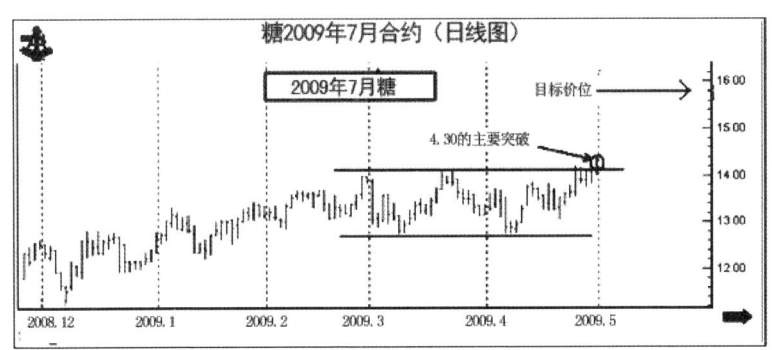

图6.18　#4 交易：7月份合约矩形整理

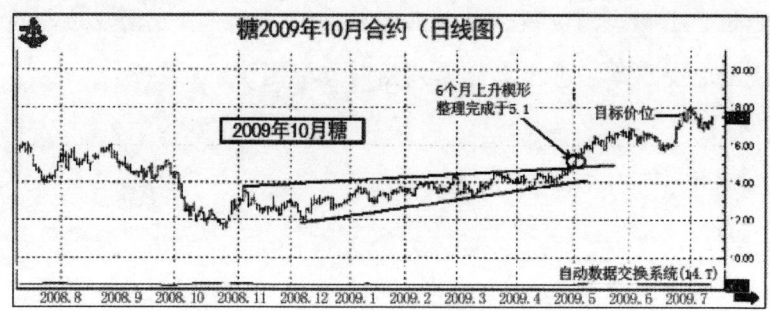

图 6.19　#4 交易：10 月份合约楔形整理

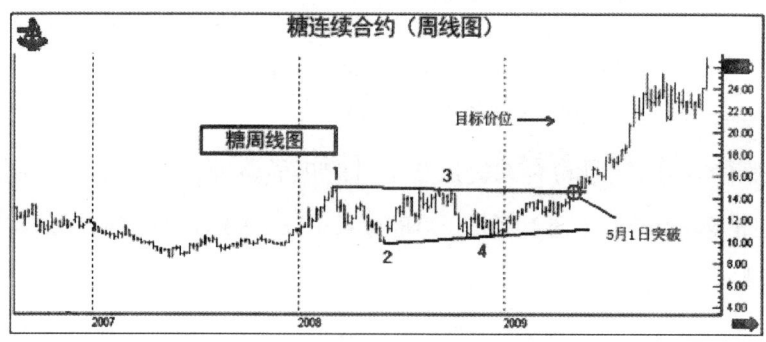

图 6.20　糖：等腰三角形启动多头行情

糖的多头行情已经启动。请注意，由于多头行情还处于起始阶段，所以风险很小。根据最近交易日法则决定的止损，7 月份合约为 31 点，10 月份合约为 38 点。这让我可以建立相对大型的头寸。周线图的向上突破发生在 5 月 1 日星期五，周末法则可以更进一步确认突破的效力。

整理休息

5 月份的第一波涨势告一段落之后，呈现大约 5 个星期的横向盘整（请参考图 6.21）。到了 6 月 23 日，10 月份合约出现 5 个星期的"鱼钩"买进讯号（#5 交易），使得多头仓位得以加仓，最近交易日法则设定的止损风险还是很小。目标价位完成于7月30日。

#6交易是典型的三角旗形形态。7月24日，市场创多头趋势的新高价，同时突破为期3周的三角旗形形态，这是另一个加仓机会。根据形态之最近交易日法则决定的止损没有受到威胁。我抓住了老虎尾巴。

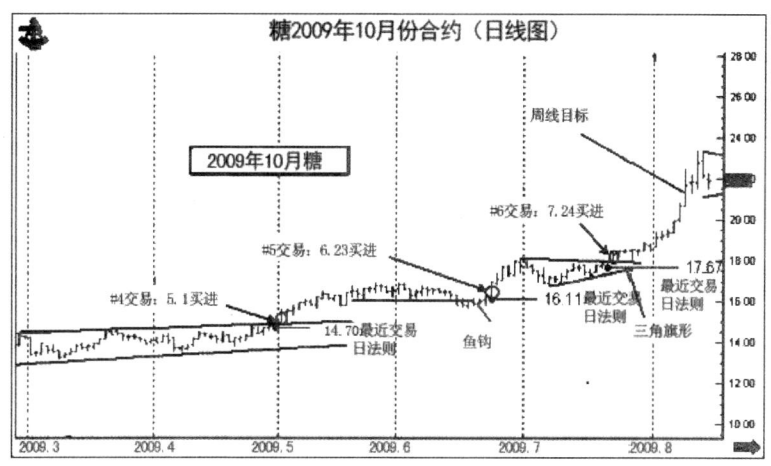

图6.21　#5与#6交易：多头行情的两个整理形态

8月10日，10月份合约达成周线图的目标价位21.22，头寸获利了结。我没有办法很明确的说明，为何有时候采用日线图的目标价位，有时候则采用周线图的目标价位，有时候甚至借由波段走势幅度设定目标价位，或采用追踪性止损法则。总之，关于目标价位的决定，没有很明确的规则。有时候，就是必须做决定，然后承担所有的后果。

行情波动转剧

到了8月中旬，我平掉了5月1日以来建立的所有头寸。当时，我正在找机会重新进场。我有点担心糖已经出现60美分的涨势而我只能在场外观望。

市场没有让我等很久。可是，如同交易经常碰到的情况一样，我遭遇了大约 4 个月的艰难时期。这应该是相当正常的情况，尤其是行情稍早出现相当不错的涨势，接着呈现震荡整理的盘面（请参考图 6.22）。

8 月 28 日，市场完成为期 3 周的旗形形态（#7 交易），请参考图 6.22 用虚线标示的界线。当时，我认为，这个旗形形态是发生在一波涨势中点的整理形态，所以旗形应该会向上突破，然后再出现 30 美分的涨势。

结果，这个旗形形态确实向上突破，但涨势只维持 2 天，接着就向下反转，9 月 4 日引发 LDR 设定的止损。我认赔出场，感觉上好像丧失了一位好朋友。

9 月 28 日，市场完成了我认定的菱形整理形态。我重新建立多头头寸（#8 交易）。LDR 设定的止损在 10 月 7 日被引发，我又认赔出场。

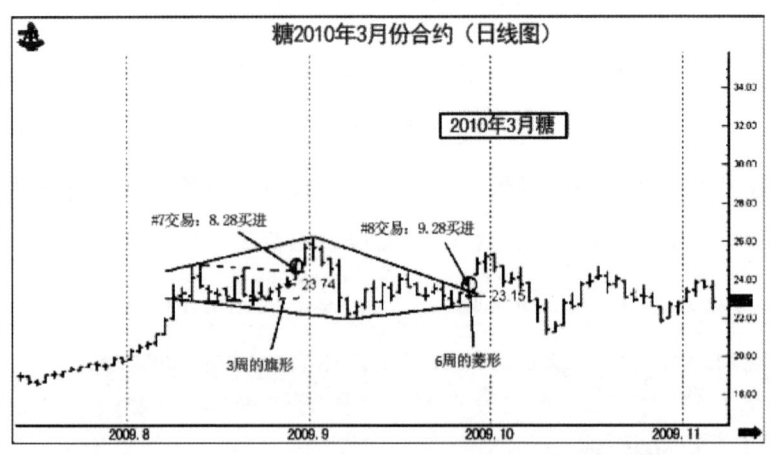

图 6.22　#7 与#8 交易：糖开始做大型的整理

执着于糖的多头交易

这个时候，我实在太执着于糖的多头交易。对某种市场观点如果太过执着，往往会导致愚蠢的交易。愚蠢的交易则会导致亏损。#9 与 #10 交易都没有等到价格形态完成，就提前进场，请参考图 6.23。我之所以提早建仓，是因为担心错失机会。对于交易者来说，恐惧与贪婪是最致命的两种情绪。

这两笔交易进行当天——10 月 13 日与 10 月 30 日——糖都呈现涨势。当行情处在横向盘面或交易区间，趁着强势买进或趁着弱势卖出，两者都不是好生意。

#9 交易的 LDR 止损在 11 月 27 日引发，#10 交易的 LDR 止损更早在 11 月 10 日被引发。我不只自己"创造"进场交易的借口，而且 #9 交易的风险管理还相当顽固。

图 6.23　#9 与 #10 交易：缺乏明确价格形态的交易

年底涨势

到了年底，糖行情又转强，12 月 11 日展开突破走势，穿越了为期 15 周的通道上限，也完成了为期 4 周的头肩底形态，引发 #11 交易，请参考图 6.24。

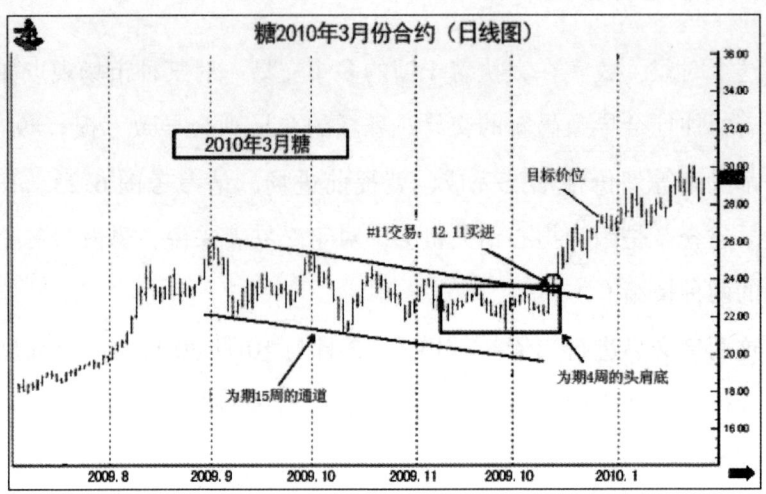

图 6.24　#11 交易：糖的重要买进信号

如同本书稍早强调的，小规模形态经常与较大规模形态同时完成。另外，发生在星期五的突破，往往别具意义。形态蕴含的价格目标在 12 月 28 日完成，但追踪性止损点则在隔年 1 月 11 日才被引发。

表 6.2　列示 2009 年糖交易的摘要情况

讯号#（部位）	价格形态	进场日期	出场日期	走势点数
1（5月份多头）	2个月三角形	1.5	1.4	−67
2（5月份多头）	创新高	1.26	3.2	−59
3（5月份多头）	创新高	2.26	3.2	−35
4（10月份多头）	7个月楔形	5.1	6.24	+222
5（10月份多头）	5周鱼钩	6.23	7.30	+206
6（10月份多头）	3周三角旗形	7.24	8.10	+309
7（3月份多头）	3周旗形	8.28	9.4	−98
8（3月份多头）	6周连续加仓	9.28	10.7	−92
9（3月份多头）	动能交易	10.13	11.27	−76
10（3月份多头）	动能交易	10.30	11.10	−59
11（3月份多头）	15周通道	12.11	12.28	+365
11笔交易 7亏、4盈				

2009 年糖交易的启示

不幸的是，年复一年，我几乎每年都必须重新复习一些相同的教训。2009 年的糖市场提醒我，行情实际走势往往落后于我对于市场的看法。市场没有义务立即回应我的看法。

我经常会根据周线图所汇总的看法，强行解释日线图的发展。两笔最早进行的交易（#2 与#3），纯粹是动能交易，没有任何明确的形态可以作为根据；两笔年底左右进行的交易（#9 与#10）也是如此。所以，11 笔交易之中，有 4 笔交易是没有根据的，也是原本不该进行的。新年期间我对自己许诺，要好好训练耐心。或许，有一天，我可以达成这个目标。

内容重点

- 某些最好的交易机会，其走势方向往往跟交易者最初的认定相反（譬如道·琼斯股价指数的例子）。
- 对于任何市场，想要锁定真正的赚钱机会，交易计划都难免会发生一些亏损。
- 根据预期的行情发展进行交易，结果经常不如人意。在横向区间内进行交易，往往会让人丧失信心，甚至错失随后发生的真正走势。
- 当真正走势发生时，市场通常都会发出信号。等待重要形态完成，才是赚大钱的机会。

第7章 成功交易者的特质

图7.1显示第7章的内容概要。完整的交易计划除了机械性、程序性的内容之外,还有一些交易成功不可或缺的无形成分。我说这些成分是无形的,因为它们与每天的实际交易运作没有直接的关联。

关于这部分内容,其他专业交易者或许会列举不同的要点,但我认为下列因素最重要:

- 熟悉交易信号的相关知识。
- 培养耐心与交易纪律,正确贯彻交易信号。
- 信息回馈系统用以分析交易结果,并做相关调整。
- 信念跃升——在情绪上与心理上有信心全力执行交易计划。

就我个人来说,有效发展这些素质,可以说是交易方面的最大挑战。这是一种永无止境的进程。成功的交易,需要避免情绪的干扰。

交易计划一旦具备健全的资金管理办法,成败关键将取决于无形部分。可是,交易书籍很少探讨这方面的议题。

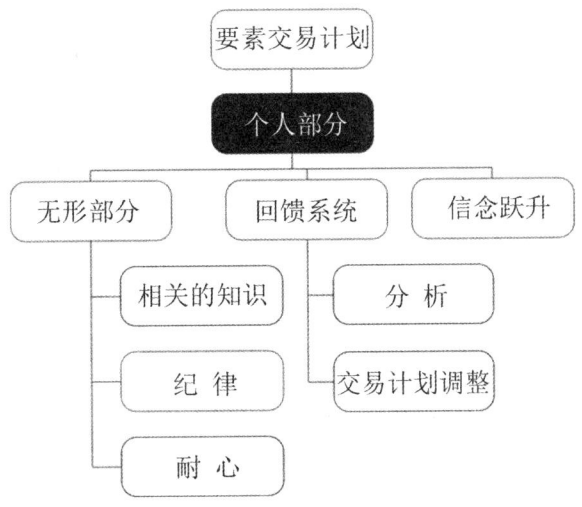

图7.1 成功交易者的特质

熟悉交易信号的相关知识

我没有办法想象,当交易者看着一份走势图,却不能确定其中是否存在交易架构的问题。这一定是相当可怕的经验!我对价格形态分析已经非常熟悉,只要随意看个三五秒钟,就知道某特定走势图是否有交易机会。

对于同一份走势图,如果再花 10 秒钟做研究,我就能知道一些需要知道的信息,包括:往后应该如何发展才能产生交易信号、可以建立什么头寸、多大的头寸、可以承担多少风险……

我发现,其他专业交易者——不论是采用自由心证或机械性系统方法——他们对于自己使用的交易计划都了如指掌。他们知道哪些讯号是可用的。他们知道自己正确地遵循法则,因为他们完全了解相关法则。

研究一份走势图所花的时间愈久，相关行情演变成为交易机会的可能性也愈低。对于我来说，交易信号应该是很清楚的。至于该信号是否能够获利，那又是另一个问题了。

我建议初学者先花一两年时间做纸上交易，然后才投入真正的资金。想要了解什么是交易信号、市场如何引发信号、如何管理风险等问题，这些都需要时间酝酿。

交易计划需要时间慢慢演化——有时候相当微妙，有时候相当显著。当我的交易计划发生重大变动的时候，对于另一个人来说，如果他不了解我的交易计划，那么相关变动可能无关紧要。

重点是：对于所进行的每笔交易，我们需要知道进场与出场的理由与动机。

纪律与耐心

纪律与耐心是一体两面的东西。如果不能明确知道交易信号究竟是什么，谈论纪律与耐心就毫无意义。换言之，想要谈论纪律与耐心，首先要知道什么是交易信号。

一笔交易最终是否获利，不该是评估该交易是否应该进行的关键。我不允许自己过分执着于获利，因为我不能控制交易最终的结局究竟如何。我唯一能够控制的东西是：下单。

对于任何一笔交易，我都非常清楚自己应该或不应该进行。我的挑战是如何耐心等候自己的机会，如何坚持交易纪律。拿棒球选手做比喻，我的最大问题就是：追打一些自己不擅长打击的球。当然，即使是我最擅长打的球，我也未必能够击出安打。可是，只要缺乏耐心与纪律，我所进行的交易大多以失败收场。

自我反省与交易计划分析

对于交易绩效,我之所以继续进行研究、分析,主要理由有二。第一,评估我的交易计划与市场状况是否彼此配合。第二,评估我本身与交易计划是否彼此配合。这是两个截然不同的概念,两者都可能成为问题核心。

交易获利与交易正确是两个不同的东西。正确的交易未必就会获利;反之,即使明显不当地执行交易计划,交易同样可能获利。

有些时候,我的交易可能连续几个星期、几个月都执行得很差,结果却能够赚钱。另一些时候,即使我完美无瑕地执行交易计划,结果仍然发生亏损。我的目标是正确地执行交易计划,因为我相信如此才能够确保长期交易成功。换言之,只要我正确地从事交易,长期而言就能够赚钱,而且交易绩效相对稳定。所以,我每个月、每季、每年都会分析自己的交易状况。

首先,我会考虑整体交易计划是否与当前行情彼此配合。我并不会想修改交易法则而试图进一步提升获利能力。我不太相信最佳化程序(Optimization)。最佳化程序是傻瓜玩的游戏。根据历史资料来修改交易法则,完全不能保证这些法则能够适用于未来不同的市况。

自从1980年以来,我就是私人飞机驾驶员,这段时间内,我曾经拥有几架不同的飞机。飞机上有种仪器叫作"垂直速度指示器"。这种仪器衡量飞机先前的爬升或下降速度,所以是属于追踪过去事件的指示器。

根据垂直速度指示器飞行,结果将导致飞机永远根据过去的资料飞行。每当碰到最佳化程序,我就会想到飞机的垂直速度指示器。过去的事情，已经过去了。适用于过去 15 分钟的法则，未必适用于未来 15 分钟。

我想知道的是，市场行为是否发生持续性的变动。我们不能期待某特定交易方法，适用于所有的行情，永远不需做调整。任何成功的交易方法，都必须随着市场发展而演化。

这些年来，我的交易计划持续根据市况发展而做调整。举例来说，相较于二三十年前，价格形态的可靠性有逐渐降低的倾向。价格形态的突破——即使是有效的突破——利落程度远不如几年前的案例。同样地，形态完成所蕴含的目标价位，可靠性也大不如前。

我会根据市场行为的整体状况调整交易方法，但我不会根据最近几个月的市场资料来进行最佳化程序。

我所考虑的第二个问题更重要：实际交易状况是否与交易计划彼此配合？我是否试图欺骗交易计划（或多或少都是如此）？如果采用纯粹的机械化交易系统，这个问题就很容易回答。可是，我基本上是采用自由心证交易方法，每个交易决策都涉及不同程度的主观判断。我设计了一套衡量系统（一套问题组合），借以评估实际交易与整体计划之间的吻合程度。这些问题如下：

1. 特定期间内进行多少笔交易？如果一个月的交易笔数超过 16 笔—18 笔，我知道自己过分解释价格走势图，接受了太短期的价格形态。反之，如果每个月的交易笔数不足 10 笔—12 笔，通常意味着我畏惧进行交易，应该采取更积极的态度。
2. 交易类别的分配情况如何？
3. 所有的交易——不论赚钱与否——是否都禁得起事后的检验？
4. 我所交易的每个形态，是否是属于最近 12 个月内最标准的四五种形态之一？我是否接受相对不标准的价格形态？
5. 我是否在盘中临时起意地进行交易？我的交易决策与交易指令，

是否绝大部分不是在市场停止交易的时段内决定的？

6. 我是否为了保障未实现账面获利而过早调整头寸的止损点？我认为，交易决策应该取决于市场行为，而不是账户净值波动。

7. 交易胜率有多高？所进行的全部交易之中，成功的比率有多少？

8. 每笔交易承担的平均风险有多高？平均风险如果超过 0.6%—1.0% 的范围，则要思考平均风险处于正常水准 0.8% 的交易绩效。

9. 关于资金与交易管理的法则，将来是否有什么需要修正之处？

我所认识的每位成功交易者，都会通过某种方法评估自己的交易绩效。我使用的方法或准则，未必适用于其他交易者。可是，我想要强调的，是成功交易者必须拥有某种机制，借以衡量其表现，改善交易绩效。

我完全根据价格形态进行交易。我可以非常精确地界定交易信号（包括形态的运行期与性质）。由事后角度观察价格走势图，我可以很明确地指出每个交易机会所应该采取的行动，我的问题是：对于即时市场所提供的每个机会，我能够掌握到什么程度？这类的主观评估当然不会绝对完美，但我有一套方法可以分析这方面的交易绩效。

对于风险管理与交易管理的执行状况，我会做每季、每年的评估，运用统计方法做分析。

关于交易绩效的自我评估，还有一点值得探讨。某个愚蠢的错误，往往会造成另一个愚蠢错误，结果演变为恶性循环。对于这类愚蠢的错误市场操作，交易者应该学习如何放手。这对于自由心证交易者尤其是如此，因为他们的决策更容易受到情绪干扰。有些时候，交易者会觉得自己被卷入这类的漩涡。万一（而不是"如果"）发生这种情形，最好暂时停止交易。记住，市场永远都会提供交易机会的。

信念跃升

不论是初学者或专业交易者，最后这个部分都是最困难的，也就是如何让交易者更相信、更信赖自己的操作系统。

很多交易者喜欢借由战争语言来描述金融交易，使用战斗术语来表达交易概念。我个人觉得，金融交易比较类似于职业运动。职业运动选手会坦然强调他们需要全心投入其活动。我们经常可以听到运动评论家说"这位选手完全进入状态"、"这位选手表现得信心十足"、"这位选手太闪躲了"。

身为交易者，各位或许已经周详地思考了交易计划的所有部分的可能状况，但还是有所疑虑、缺乏信心，因此不能全然信赖相关系统。就如同癌症与心脏病是威胁美国人健康的两大杀手一样，怀疑与犹豫是破坏健全交易计划的两大凶手。

不论初学者或专业交易者，"信心"永远是最大的问题。我如果告诉各位，我没有这方面的问题，那显然是在撒谎。有人把"信念跃升"形容为"在人性洪流逆向而上"，这是很贴切的说法。

有经验的交易者都知道自己什么时候犯了错。我知道自己什么时候试图追打坏球。可是，"控制情绪"是交易者最难跨越的一道障碍，但也是成功交易者必须跨越的障碍。

交易者每天都必须容忍恐惧、贪婪、期待、疑惑、犹豫等情绪的干扰。我必须保持专注，全心执行交易计划。如果最近10笔交易都成功的话，当然比较容易信赖交易计划。可是，如果最近10笔交易都失败，情况就全然不同了。

连续遭遇几笔失败交易之后，我自然会想放过下个交易信号。如果连续几笔交易都是由盈转亏，下笔交易当然会倾向于提早获利了结。

恐惧与贪婪驱动的情绪，会不断引诱我偏离正轨。各位如果发现自己经常在这个领域挣扎，那么你绝对不孤独。

内容重点

"要素交易计划"包含三大部分，每个部分又包含几个要素：

基础部分

- 适合从事市场投机的个性与条件
- 充裕的资本
- 整体风险管理哲学与原理

交易部分

- 辨识交易对象的一套方法
- 进场的准则与法则
- 管理交易风险的架构
- 认赔、获利了结的判别程序

个人与个性部分

- 熟悉交易计划，维持交易纪律与耐心
- 分析交易结果、修正交易程序的信息回馈系统
- 信念跃升

第Ⅲ篇
21周狙击市场实例全案

本书第Ⅲ篇是逐日、逐周探讨我在2009年12月至2010年4月之间进行的每笔交易，包括成功与失败的交易，牵扯各种情绪波动。时间架构与日期都是任意选择的，主要是要彰显典型的交易情况。每个交易时段开端，我都完全不知道相关交易是否能够成功。

第8章至第12章，每章都代表不同月份的交易。我按照顺序即时评论我所进行的交易。相同市场进行的交易如果超过一笔，则会比较进场与出场的资料。

对于所进行的每笔交易，我都会解释进场的动机、如何管理交易，并提出事后的看法。如果评论或启示重复的话，则会略过相关交易。可是，所有交易信号都整理在本书最后的"附录1"。

1981年以来，我一直记录交易日志。这方面的记载有助于我的交易。每当发现某些值得记载的东西或具有教育性质的启示，我都会记录下来，内容包括：交易技巧、交易机会、交易计划的挑战、情绪波动，以及其他点点滴滴。每个月底或每季结束的时候，我都会分析期间的交易状况，这部分内容也将要纳入本章。

我身为交易者的最大挑战，就是把"要素交易计划"的每个部分运用于实际交易。我认为，每位专业交易者都知道自己应该怎么做才能实现最大的获利，但实际行为则成为最大障碍。

不论是进场或出场，有效的交易信号（而不是获利的交易信号），都应该经得起事后的严格检验。由事后角度判断价格走势图上呈现的形态，这跟实际进行交易，是完全不同的两码事。

结合两个不同的时间——事后观察与目前反应——是个挑战。任何时候，我都不允许自己从既定价格走势图上看到过多的东西。

关于这方面，衡量成功或不成功的基准，是观察我的交易法则或准则是否与市场相互吻合。没有任何交易方法是完美的，市场与交易方法之间，有时候总是会脱序。关键是我必须正确地执行交易法则与准则。

对于每笔交易，我会讨论下列项目：

■进行交易的市场

■交易类别（参考第5章）

- 主要形态（突破信号）。
- 主要形态（预期信号提早进场）。
- 主要形态（加仓信号，既有趋势中的整理形态）。
- 次要反转或整理信号——日线图上的形态，没有得到周线图的确认。
- 直觉交易。
- 其他交易（主要是基于短期动能或其他因素）。相关交易所根据的，是可能发展的价格形态，而不是已经发展的价格形态。

■所认定的形态

■引用的出场法则（第3章至第5章）

- 最近交易日法则（最近小时法则）。
- 回测失败法则。
- 追踪性停止法则。
- 目标价位。
- 干扰形态——最近交易日法则重新设定或显示趋势反转。
- 其他。

对于每个完整的交易，我还会提供一两份走势图与相关说明。开始进行这些程序之前，心中是否有某种预期？当然！请记住，我是态度相当保守的交易者——我目前交易采用的信用杠杆大约是早期的1/3。相较于几十年前，我现在明显更不愿意接受风险。每笔交易所使用的杠杆，基本上取决于我对于该笔交易成功的信心，以及相关突破信号蕴含的风险。

"要素交易计划"设计上并不试图把＄10,000快速转变为＄1000,000。我的目标是每年维持稳定的两位数字报酬率，而且尽可能避免交易资本发生重大波动。碰到交易不顺利的时候，我会进一步降低交易头寸规模。反之，如果交易顺利，我会扩张头寸的信用杠杆。我相信，有经验的赌徒可能会告诉我，正确的赌博做法刚好相反，应该是在运气不好的时候扩张杠杆，运气好的时候则减少头寸规模。

"要素交易计划"运用的杠杆程度是很保守的。很多读者对此可能会觉得讶异。我是通过"单位"来思考交易资本，每单位交易资本都是＄100,000。信用杠杆是指每单位交易资本＄100,000交易的合约手数。

举例来说，如果我说每交易单位买进或放空半手合约，这相当于是说每＄200,000交易1手合约。对于外汇市场，如果我说每单位资本放空35,000 GBP/USD，相当于是说每＄100,000放空35,000英镑。

未来5个月内，如果能够取得10%—15%的报酬绩效，那我真是太高兴了。反之，如果市场不愿配合，或我执行交易计划的情况很差，我会尽可能保障资本安全。

自从开始记录即时交易日志，我发现当我跟市场保持适当距离时，交易绩效特别好。反之，如果我想根据盘中走势发展而进行交易，往往会想太多。

编写这本书，可能会迫使我更接近市场，我想这会对于判断行情造成不好的影响，但也让我有机会与大家分享情绪波动的状况。

现在，让我们开始吧！

第8章

第一个月份：2009年12月

时间进入 2009 年 12 月，我当时正因为前两个月的交易绩效而深感挫折，尤其是 11 月，真是把我整惨了。有时候，交易就是怎样都不顺。

看看一些惨不忍睹的数据：10 月份与 11 月份总共进行了 27 笔交易，其中 24 笔最终发生亏损，只有 3 笔获利（不过我手头上还有几个未平仓获利头寸）。换言之，交易胜率只有 9%，远超过统计异常所能够解释的程度。不过，话说回来，虽然交易失败的比率高达 90%，但实际损失只占整个交易资本的几个百分点而已。就整个交易历史来看，我的交易胜率大约是 1/3。

各位对于期货交易如果不熟悉的话，看到我的交易胜率只有 1/3，或许会觉得诧异。随便进行一笔交易，赚钱与赔钱的机会应该各占一半，不是吗？记住，我采用相当紧密的止损。一般来说，我每承担 $1 的风险，就希望能够赚取 $3 的利润。

换言之，我的风险与报酬比率为 $3 对 $1。赚钱、赔钱各占一半机会的说法是不适用的。如果样本不够大的话，我的交易胜率大有可能只是 10%~20%。我们可以透过统计公式，计算长期胜率 33% 的随机分配，并绘制钟铃状的概率图形。

一系列 27 笔交易出现 91% 的失败交易，这种事件发生的概率，已经到达钟铃状曲线的极端。这个事件发生的标准差很大，但还是可以解释的。请注意，商品或外汇的一系列交易，其盈亏结果并不如同投掷公正铜板或骰子一样属于随机事件。铜板或骰子没有情绪，交易者则有！

我最近遭遇的连续亏损，包括一些自乱阵脚的交易，扭曲了随机统计分配结果。受到市场干扰（惊吓）而采取防御措施，往往会让连续亏损更加恶化。可是，究竟是怎么发生的？

对于自由心证交易者来说，受到情绪干扰而最难进行的交易——身体每个细胞都希望避免介入——往往是最理想、最应该进行的交易。反之，情绪上最容易接受的交易，通常也是最符合市场传统智慧的交易。然而，传统智慧通常都是错的。一旦陷入连续亏损的困境，自由心证交易者（相对于机械性系统交易者）会自然而然地——至少在潜意识里——偏向于那些看起来比较安全的交易。我在这段时间内所进行的每笔亏损交易，刚开始几乎都曾经赚钱。每年都有一些时候，我会兴起快速获利了结的念头，每手合约只要赚个 \$500 或 \$1,000 就想立刻闪人。

根据10月份、11月份的交易分析（本书没有显示这部分内容）观察，我交易得太频繁了。市场分析变得太短期，选择了一些我原本不该接受的交易。

交易过分频繁，通常涉及3种类型的交易：

1. 为了预先掌握主要价格形态突破的机会，采用了太多预期信号，其中有很多信号最终都是无效的。周线图上的价格形态往往要经过很长时间的发展。当我看到这类发展时，经常会手痒，迫不及待地想进场。

2. 大多次要形态的信号——采纳条件不够好的价格形态。关于这类交易机会，我应该要考虑一个重要问题："日线图上显示的这个形态，是否是该市场每年可能发生的最佳交易机会之一？"这个问题的答案如果是否定的，就不该进行交易。顺便提醒读者，我所谓的次要形态，是指日线图上的价格形态，没有经过周线图的任何确认。一般来说，日线图上的这类次要形态，运行期间介于 4 周至 8 周，反转形态运行期间介于 8 周至 10 周。

3. 对于既有趋势内的主要整理，我太急于加仓，要求的条件不够严谨。

这 3 种类型的交易会产生综效作用，让我对于交易计划暂时丧失信心。到了 12 月，我对自己说，我的心态必须做调整，对于价格形态的判断，需要更谨慎一些。每个月不能再进行 18 笔至 20 笔交易，应该降低到 13 笔至 15 笔交易。

还有一点值得留意：12 月份通常很难进行交易。面对年底的假期，很多大型交易者都不大愿意进场，12 月中旬之后，市场成交量就慢慢萎缩。另外，由于交投冷清，玩家很容易驱动走势，故意引发止损。这点很重要，因为不论进场或出场，我通常都采用止损单。这是当时的背景，我告诉自己，"太好了，就在交易最不顺利的期间，我开始记载交易日志，而且挑选一个我通常最不适合进行交易的月份作为开端。真是太棒了"。

交易记录

12 月份，我在 12 个不同市场建立了 13 个新头寸，其中 2 个持有到隔年 1 月份。

欧元/美元汇率：第一笔交易

信号类型：主要形态突破信号

整个 11 月和 12 月期间，我始终对于欧元/美元汇率走势很感兴趣，试图寻找放空的机会。事实上，我已经试了 2 次，一次在 11 月初，一次在 11 月中旬，2 个空头头寸都被止损出场。图 8.1 是该市场的走势图，其中显示 2009 年 3 月低点以来的上升趋势线。这条趋势线形成我所谓的对角价格形态（Diagona Patterns）。趋势线接受测试的次数愈多，其支撑功能愈显著，而价格一旦跌破该趋势线，也代表这是愈重要的交易机会，尤其当时如果还配合发生主要价格形态的话。

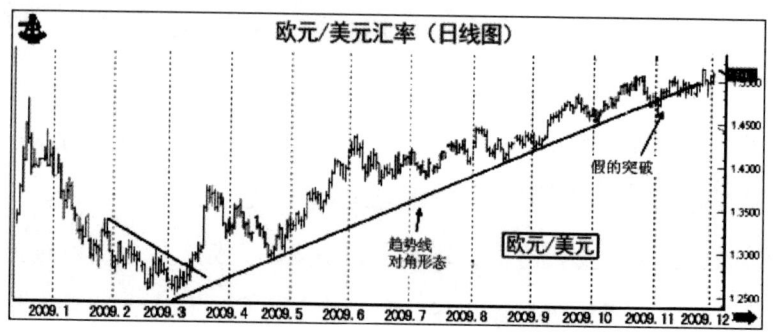

图 8.1　欧元/美元汇率主要趋势线的假突破

最后，市场终于出现可交易的头部。11 月 25 日与 26 日的涨势创新高价，但行情很快就拉回，形成典型的多头陷阱。11 月 27 日，价格跌破上升趋势线，然后折返回测。这个时候，总共有 4 种形态支持进行这笔空头交易（请参考图 8.2）：

1. 多头陷阱。

2. 可能有效跌破主要上升趋势线。

3. 7 月份以来的价格通道，提供下档目标价位。行情跌破明确通道之后，可以由突破点向下减去通道高度作为下档目标价位。

4. 根据 11 月份走势，可以绘制的较小型通道。12 月初，价格跌破这个通道。

主要突破信号发生在 12 月 7 日，当天价格贯穿先前 11 月 27 日的低点。根据最近交易日法则，这个空头头寸的止损应该设定在12月7日当天高价，但我实际上把止损设定在11月4日的高价附近。所以，每单位交易资本$100,000放空35,000欧元，风险大约是交易资本的1%。如果采用12月7日的高价设定止损，我原本可以持有两倍规模的头寸。

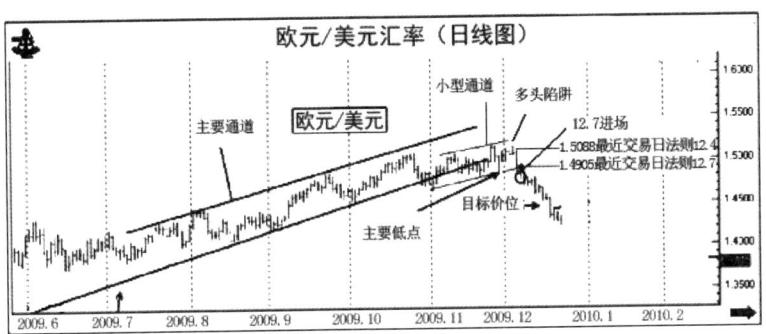

图8.2　欧元/美元汇率：空头走势的开端

12月17日，行情完成目标价为1.4446。

回顾

事后回顾，我发现这波跌势只代表大型空头行情的第一只脚。在目标价位获利了结，我浪费了相当可观的赚钱机会。可是，我不想猜测行情头部或底部。换言之，我喜欢在30码线内做攻击，不是由底线攻到底线。

英镑/美元汇率：头肩顶形态

信号类型：两个次要反转信号

11月底，我考虑英镑/美元汇率形成双重顶的可能性，这个形态可以回溯到 2009 年 5 月中旬。我经常把双重顶称为"M 头",10 月份低点是 M 头的中间低点。这是相当具有潜力的交易。12 月 9 日的跌势,完成 7 个星期的头肩顶。这个形态向下突破,很可能顺便带动双重顶向下突破。

12 月 9 日,我进场放空,每单位资本放空 50,000 英镑,采用当天高点作为最近交易日法则的止损。不幸的,这个空头头寸的止损在 12 月 16 日遭到引发,请参考图 8.3。

12 月 16 日的高点也就是这波涨势的高点。行情很快就折返,但我已经两手空空。人生就是如此!有时候就会这样!市场有时候会给我重新进场的机会,有时候则不会。就目前这个例子来说,我有第二次机会,但也蕴含着启示。

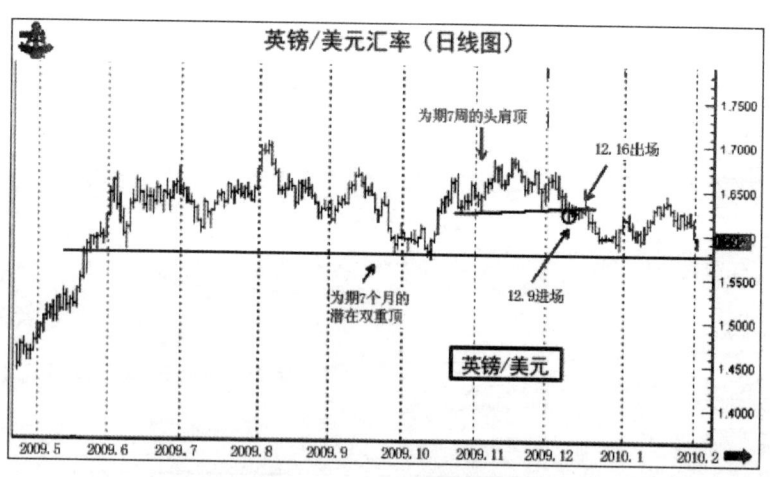

图 8.3 英镑/美元汇率的潜在双重顶

我对于日本阴阳线只有一知半解的知识,相当危险。我虽然相信阴阳线可以帮助交易,但只懂得使用标示最高价—最低价—收盘价的长条图,对于阴阳线价格形态则欠研究。

我知道一种叫作"圈套"的阴阳线组合模式,这要感谢我的好朋友唐·蔡斯勒(Tang Chesler,他居住在佛罗里达,是独立交易者;Chesler Analytics,www.chesler.us)。唐提醒我注意交易市场内呈现的圈套模式。我对于这种形态没兴趣,也没交易或打算交易这种K线模式。

圈套模式就是失败的内含线(Inside Bar)。对于阴阳线来说,所谓内含线组合就是指某天的整个线形完全落在先前线形的价格区间内。圈套卖出信号是指内含线组合发生之后,出现一两天涨势,价格向上穿越内含线的高价,然后行情突然下跌而贯穿内含线低价。圈套买进信号的情况则刚好相反。请参考图8.4与8.5,分别代表空头与多头圈套模式。

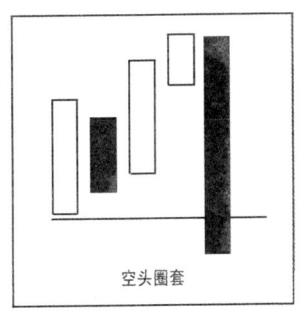

图8.4 空头圈套形态

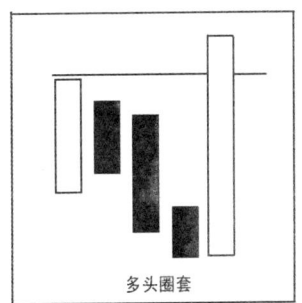

图8.5 多头圈套形态

圈套K线组合如果符合我对于特定市场的看法,就会让我特别感兴趣。所以,当我的英镑空头头寸在12月16日被止损出场之后,就觉得可能出现圈套卖出信号。

12月17日的跌势,引发圈套卖出信号,同时也让头肩顶重新完成。两个信号彼此确认,我重新进场建立空头头寸(每单位交易资本放空40,000英镑),以12月17日的高价作为止损,请参考图8.6。

这个遭到止损,然后又重新进场的交易,或许值得稍做讨论。对前个交易日刚认赔回补的空头头寸，马上又在下档 160 点位置重新放空，如此是否会觉得难堪？由某个角度来看，这个问题的答案是肯定的，但由另一个角度看，则又是否定的。一天之内损失 160 点的获利机会，这当然不好玩。可是，最近交易日法则设定的止损，毕竟是我最可靠的资金管理策略。

事后回顾，圈套模式确实向下突破。可是，假定市场没有完成圈套模式，如果行情反而向上发展，那又如何呢？这种情况下，如果我不理会最近交易日法则的止损，可能就会显得很愚蠢了。记住，圈套模式并非万无一失。如果愿意的话，我们很容易就可以找到圈套模式失败的许多案例。

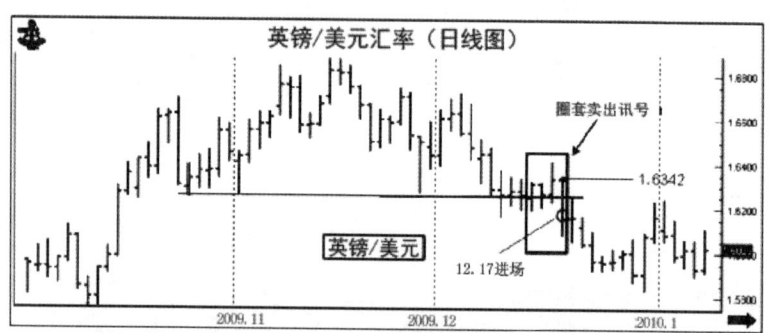

图 8.6　英镑/美元汇率：空头圈套与头肩顶彼此确认

另外，这两笔空头交易虽然都是放空英镑，而且是紧接着发生，但我把它们视为两笔独立的交易，各自按照其适用的法则建仓。所以，由交易法则的立场来看，两笔交易之间虽然只相隔一天，但彼此是无关的。

第二笔英镑交易的目标价位为 1.5668。我在 12 月 30 日回补空头，除了情绪紧张之外，别无其他理由（请参考图 8.7）。

如果采用追踪性止损法则的话,这个头寸将在12月31日回补,最近交易日法则止损则在1月14日引发。这是个例外,因为实际交易结果优于我遵循交易法则的情况。

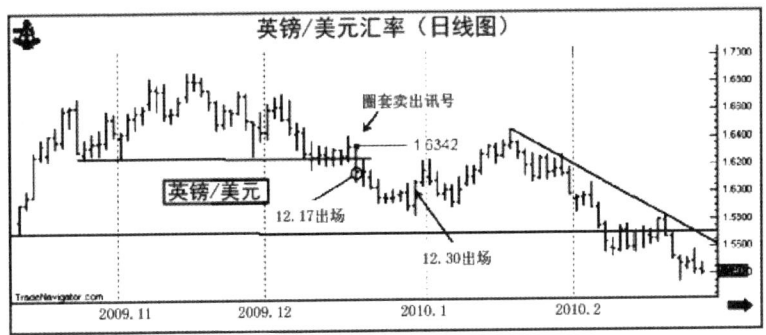

图8.7　英镑/美元汇率日线图:小额获利了结

现货外汇市场交易

我最早是通过国际货币市场(lnternational Money Market,lMM,隶属于芝加哥商业交易所)的期货合约从事外汇交易。到了20世纪80年代中期,我开始从事银行间现货外汇交易。基于种种理由,我偏爱现货交易,关于这两种市场的优点与缺点,请参考下列附表。本书并不是专门讨论外汇交易的书籍,所以不适合提供这方面的资料,但读者可以参考下列附表而了解两个市场的差别,这或许有助于各位掌握本章内容。

IMM的报价方式都是相同的,所有的主要外汇都是以美元为计价货币。举例来说,目前的英镑价格是\$1.5985,瑞士法郎是\$0.9681,日元是\$0.010906,欧元是\$1.4356,加拿大元是\$0.9625。每种外汇的汇价,都表示为每单位外汇所能兑换的美元数量:GBP/USD、EUR/USD、CHF/USD、CAD/USD、JPY/USD。

现货市场的报价和交易稍微复杂一些。有一些交易与IMM相同，譬如：GBP/USD、EUR/USD等。可是，有些交易的报价，则刚好与IMM的报价相反。

举例来说，加拿大元的现货报价表示为每单位USD所能购买的CAD数量（USD/CAD）。USD/CAD与CAD/USD的报价刚好相反。每单位CAD价值$0.9625（报价表示为CAD/USD），这个报价等同于每USD价值1.0390CAD（报价表示为USD/CAD）。

两种报价USD/CAD与CAD/USD之间的转换很简单，1÷0.9625＝1.0390；1÷1.0390＝0.9625。所以，如果USD/CAD汇价上涨，我会做多USD/CAD，或在IMM做空CAD/USD。

期货交易者如果想从事外汇现货交易，需要注意到不同的交易商的报价未必一致。期货交易者知道止损跳点（skid）和滑移价差（slippage）的区别，这是完全不同的概念，止损跳点的意思是最终的成交价位比预设的止损价位更差而遭受的损失。

某些交易商通常都会按照指定的止损价位执行止损单，几乎没有滑移价差。可是，另一些交易商撮合的价格，经常有显著的滑移价差。我认为，滑移价差是交易的剥削。外汇市场是流动性最高的交易市场。所以，外汇交易不该有滑移价差。滑移价差之所以产生，受惠者是交易商。我们知道哪些交易商会剥削投机客户。我知道你们是谁。我不指名道姓，虽然我可以。你们滥用权利，欺负小额交易者。太可耻了！马上停止！你们已经赚了买、卖报价之间的价差，请你们就满足于这部分利益吧！

表8.1 银行间现货 VS IMM 期货

项目	银行间现货	IMM 期货
各种外汇组合	现货交易较有利：所有主要与次要的货币组合	只有主要货币，大多与美元配对
资金保证	取决于往来交易商的信用与信誉	IMM 清算机构保证
报价	不同交易商或交易平台的报价稍有不同	统一
交易单位大小	弹性	标准化
成交量、流动性、交易时间	现货市场较有利	
主管机构	商品期货交易委员会（CFTC）、国家期货协会（NFA）	CFTC、NFA
保证金（信用杠杆）	大致相同	大致相同
交易结算	相隔多天（利息与展延费用）	当天

3月份糖：为期4个月的通道

交易信号：主要突破信号

接下来是我在这个月进行的最棒的一笔交易，也是2009年相当不错的交易——事实上，可以算得上是2009年的门面交易之一。

8月份至12月初之间，交易相当不顺手，我根据月线图判断糖价会出现一波涨势。事实上，这段时间里，我已经预先建仓而发生4笔亏损交易了。12月11日，市场总算完成了为期3个多月的通道整理而向上突破。读者如果仔细观察图8.8，就会发现通道整理最后4个星期呈现头肩底形态。

如同一般的有效突破一样，最近交易日法则决定的止损点始终没有受到威胁。对于每单位交易资本＄100,000，我买进1手合约，风险大约是账户资本的0.8%。我应该鼓起勇气建立更大的头寸——而且我当时就知道。12月22日，根据追踪型停止法则，了结半数仓位（每单位交易资本 0.5 手合约），另外半数在 12 月 28 日结束于目标价位 2736。

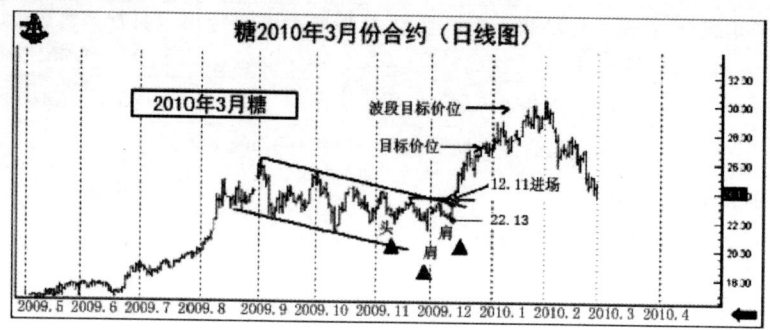

图 8.8　糖市场向上突破为期 4 个月的通道与为期 1 个月的头肩底

> **回顾**
>
> 　　市场做头之前，我在 2010 年 1 月又进行了几笔交易。对于 2009 年来说，糖是我交易绩效最丰硕的又一市场。某个年份，可能有某个市场会让我的交易非常顺手，获利很可观，但这个市场可能在另一个年份让我惨赔，这些现象并没有什么不寻常之处。对于我们这类交易者而言，千万要注意一点：交易的对象不是市场本身，而是价格形态。至于形态的名称，则更不重要。棉花 3 月份合约：形态太小而不适合交易。

棉花 3 月份合约：形态太小而不适合交易

信号类型：其他交易

接下来这笔交易，是个很好的例子，充分说明当我错失某个大趋势时，交易决策如何受到情绪主导。我利用为期 3 周的三角旗形当作借口而在 12 月 14 日建立多头。随后，依据 12 月 18 日的回测调整止损，该头寸后来在 12 月 22 日被止损出场（请参考图 8.9）。

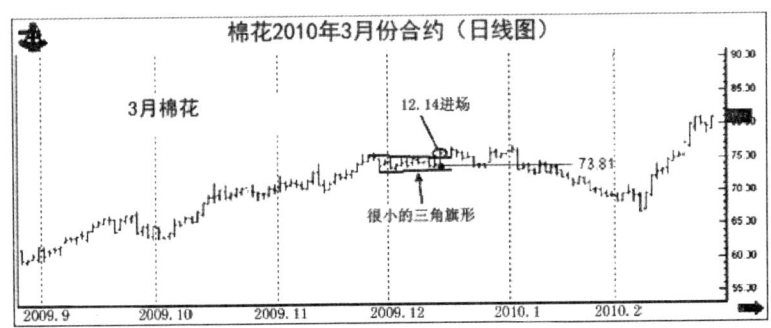

图 8.9 棉花：情绪交易

当我错失某重要机会而事后随便找个借口进场，结果通常都不好。

黄豆油 3 月份合约：左右挨耳光

信号类型：主要突破信号与直觉交易

11 月 16 日的向上跳空缺口，完成了 3 月份黄豆油合约的三角形底部形态。我应该在 11 月 16 日突破当时进场，或在 11 月 24 日或 11 月 27 日回测三角形边界的时候买进。可是，对于这笔交易，我显然有点忙乱，如果行情直接走高，我势必会懊恼自己错失机会。

可是，我最后还是在 12 月 15 日市场回测该三角形时进场，相信价格不会填补 11 月 16 日的跳空缺口（请参考图 8.10）。

如同图 8.11 显示的，12 月 17 日当市场完成为期 4 周的头肩顶形态时，前述多头头寸被止损出场，我也趁机反手建立空头。这个空头头寸是根据直觉建立的。4 个星期的形态，运行期间太短而不适合做交易。12 月 28 日，当价格收到颈线之上，空头头寸认赔出场。两个星期之内，结束两笔黄豆油的交易。

这两笔交易承担的风险都是账户资产的 0.7%。

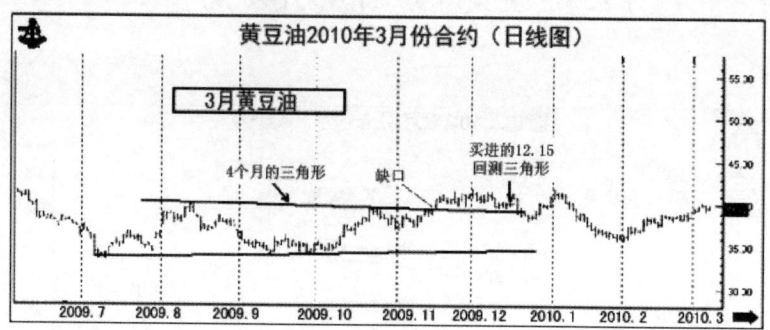

图 8.10　黄豆油：缺乏跟进走势的等腰三角形突破

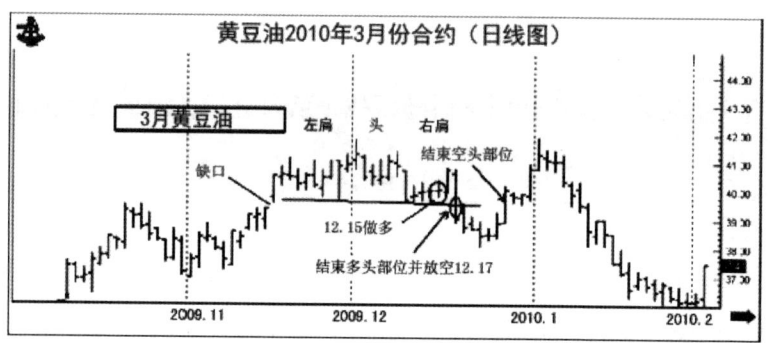

图 8.11　黄豆油：缺乏跟进走势的等腰三角形突破

澳元/美元汇率：头肩顶突破与回测

信号类型：两个主要突破信号

澳元/美元汇率为期 10 周的头肩顶形态，很可能成为最佳门面交易之一。关于这个形态，最大的问题是右肩低点是一根突兀线形。可是，我还是接受了，因为我认为"形式领导功能"。

我在 12 月 16 日进场放空，这是在实际突破的前一天，每单位资本放空 45,000 澳元。12 月 28 日，依据追踪性止损法则结束头寸，小有获利（请参考图 8.12）。

12月31日，当行情回测时，我又进场放空，根据最近交易日法则设定的止损在1月4日被引发，认赔结束头寸。

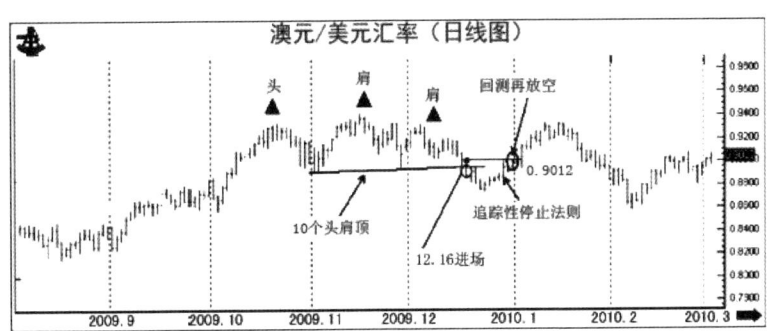

图8.12　澳元/美元的汇率：失败的头肩顶

DAX指数3月份合约：转盈为亏

信号类型：主要突破信号

12月16日，德国DAX股价指数3月份合约完成标准的上升三角形形态。随后两天的价格虽然下跌，但没有引发最近交易日法则设定的止损5810。到了12月21日，DAX看起来好像即将启动涨势。当时，每单位资本持有0.5手合约。

如同图8.13显示的，这个突破最终演变为假突破，根据最近交易日法则设定的止损在1月21日被引发。如果采用追踪性停止法则做调整，头寸应该结束于1月15日，但我太顽固了。

这类交易会让人懊恼万分，甚至质疑自己的交易计划与决策程序。DAX是价值相当高的大合约。交易过程中，我曾经取得每手合约＄2,800的账面获利，然后行情反转，我回吐所有的获利，甚至转盈为亏。看着这样钱进钱出，白忙一场，实在不怎么有趣。我称此为"爆米花交易"。

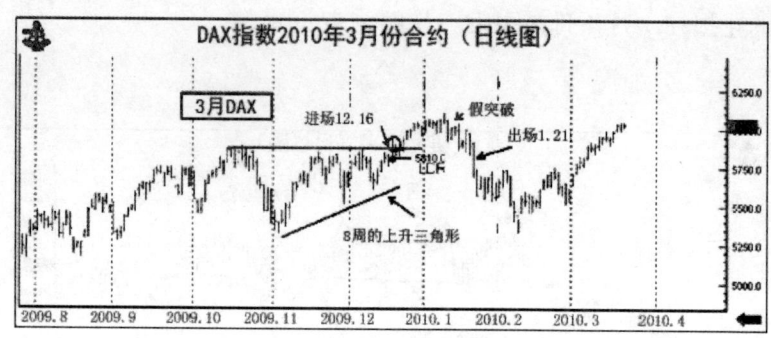

图 8.13　DAX 指数 3 月份合约：转盈为亏

3 月份黄豆合约：交易失败，但不后悔

信号类型：其他交易

如同稍早谈到的黄豆油交易，为期 4 个星期的头肩顶运行期间太短，这笔交易原本不该进行。在形态实际突破之前，我提早在 12 月 17 日进场放空。接下来虽然出现 3 天的下跌，但随后即向上反转。根据最近交易日法则，该头寸在 12 月 28 日止损出场，请参考图 8.14。

我想利用这份走势图，进一步说明头肩形态的变化。我原本想重新解释这个头肩形态，把 10 月份高点视为左肩，1 月初高点视为右肩。若是如此，根据这个新头肩顶形态建立的空头将可以获利，止损也不会受到威胁。可是，我实际上没有采纳这个形态，理由有两点：

第一，对于任何反转形态，先前都应该存在可供反转的走势。这个较大型的头肩顶形态，是发生在横向交易区间之内。第二，对头肩形态，我偏爱水平状的颈线；换言之，左肩与右肩的高度与周期，彼此之间应该尽量对称。可是，不容否认地，这个形态完成之后，确实出现重大跌势。

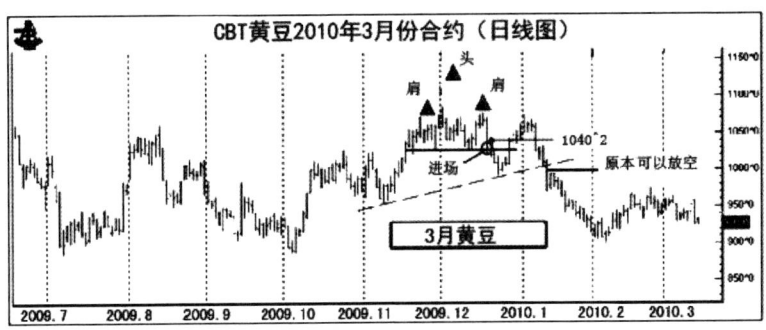

图 8.14　黄豆：小型头肩顶演变为大型头肩顶

纳斯达克 3 月份迷你合约：上升三角形

信号类型：次要整理信号

12 月 21 日的涨势完成了 3 个多星期的上升三角形整理，我趁此建立多头，每单位资本买进 1 手迷你合约。我也可以把相关形态解释为 6 个星期的头肩底整理，但左肩的结构很不理想（请参考图 8.15）。

我选择第一种解释，因为目标价位比较近。当时，我认为，上升趋势已经过度延伸，显然需要做修正，但我不想采纳太过积极的目标价位。12 月 28 日，行情完成较低的目标价位。

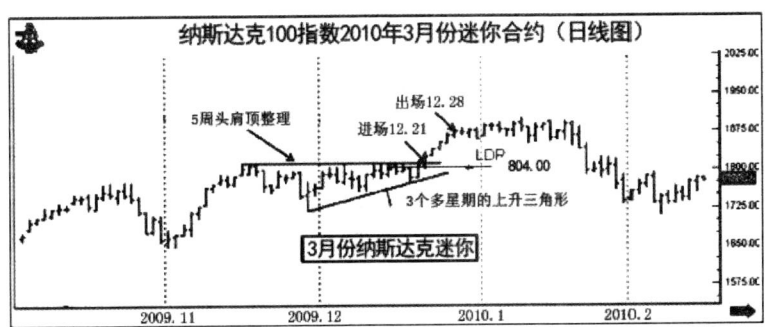

图 8.15　纳斯达克迷你合约：上升三角形

美元/加元汇率：单日脱序走势

信号类型：次要反转信号

12月29日建立空头，结果显示这是单日的脱序走势。12月30日，该头寸在最近交易日法则设定的止损认赔。

头寸建立当天，价格立即朝相反方向收盘，这显然不是好现象。对于这类头寸，如果我当天断然结束，对于整体交易绩效是有帮助的。

图8.16　美元/加元汇率：下降三角形，不顺继而失败

摘要总结

交易可能发生亏损。整天交易的结果可能是亏损，整周绩效也可能亏损，整个月也是，整季的交易同样可能亏损，甚至整年的交易也可能发生亏损。所有这一切，我都遭遇过。12月份的交易相当不容易，11月份的未平仓获利头寸，延续到了12月，结果往往消失无踪。可是，本书的交易日志是由12月份开始，因此我对于这个月份交易所做的评论也相当节制。

相较于"要素交易计划"的基准，12月份开仓建立的头寸，其情况如表8.2所示。

表8.2 2009年12月的交易记号分类

讯号类别	12月份进场交易笔数与%	历史基准主要形态
主要形态		
完成	6（46%）	4（20%）
预期	0	2.5（13%）
加仓	0	2.5（13%）
次要形态	4（31%）	5（26%）
直觉交易	1（8%）	3（15%）
其他交易	2（15%）	2.5（13%）
总计	13（100%）	19.5（100%）

如果某个月交易的状况偏离历史正常基准，我并不会太在意，我担心的是整季或整个年份的状况。

对于2009年12月份开仓建立的交易总共有13笔，11笔在该月份结束，其中5笔呈现获利，6笔发生亏损。比率超过历史基准，只有30%—35%胜率。

对于我来说，这一季是很难进行交易的时期。很多笔交易，刚开始的时候，进行得很顺利，不过稍后却反转而导致亏损。另一些交易，我太快调整止损，使得头寸被止损出场，但行情最终还是朝预期方向发展。对于商品期货基金（CTAS）来说，该季的情况也不怎么好，请参考图8.17领先短期商品基金（Lyxor Short-Term CTA）的走势图，在四季度是下行。不过在我看来，绩效应该跟自己而不是别人做比较。我们事后很容易发现交易计划的缺点而做改进。

分析某段期间的交易表现时，我会考虑3个层面：

1. 该期间的行情类型（趋势明确或震荡剧烈）？
2. 我的交易计划、交易法则与市场之间的吻合程度？
3. 执行交易计划的表现如何？

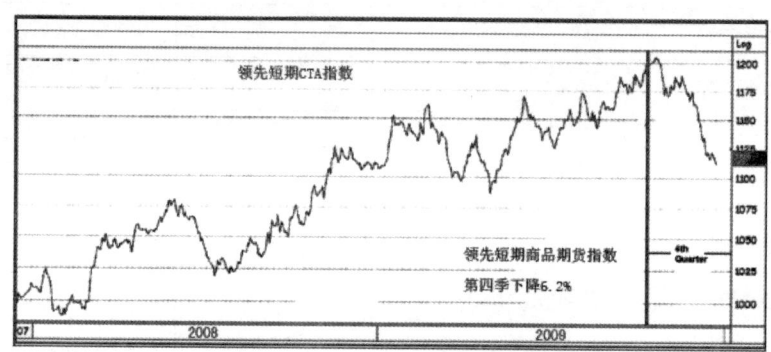

图 8.17　领先短期商品期货指数

行情类型是不受我指挥或控制的变数。我没有办法改变市场行为。可是，我大致上能够控制自己的交易计划，虽然我不可能针对个别交易或一系列交易而改变交易法则。至于如何执行交易计划，我在这方面有更高的控制能力——由负面角度来说，我可以违背自己的交易法则。

让我们考虑两种情况。第一，某交易期间内，绩效虽然不佳，但我确实按照交易计划的指示进行交易。第二，某交易期间虽然相当赚钱，但我显著窜改交易信号，没有按照计划行事。对于这两种情况，我宁可选择第一种。

12月份进行的交易，当头寸平仓时，总计是获利1.5%（有些头寸是在隔年1月份平仓）。如果采用按照市价进行结算的方法计算（换言之，计算月份加值指数，Value Added Monthly Index），12月份让绩效+0.04%。

关于逐笔交易的完整记录，请参考本书的"附录1"。

第9章

第二个月份：2010年1月

我真的很高兴，2009年第四季终于过去了。新的一年又开始了。2009年的前9个月，我只交易自有资金。自有资金账户的交易在2009年是赚钱的，主要是受惠于糖与黄金的交易。我的自有资金账户不再继续采用全套的"要素交易计划"，因为我开始管理某个商品联合账户（我个人占有主要股份）。这个联合账户经过相当长期的筹备，最后才在2009年10月准备妥当，交易也刚好遇上回撤（drawdown，权益下降）。第四季的表现是充满启示意义的教训。我从来都不喜欢这类的教训，相信将来也不会。味道相当苦辣。

对于交易者来说，回撤是生活的一部分。账户资本回撤的期间，能够促使交易者反省。交易顺利的时候，很容易就会忘掉交易挫折带来的威胁和困扰。反之，每当交易陷入困境，就很难记忆交易顺畅的美好时光。

过去17年来，当我全心投入自有资金交易时（有段期间，我脱离交易市场而专心从事某种非营利事业），账户每年都会碰上一段严重的回撤。表9.1显示这些年遭遇的回撤（按照严重程度的顺序排列）。

表 9.1　Factor LLC 的最糟账户净值回撤

期间	峰位到谷底的回撤，月底	回撤发生月数
1981 年 12 月至 1982 年 3 月	-33.7%	4
1986 年 4 月至 1986 年 7 月	-32.2%	4
1987 年 9 月至 1988 年 4 月	-27.2%	8
1982 年	-26.3%	1
1985 年 3 月至 1985 年 6 月	-21.1%	4
2008 年 3 月至 2008 年 5 月	-19.7%	3
2007 年 1 月至 2007 年 3 月	-19.5%	3
1983 年 12 月至 1984 年 2 月	-18.2%	3
1988 年 7 月至 1988 年 12 月	-15.4%	6
1984 年 7 月至 1984 年 10 月	-12.9%	2
1985 年 8 月	-11.8%	1
1989 年 4 月	-11.6%	1

※以上资料是根据自有资金交易实际绩效整理。"要素交易计划"目前采用的信用杠杆是 2009 年 10 月的 1/3。本书最后的"附注"包含 Factor LLC 历史绩效的揭示陈述。

我想要强调的是，金融交易不是每个人都可以做的简单玩意儿。金融交易是相当辛苦的。前述表格列举的回撤，都发生在我比较能够容忍风险的期间，交易运用的信用杠杆明显较高。换言之，就"要素交易计划"的进场信号和出场策略来说，目前与过去之间没有明显差别，但目前运用的信用杠杆大约是过去的 1/3。

降低信用扩张程度之后，账户回撤的程度也会跟着下降，但同样也会妨碍上档获利潜能。我过去历经账户回撤，将来仍然会是如此。

辨识交易机会

时序踏入新的一年,我希望寻找获利潜能最高的交易机会。对于 2010 年来说,我挑选了 6 个:放空英镑/美元汇率(GBP/USD)、放空 S&P 500、放空美国长期公债、做多黄金、做多糖、放空道·琼斯工业指数。这些选择究竟正确到什么程度?请参考本书末端的附录。

英镑/美元汇率:主要双重顶还在发展之中

这个市场最重要的价格形态,仍然是周线图上为期 7 个月的双重顶(请参考图 9.1)。收盘价只要明确跌破 1.5600,形态即告完成,下档目标价位为 0.1440,甚至可能测试 2009 年的低点 1.3500。

我认为,这个头寸可能成为 2010 年的最佳门面交易——问题是我的交易法则是否能够符合这波跌势。

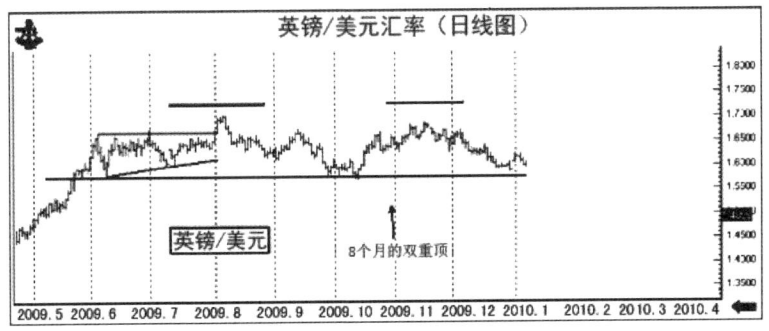

图 9.1　英镑/美元汇率:可能发展为 8 个月的双重顶

S&P 500：即将突破通道

从 2009 年 3 月份低点以来，美国股票市场出现一波几乎创历史纪录的暴涨。种种征兆显示，股票市场反弹将尽。如同图 9.2 显示的，市场出现为期 6 个月的通道。近几个月来，股价指数没有办法测试通道上限，显然缺乏上升动能。

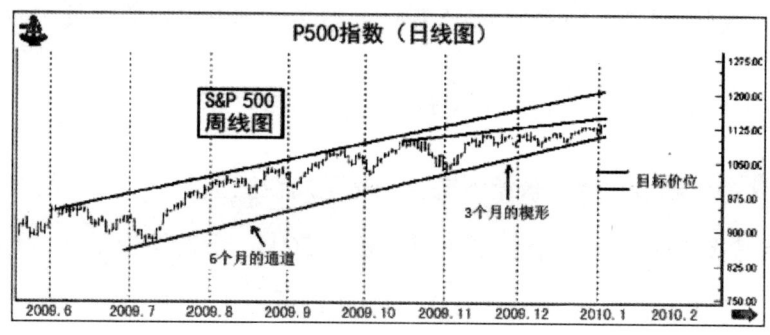

图 9.2　S&P500 指数月线图：6 个月的通道与 3 个月的楔形

最近 2 个月的价格走势，构成上升楔形。上升趋势发展过程的上升楔形，通常都会朝下突破。对于目前这个案例，价格如果朝下突破的话，下档初步目标价位在 1030，然后是 980。

美国 30 年长期公债：每个时间架构都呈现空头市场

什么叫作"主权违约"（Sovereign Default）？美国长期公债走势图显示一场大灾难即将发生。此处显示 3 份走势图。第一份（图 9.3A）是季线图，日期可以回溯到 20 世纪 80 年代初期，清楚呈现通道形态。这个通道迟早会向下突破，下档目标可以根据通道高度衡量。

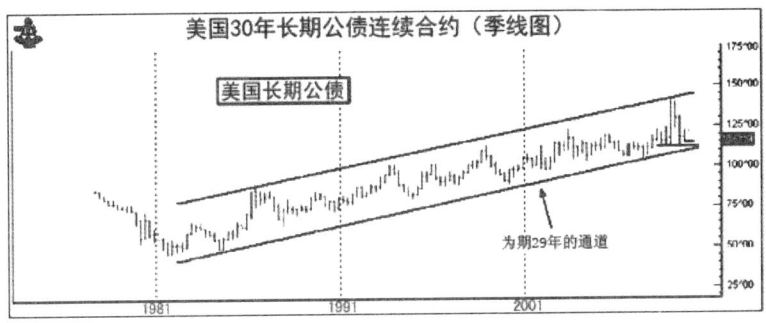

图9.3A　美国长期公债季线图：数10年的通道

图9.3B是美国长期公债连续合约周线图。这份走势图呈现为期29个月的头肩顶形态。随着这个形态的发展，价格将愈来愈接近季线图通道下限。目前看起来，右肩似乎与左肩不对称。在形态左右对称的前提下，右肩应该落在2010年三四月之间。我估计，头部应该在2010年3月底。

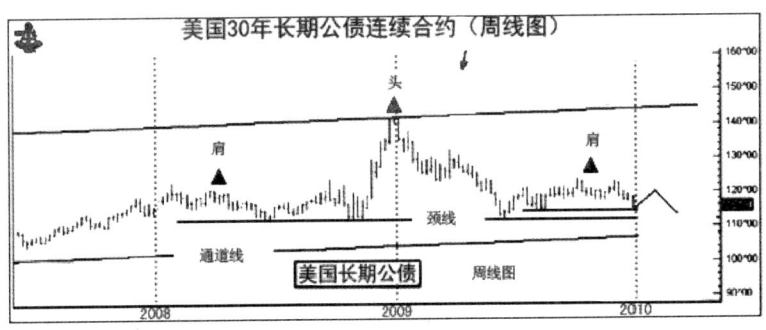

图9.3B　美国长期公债周线图：为期2年的头肩顶

最后，请参考日线图（图9.3C），周线图上头肩顶的右肩，其本身在日线图上则形成潜在的复杂头肩顶。现在欠缺的，就是"右肩"。所以，只要出现一波涨势，高点不要超过 121，然后价格回挫贯穿颈线。

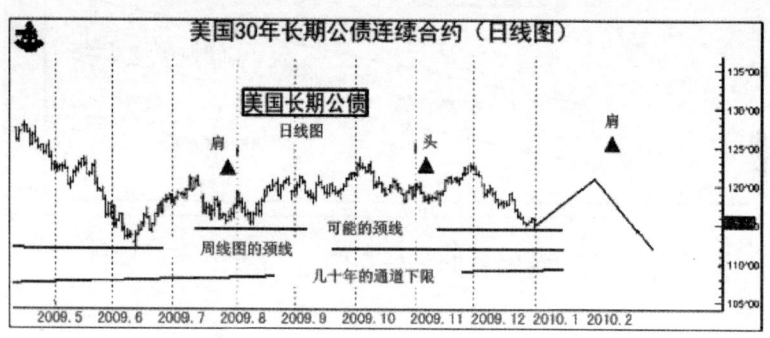

图 9.3C　美国长期公债日线图：为期 6 个月的潜在头肩顶

黄金：多头市场

图 9.4 也就是本书第 6 章曾经讨论的图 6.10。2009 年 10 月份的涨势，使得黄金周线图与月线图上的头肩底形态得以完成。上档目标价位为 1350，目前都未达成。

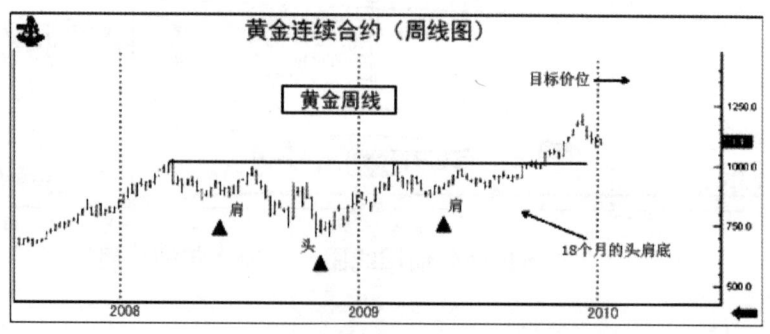

图 9.4　黄金周线图：头肩底整理

糖：季线图显示目标60美分

糖是相当狂野的市场，即使是最高明的交易者，也难免会被糖行情吓着。如图9.5显示，先前两波的糖突兀涨势，符合所谓的"爆米花涨势"：价格突然走高，很快又回跌。至于目前（2010年1月）这波涨势，虽然也可能突然结束，但长期走势图显示糖价可能向上攀升到60美分。图9.5是季线图，运行期间由1981年至2009年，这是相当长期的大底部。如果糖价涨势真的启动，很容易就可以创历史新高价。

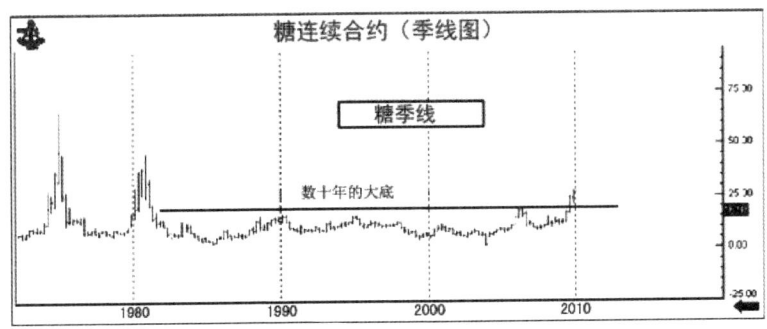

图9.5 糖季线图：28年的大底部

道·琼斯工业指数：跨世代大头部？

季线与年线走势图虽然不适合运用于交易，但可以让我们做些相对疯狂的预测。图9.6是利用半对数格式（Semilog）绘制的道·琼斯工业指数季线图，运行期间长达数10年。我实在没办法忽略可能的头肩顶形态。如果这种解释是正确的，市场目前应该正在发展"右肩"的涨势。假定这个头肩顶左右对称，那么右肩高点应该落在2013年（±1年），价位大约是11,750。目前，道·琼斯工业指数为11,500，所以我完全不想持有任何股票。我提出这份走势图，主要是好玩——至少现在还是如此。

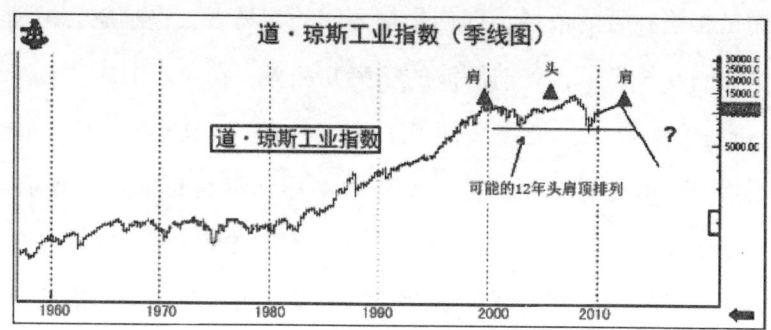

图 9.6　道·琼斯工业指数季线图：12 年的大头部

计划修正

2009 年第 4 季，经过缜密的思考之后，我决定针对"要素交易计划"做策略性的调整，主要是交易笔数的问题，也就是每个月所进行的交易笔数。

对于合格的交易信号，我要求价格形态运行的期间要更长一些，这对于你的耐心和纪律将是严苛考验。

本书稍早已经谈过我个人交易上的弱点：经常喜欢提早介入尚未完成的形态。表 9.2 显示调整之后的"要素交易计划"性质。

对于某笔交易或一系列交易，其获利与否，我基本上不能控制。交易成败不是可以控制的变数。我只能控制自己的下单程序和风险参数。我只能控制那些可控制的变数。我所做的调整，对象是交易计划的信号准则和交易频率。

表9.2 修正后要素交易计划

讯号类别	过去基数	修正后基准主要形态
主要形态		
完成	4.0	4.0（29%）
预期	2.5	1.5（11%）
加仓	2.5	1.5（11%）
次要形态	5.0	4.0（28%）
直觉交易	3.0	2.0（14%）
其他交易	2.5	1.0（7%）
总计	19.5	14.0（100%）

除了信号准则之外，我最近几个月的交易还有另一方面需要做调整。自从10月份以来，我每笔交易承担的风险，平均是交易资本的0.5%。这个水准太低，不符合交易计划风险管理架构的要求。

我可以通过两种方式调整每笔交易承担的风险：（1）设定比较宽松的起始止损；（2）增加信用杠杆（增加每单位交易资本的合约手数）。

我相当满意我采用的最近交易日法则，所以我打算提高每单位资本交易的合约手数。可是，在做这方面的调整之前，我想先看到一两个月的理想交易绩效。提升信用杠杆所需要的资金，我希望是来自市场，不是来自我的荷包。换言之，我希望利用既有获利来加杠杆，而不是增加资本。

我本着这套修正后的交易计划，开始1月份的交易。

交易记录

7月份糖：楔形

信号类型：主要突破信号

2009年4月以来，我做多糖市，情况相当顺利（虽然也出现一些亏损交易）。我相信，糖的多头行情还有一大段路要走。事实上，我打心底认为糖很可能攀升到60美分，挑战历史新高价。所以我密切观察糖市场的发展，试图寻找买进机会。

1月4日的涨势，使得为期2周多的楔形形态向上突破，同时也确认为期4个月的矩形形态向上突破。对于每单位资本，我买进1手合约，承担风险为0.6%。

这个小规模的楔形形态，大约发生在矩形形态上限位置。一般来说，小规模形态的完成，经常会带动较大规模形态的突破。可是，如同图9.7显示的，价格涨势很快就停顿，随后的跌势在1月11日引发最近交易日法则设定的止损。

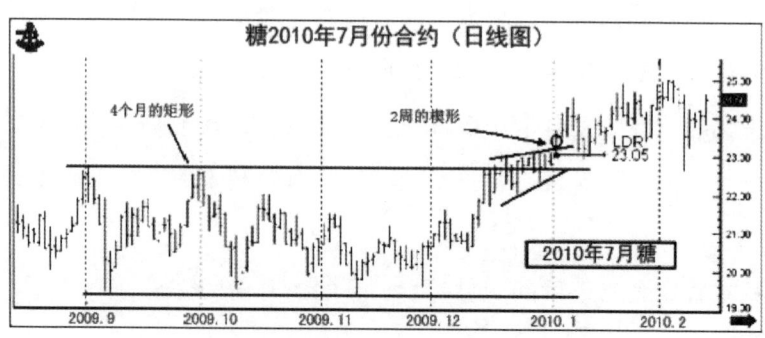

图9.7 糖日线图：楔形突破确认矩形突破

3月份玉米：提前建仓

信号类型：次要整理信号

这笔交易充分说明突破走势不要弄得太勉强。有效的突破，应该是相当明确的。太过于勉强绘制形态界线，很容易就会碰上假突破或过早突破。这笔玉米交易的情况就是如此。头寸承担的风险是0.6%。

如何绘制形态的边界，往往会导致"不进行交易"与"交易亏损"的差别。对于这个为期10周的三角形形态，图9.8绘制的形态上限，使我的追底买进价格仅设置在10月至11月最底价之上1分。结果，建立多头头寸之后的几个钟头，止损就被引发了。我应该让市场有机会更明确表达其意图。

有效的突破应该明确突破，即使这意味着每手合约必须承担更大风险也在所不惜。如果绘制水平状的形态上限，结果就没有"突破"，请参考图9.9。

图9.8　玉米日线图：为期1天的假突破

图 9.9　玉米日线图：稍微不同的状况

> **回顾**
>
> 事后回顾，我的交易显然受到我看好玉米行情的影响。我太急于做多玉米了。身为交易者，我必须随时提醒自己，绝对不能让主观偏见或看法影响客观交易。看多或看空某个市场，只是一种情绪，重要的是客观从事交易，不是主观看法。

这笔交易还涉及另一项过错。一般来说，类似作物、软性商品与牲口，突破走势如果发生在晚间电子盘，信号就不可靠。本书第 5 章谈论交易指令管理时，曾经提过这个问题。玉米市场的小幅突破，是发生在晚间电子盘的突兀走势。我的追高买单虽然设定得太贴近前高，但如果是在正常时段内下单，原本还是不会成交的。

美元/日元汇率：棘手的上升楔形

信号类型：次要反转信号

我已经注意日元走势好几年了，相信美元应该会对日元大幅贬值。

这种看法的主要根据来自月线图上的大型下降三角形，后者在2008年10月向下突破，请参考图9.10。这个形态如果有效的话，下档目标价位应该在60日元至65日元。所以，我非常看空美元兑换日元的汇率走势。

请注意，这种看法是有明确的技术面根据，不是一厢情愿的偏爱日元。

图9.10 美元/日元汇率月线图：为期12年的下降三角形

请参考图9.11的日线图，1月12日的跌势，让上升楔形反转形态得以完成。我趁机建立空头，每单位资本放空＄30，000。2月3日，这个空头头寸根据追踪性停止法则认赔出场。

图9.11 美元/日元汇率日线图：为期5周的上升楔形

纳斯达克3月份迷你合约：短期形态导致立即损失

信号类型：其他交易

去年12月份，我曾经成功地做多纳斯达克3月份迷你合约。可是，我主观认为，美国股票价格明显高估，空头市场来临只是时间上的问题。基于这种看法，我根据为期2周的扩张顶建立空头头寸，每单位资本放空1手合约，请参考图9.12。依据交易计划，我不能交易运行期间不足8周至10周的次要反转形态。隔天，最近交易日法则设定的止损遭到引发，认赔结束头寸。

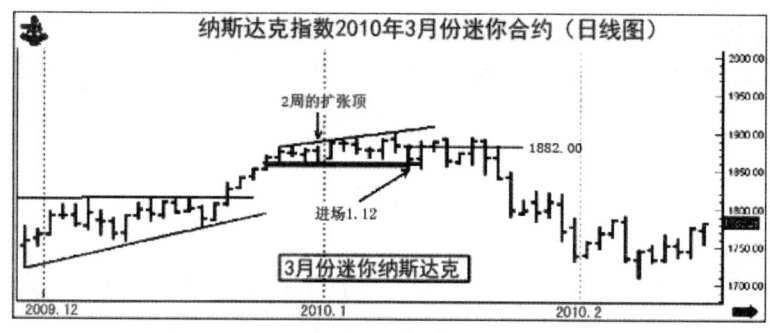

图9.12 纳斯达克指数：为期2周的小型扩张顶

回顾

由建立头寸当时的立场来看，这笔交易实在没道理，至于事后回顾，那就更不合理了。当时，我觉得股票市场应该要下跌。关于走势图的分析，有时候难免受到主观看法的影响。可是，辨识有效的价格形态，以及虚构价格形态来支持特定看法，此两者之间应该有明显的分野。

形态解释的重要性

阅读至此，各位可能会问：

- 发展到什么地步，形态才称为形态？
- 形态辨识是否纯属主观？
- 对于同一份走势图，如果两个人的看法不同，那该如何？

我认为，这些问题都不是问题。所有交易相关部分里，形态辨识是最不重要的环节。交易程序本身与风险管理，才是影响交易成败的关键。每位成功的交易者，他们挑选交易对象的方法都不相同。对于专业交易者来说，究竟如何筛选交易信号，方法有很多，各自巧妙不同。所以，对于价格形态的解释如果有瑕疵，我并不会特别在意。长期而言，交易成功并不仰赖精准地判读价格形态。

3月份长期公债：回测双重顶

信号类型：主要突破信号，回测

12月12日，美国长期公债形成4个月期的双重顶。我当时错失了突破信号，到了1月13日的回测，我才进场放空。1月15日，根据回测失败法则，头寸止损出场。

回测如果是发生在形态完成的几个星期之后，信号通常不可靠。最棒的机会，是那些突破之后就不再回头的走势。

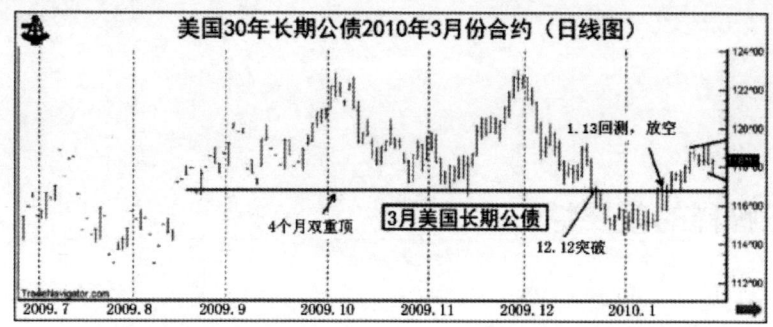

图9.13 美国长期公债日线图：为期4个月双重顶回测失败

3月份玉米：典型突破缺口

信号类型：主要突破信号

走势图上的缺口，大多数都属于形态缺口，也就是发生在价格区间之内、通常在几天或几星期内就会被填补（封闭）的缺口。然而，凡是穿越形态边界的缺口，都应该被视为潜在的突破缺口。真正的突破缺口，不会被填补，至少在相关趋势发展告一段落之前不会被填补。请注意，价格形态如果借由跳空缺口进行突破，通常具有重大意义，走势往往会超过形态蕴含的目标价位。

1月13日，玉米市场借由大型跳空缺口（8美分）向下突破12周的三角形形态。我当时没有设定进场的追空卖单，因为事前实在没想到市场会出现这种走势。1月14日，当价格回测冰线时，我建立空头头寸。

对于这类的跳空缺口，最近交易日法则设定的止损，将是跳空缺口前一天的收盘价（参考图9.14）。

根据追踪型停止法则，这个头寸结束于2月16日。

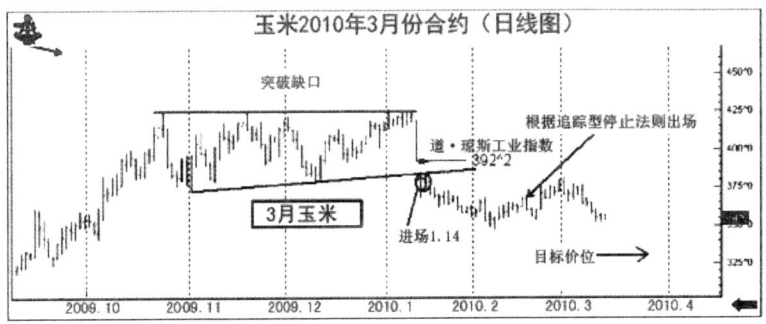

图 9.14 玉米：突破缺口形成顶部

回顾

这个头寸应该继续采用最近交易日法则设定的止损：大规模形态完成之后，是不太容易失败的。追踪性停止法则让这个重要形态没有充分的回转空间。（这个三角形排列蕴含的目标价位最终还是达成了）

3月份小麦：对称头肩顶形态

信号类型：主要突破信号

就在3月份玉米向下突破的隔天，3月份小麦也完成标准的13周头肩顶形态（参考图9.15）。这个案例的最大特色，是形态的左右两侧非常对称，不论在运行周期或价格高度上都是如此。如同玉米的交易一样，小麦空头头寸很快就因为追踪性停止法则而结束。（到了2010年6月，这个形态蕴含的目标价位不仅达成，甚至显著超越）

原则上，追踪性停止法则是很好的风险管理工具，但去年的运用情况不太好，往往导致过早结束头寸。我打算做些修正，直到行情已经相当接近目标价位，才启动这个法则。稍后，我们还会探讨这个问题。

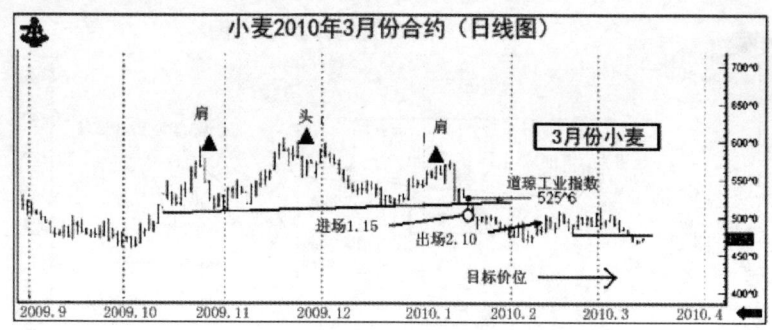

图 9.15　小麦日线图：头部的向下突破缺口

欧元/日元汇率：小型头肩顶引发大型头部

信号类型：主要预期信号与主要突破信号

关于欧元/日元汇率走势，我最近留意周线图上的大型圆形顶形态（请参考图 9.16）。我希望适当时候会发生某种小型的形态，让我能够提早进场。

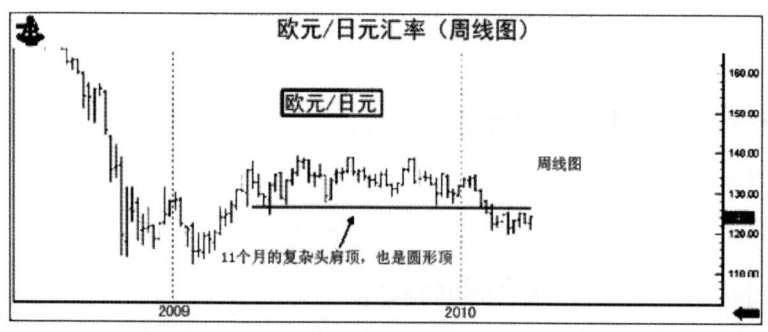

图 9.16　欧元/日元汇率周线图：圆形顶

请参考图 9.17，1 月 15 日的下跌，完成了日线图上的小型头肩顶形态。我曾经说过，这种小规模的形态并不适合进行交易。就个别形态本身来说，确实是如此，但应该配合周线图上的发展观察。"要素交易计划"允许借由这种小形态，针对大形态建立预期性头寸。所以，我每单位资本放空30，000欧元。

这笔交易的目标价位，是测试周线图的颈线。该目标于1月21日完成，头寸获利了结。碰到这种情况，如果我认为行情很可能会发生主要突破，则可能决定继续持有预期性头寸。可是，就目前这个例子而言，我决定获利了结。

图9.17　欧元/日元汇率日线图：圆形顶末期阶段

1月26日，价格下跌而完成10个月的圆形顶（或复杂头肩顶），我重新建立空头头寸。

信用杠杆不大（每单位资本放空20，000欧元），因为最近交易日法则设定的止损远在200小点之外。3月5日，依据追踪性停止法则结束头寸。

关于这段时间进行的交易，包括玉米、小麦和欧元/日元汇率等，读者应该不难发现一个问题：头寸总是过早出场（止损点设得太紧密）。坏习惯往往藏在细节里，而且有很好的借口（为了保障既得账面获利）。我需要处理这个问题。

> **回顾**
>
> 交易困境永远不会结束。交易者永远不能彻底解决妨碍成功的所有问题。每当某个问题解决之后，另一个问题就会跟着发生。

S&P 指数 3 月份迷你合约：空头头寸管理不当

信号类型：两个主要突破信号

1 月份剩余时间里，我曾经两度交易 S&P 指数迷你合约。我追踪可能的 3 个月期上升楔形形态。请注意，这个楔形形态下限可以往过去延伸而接触 2009 年 3 月份的重要低点。

1 月 19 日，当盘中价格跌破形态下限，我进场放空，但该头寸在同一天就遭到止损出场，请参考图 9.18。

1 月 21 日，市场确认了楔形的向下突破，我建立相对庞大的空头头寸（每单位资本交易 1.5 手合约）。头寸承担风险相当于资本的 1.2%，显然超过正常水准。当时的想法很单纯，想博取个好兆头，帮 2010 年的交易奠定顺利的基调。事实上，我认为这笔交易的账户净值报酬率可能高达 7%。还有，2009 年的大多头市场毕竟已经过去了——至少我是这么想的。

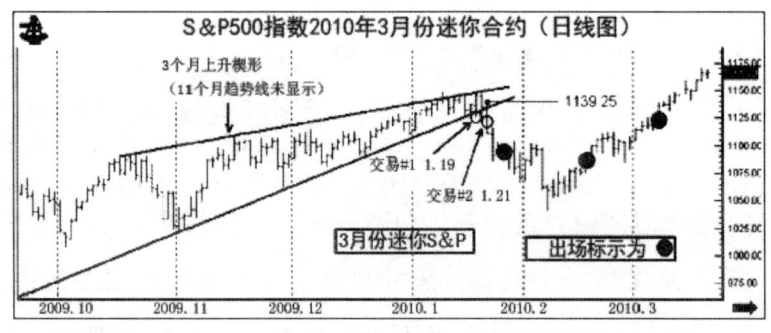

图 9.18 S&P 指数日线图：为期 3 个月的上升楔形

1月26日，我在初步目标价为1086获利了结1/3头寸。次个目标价位为1010，我认为市场很快就会到达该价位。2月16日，1/3头寸因为追踪性停止法则而出场。很惭愧，剩下1/3头寸等于是白忙一场：3月5日，在当初进场价位附近停止出场。所以，这部分交易是典型的"爆米花交易"。

> **回顾**
>
> 1月19日放空S&P的交易是合理的，虽然进场时间有点问题。1月19日之后，如果行情继续下跌那么这笔交易就禁得起严格的历史检验。所谓好的交易（相对于获利交易），是指随后的发展支持该交易。

5月份糖：适当的加仓交易

信号类型：主要加仓信号

对于糖可能上涨到60美分的多头走势，我意犹未尽。1月19日，5月份合约完成小规模的三角旗形，我进场建立多头。主要趋势发展过程的小规模整理形态，往往代表很好的加仓机会。2月13日，当收盘价跌破主要上升趋势线，该头寸获利了结（通过追踪性停止法则）。请参考图9.19。

图9.19 糖日线图：为期8天的三角旗形

成交量的重要性

爱德华与迈吉在其著作中，非常强调成交量的重要性。事实上，他们认为，价格形态必须经过成交量的确认，才算得上完成。

本书基本上不考虑成交量的问题，理由有几点。

第一，外汇市场甚至不提供成交量资料。

第二，相较于股票市场，我认为成交量对于商品期交易来说，不太重要。股票成交量的意义，通常都要考虑发行股数。

期货合约没有固定的发行数量，所以任何一天或一周的成交量，解释上都没有可供比较的基准。至于未平仓量，数量同样没有上限。任何期货合约的最初未平仓量都是零，到期未平仓量也是零。

某些交易者可能相当重视成交量与未平仓量，但我个人则忽略这方面的资料。

4月份与6月份黄金：重新界定3个月的形态

信号类型：直觉交易、次要反转信号、次要整理信号、两个次要反转信号、一个主要预期信号，一个主要突破信号

市场发展一段明确的趋势之后，通常会出现整理，甚至连续发生假信号。2009年10月底至12月初之间，黄金市场呈现漂亮的涨势（请参考本书第6章的讨论）。

2010年1月份以来，我进行了一系列黄金交易，结果都很不顺利，

这种情况一直延续到目前（2010年4月）。一整年才经过几个月，但我已经在黄金市场发生了连续5笔令人失望的交易，这种情况不知道何时才会告一段落。

图9.20显示2010年进行的第一笔黄金交易，这是根据直觉进行的交易。此处显示3个星期的头肩顶反转，规模虽然很小，但相当明确。我分3批结束头寸，每手合约大约获利＄1,000。我自认为相当幸运！一般来说，我的直觉交易部是在2天至5天内结束头寸。

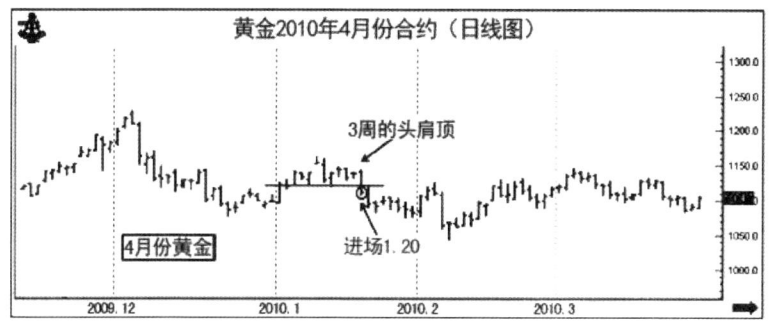

图9.20　黄金日线图：为期3周的头肩顶

次一笔交易是根据为期9周下降三角形建立的头寸，价格在2月14日向下突破。我原本认为这笔交易的胜算很大，但行情隔天就向上反转。2月11日，根据回测失败法则，头寸认赔出场。这个形态的规模相当大，可认为是主要形态，但周线图上并看不见对应的形态。

接着，请参考图9.22，2月16日的涨势完成了日线图上11周的下降楔形。这是小型整理信号。我的头寸是每单位资本买进1手迷你合约，风险只有0.4%。突破发生当天，我没有预先设定追高买单，所以我是在2月18日才进场。半数仓位在隔天（2月19日）就快速获利了结，另外半数结束于2月24日，所根据的是回测失败法则。

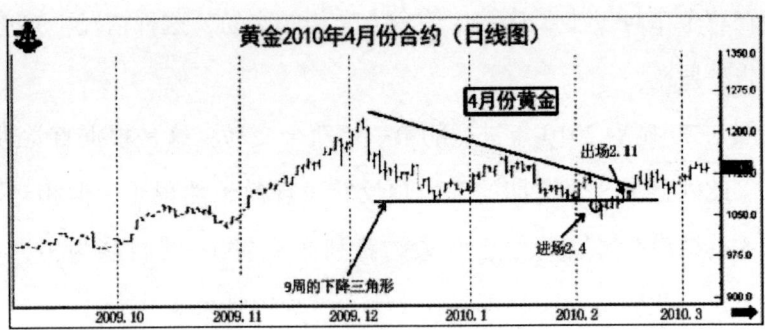

图 9.21　黄金日线图：9 个星期的失败下降三角形

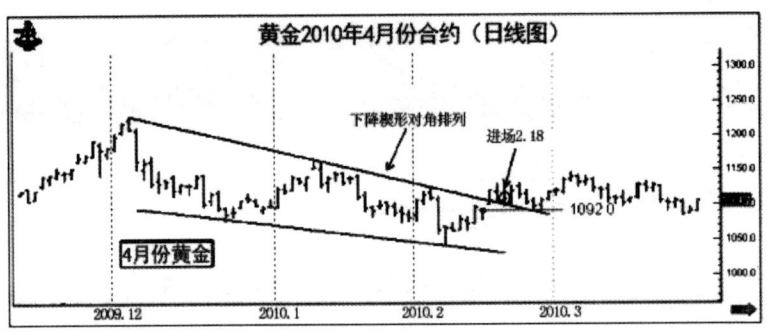

图 9.22　黄金日线图：日线图上的 11 周下降楔形

相关的格言应该是："如果一开始没能成功，那就准备失败与再失败。"3月2日，当日线图完成9周的头肩底形态，我又进场建立多头头寸（每单位资本买进1手迷你合约），请参考图9.23。这个小型反转交易没能持续多久，3月8日就因为回测失败法则而出场。

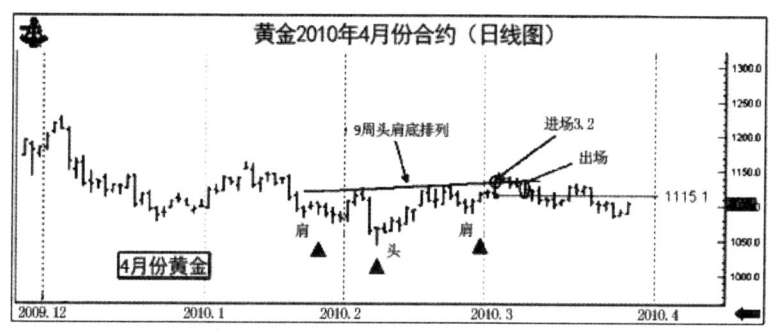

图9.23　黄金日线图：头肩底

3月18日，我在交易日志上记载着黄金市场呈现的矛盾形态，情况如同图9.24显示。首先，此处可以看到为期3个月的头肩底，左肩低点落在去年12月22日，右肩低点则在3月12日。

图9.24　黄金日线图：买进或卖出

另外有个空头形态：为期5周的头肩顶。前述两个形态是彼此交错的；换言之，较小型的头肩顶形态，相当于是较大型头肩底形态的"右肩"。两个彼此交错的排列，很可能会产生重大走势。

我的做法很单纯，只要价格形态完成，就依据相关形态建立对应的头寸,完全不多做猜测。较小型的头肩顶形态完成于 3 月 22 日,我建立空头头寸(每单位放空 1 手合约),承担风险为资本的 0.1%。依据最近交易日法则,这个头寸在 3 月 25 日止损出场。

最理想、最大型的形态,通常都是由许多较小型形态构成。2009 年的黄金市场正是如此,最初的行情虽然涨涨跌跌,没有明确方向,但终于酝酿了第四季的重大走势。目前(2010 年 4 月)的情况正是如此。关于这些小形态,当时看起来似乎颇重要,但事后摆在更大形态内观察,重要性往往也就降低了。我的"要素交易计划"充分反映这个事实,因此对于所进行交易的 45 个主要突破信号,我只要求其中有 10 笔交易能够取得重大成果。

最后,我认为我终于掌握了机会。请参考图 9.25 显示的 15 周头肩底形态。4 月 1 日,价格上涨而突破为期 4 周的通道,这个通道也是头肩顶形态的"右肩"。当天,我进场建立多头头寸,每单位资本买进 1 手迷你合约。

头肩底形态完成于 4 月 7 日,我加仓多头头寸,并根据最近交易日法则而把整个头寸的止损设定在 1133.1。这个为期 4 个月的头肩底形态,目标价位为 1230,将回测 12 月份的高点。

图 9.25　黄金日线图:头肩底形态解决了先前的不确定性

2009年10月完成的周线图头肩底（请参考前文的图6.10），目标价位为1350。唯有时间才能够告诉我们，这个形态是否真的有效，或者该形态仍然会演变为某个更大形态的构成部分。关于这笔交易的最后结果，我会在第12章做报告。

> **回顾**
>
> 4月初，由1月份以来我已经进行了5笔黄金交易，结果相当令人失望。此处不采用逐月评论的方式，因为要追踪一系列交易信号。1月至4月初的黄金走势，可以充分彰显我所谓的"市场重新界定程序"（Market Redefinition）——某个价格形态失败而演变为更大型形态的一部分，这种程序持续进行，直到情况明朗化为止。

英镑/日元汇率：构成较大型三角形高点的较小三角形

信号类型：主要预期信号

图9.26是相当典型的例子，借由较小型形态的完成，针对较大型形态突破而预先建立头寸。由2009年9月底开始，英镑/日元汇率形成相当大规模的下降直角三角形。

1月21日，市场完成3个星期的等腰三角形。如同我们经常看到的情况，日线图上的小形态，往往落在周线图主要形态的末端。

这笔交易的目标价位，刚好落在较大三角形形态的水平下限。这个头寸在2月4日获利了结。

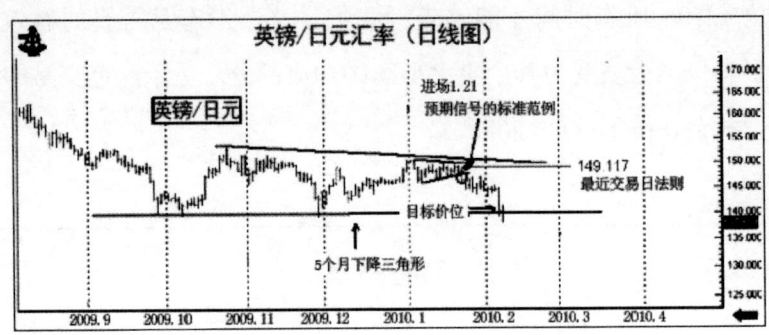

图 9.26　英镑/日元汇率日线图：可能的下降直角三角形

3 月份铜：小规模三角形与趋势线穿越，快速反转

信号类型：主要突破信号，其他交易

如图 9.27 显示，1 月 27 日的价格下跌，使得为期 3 周的三角形形态得以完成。这是个相对短期的形态，但当天线形也跌破 10 个月通道的下限。此信号应该可以被列入 2010 年最佳门面交易，风险相当高，每 $ 400,000 资本只交易 1 手合约。

由很多方面来说，这笔交易在管理上都严重失误。首先，直觉告诉我，这波行情将暴跌，而且不会有显著反弹。我应该建立更大的头寸，也应该采用更紧密的止损。第二，起始目标价为 290，在 2 月 4 日达成。我没有获利了结！第三，追踪性停止法则在 2 月 11 日引发，价位大约在 302.20。可是，我一直等到当天稍晚才在价位在 311.60 时回补。

前文已经重复强调，交易盈亏不代表交易成败。交易即使进行得很差，结果也可能赚钱。反之，某笔交易执行得完美无缺，最终也可能赔钱。此处讨论的第一笔交易，就是很典型的例子，虽然赚了 12 美分，但整个过程实在令人丧气。

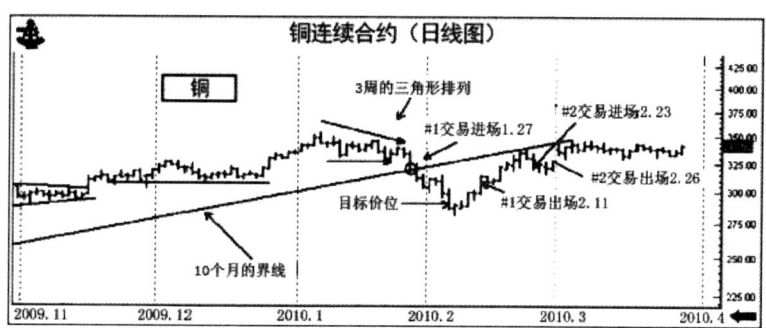

图9.27　铜日线图：3个月的三角形

金融市场也是个很容易一错再错的地方。差错可能演变为恶性循环。交易者往往会认为，某个市场欠他一些补偿。请注意，市场不欠我们什么！

我对于第一笔铜交易的管理失当，导致第二笔交易也跟着犯错。第一个头寸停止出场之后，我看着行情继续走高。到了2月19日，价格向上测试主要趋势线——先前在1月28日跌破；2月22日与23日，价格回挫。我根据2月23日收盘价建立空头（交易#2）。这是笔情绪性交易。我仍然认为，铜市场欠我一些东西，因为第一笔交易没有及时获利了结。

过了一两天，我终于回过神来，发现2月23日的交易显然不恰当。察觉错误就应该立即做补救。不该犹豫！我在2月26日结束头寸。

英镑/美元汇率：阴阳线形态

信号类型：次要整理信号

根据周线图上的潜在双重顶形态，我在1月份看空英镑走势12月

29日，我建立空头头寸，每单位资本放空30,000英镑。我是依据1月27日和28日的圈套（hikkake）模式建立头寸（请参考图9.28）。

圈套模式没有提供明确的目标价位。我在2月4日获利了结，相信双重顶冰线有支撑。另外，如果冰线被贯穿，我会重新建立空头。

第10章会重新讨论英镑/美元汇率。

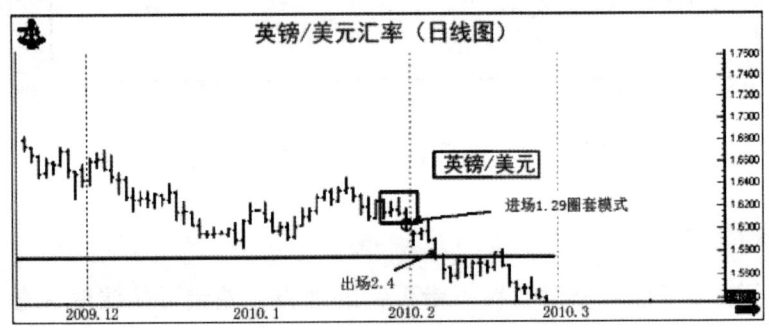

图9.28 英镑/美元汇率日线图：圈套模式

摘要总结

就财务上来看，1月份的表现相当不错，算得上最近一阵子的最佳月份。我在11个不同市场进行16笔交易。头寸平仓之后（有些不是在1月份平仓），有10笔交易赚钱，获利率6.3%。采用年度加值月份指数方法计算，1月份实际绩效为6.8%。

相较于"要素交易计划"的基准，1月份开仓建立的头寸，其情况如表9.3所示。

表9.3 2010年1月的交易信号分类

信号类别	12月份进场交易笔数与%	历史基准主要形态
主要形态		
完成	4.0（29%）	8.0（50%）
预期	1.5（11%）	2.0（13%）
加仓	1.5（11%）	1.0（6%）
次要形态	4.0（28%）	3.0（19%）
直觉交易	2.0（14%）	1.0（6%）
其他交易	1.0（7%）	1.0（6%）
总计	14.0（100%）	16.0（100%）

我在1月份犯了很多新手才会犯的错误。这个月份原本可以更好的。明确来说，我接受了一些太短期的信号。另外，依据重要形态建立的头寸，太早调整停止价位，譬如说小麦和玉米的交易。

第10章 第三个月份：2010年2月

操作相当顺利的1月份结束之后，时序进入2010年2月份。2月份的情况不算杰出，不过还可以接受。关于我的交易，虽然每个月的绩效很容易就可以超过6%，但过去的记录显示，我有时候会有很棒的表现，但有时候也会停顿很长一段期间。总之，交易绩效的稳定程度绝对不如年金收入。

图10.1显示"要素交易计划"的月份报酬分配状况，时间可以回溯到1981年。我目前使用的信用杠杆，大约是2009年之前的1/3，所以月份报酬数据根据所占百分率做了调整。如同一般预期的，报酬分配呈现钟铃状常态分配，中央部分的发生频率最高，然后两侧逐渐下降。

我相信，商品与外汇市场的专业经理人，其绩效所占月份百分率的峰位大多落在0—4%栏位，至于右侧尾部很少延伸到20%以上。反之，"要素交易计划"的峰位落在0—-2%栏位，这种月份报酬几乎占了总交易月数的30%。我的月份绩效分配有很显著的右侧尾部，我需要很多8%以上报酬的月份才能达到长期绩效水准。事实上，月份报酬为8%或以上的月份，大约占总月份数的12%。

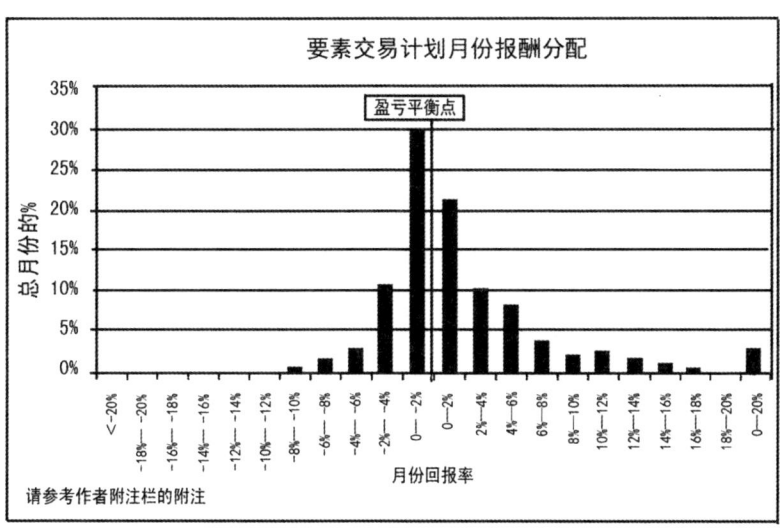

图 10.1 要素交易计划绩效：常态分析的月份报酬

反复行情仍然坚持交易计划

"要素交易计划"的成功，取决于下列 3 项因子：

1. 商品与外汇市场通常不会出现长期反复走势。我所谓的"反复"走势，是指横向盘面，或涨跌剧烈而波段端点重叠。
2. 根据形态突破进行的交易，有相当比例（25%—30%）虽然没有达成形态蕴含的目标价位，但起码会立即呈现某种程度的后续跟进走势。
3. 某些比例的交易（15%左右）会呈现明确趋势，达成相关形态蕴含的目标价位。

最近 9 个月以来，商品与外汇市场基本上（少数例外）都呈现横向震荡走势。处于这种行情，我最怕不断重复地买高卖低。这可能是身为交易者的最大梦魇。在特定交易区间内，因为行情反复而不断两面挨耳光，实在是相当难堪、痛楚的经验。第9章叙述黄金交易时，曾经谈到这点。

每当进场建立头寸，我总是预期市场将展现明确的趋势，不会立即折返先前的交易区间。所以，当市场突破价格形态时，我都很紧张，密切观察后续演变究竟是呈现预期趋势，或只是重新界定新的价格形态。

对于手头上持有的头寸，一方面需要让市场保留充分的活动空间，另一方面则要保障既有获利（或局限潜在损失）。交易者当然不希望放弃手头头寸到达目标价位的每个机会，但也希望既有获利不会得而复失（或损失不至于扩大）。

这两方面需求是否能够取得某种程度的均衡呢？不幸的是，我找不到解决这个问题的简单办法。可是，我仍然试着解决——而且已经做了34年！

某些远比我聪明的人，或许可以找到解决这个两难问题的好办法。

市场不是交易成功的障碍！

很多初学交易者误认为，概率战争的对手是市场，或是其他交易者。我必须告诉读者一项赤裸裸的事实：任何人想要获得稳定的交易绩效，最大的敌人就是自己。交易成功的关键，就是学习如何克服交易自己的情绪，试着把"工作"做好。对于每个交易者来说，"工作"的内容都不一样。所以，如何界定相关"工作"，将是最大的挑战。

是否能够取得稳定的交易绩效，存在明确的分野。想要有稳定的绩效表现，我必须防止市场打乱我的交易计划。市场会挑战交易者在知识上、情绪上、心理上、生理上、精神上的每根神经。战争成败的结局，虽然发生在市场，但决定胜负的关键，则是交易者本身。换言之，交易者的真正斗争，是如何克服那些干扰耐心与纪律的人性成分。

交易记录

2010年2月份期间，"要素交易计划"在12个不同市场，引发16笔交易。这些信号之中，有3个曾经在第8章讨论，包括2笔黄金交易（分别在2月4日与2月18日进场）以及1笔铜交易（2月23日进场）。

英镑/美元汇率：双重顶终于完成

信号类型：主要突破信号、主要突破信号（二度）、主要加仓信号

2月4日，英镑/美元汇率为期9个月的双重顶形态终于完成，请参考图10.2。我深信这笔交易大有潜力成为2010年的最佳门面交易之一。可是，我的交易准则是否能够实际运用这个机会，那又是另一回事了。

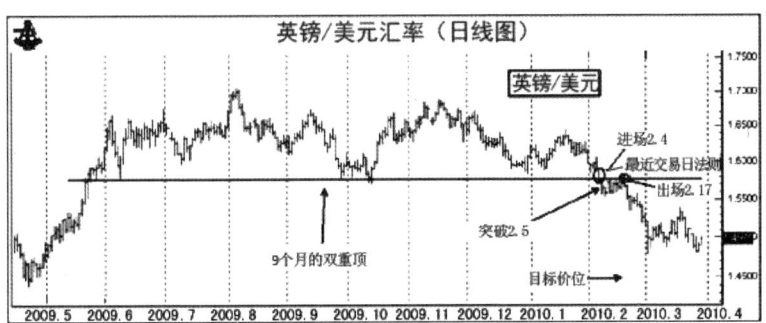

图10.2 英镑/美元汇率日线图：双重顶形态完成

根据夏巴克、爱德华、迈吉等人的看法，双重顶或双重底属于相当

罕见的价格形态，但当今许多财经专家则经常提到这种价格形态。双重顶（底）形态的两个主要条件：

1. 两个峰位（谷底）至少必须间隔2个月。就目前这个例子来说，两个峰位间隔了3个多月。另外，两个峰位（谷底）的价位应该大致相当。目前案例也符合条件。

2. 两个峰位与所夹低点之间的价格，至少必须相差15%。就目前这个英镑/美元汇率案例，峰位—谷底之间的差幅为11%，稍微少些。我认为，这个案例勉强符合条件。

我在2月4日建立空头头寸，虽然实际突破是发生在2月5日。每单位资本放空30,000英镑。最近交易日法则决定的止损在1.5776，我实际设定的止损稍高，为1.5806。这个止损在2月17日被引发，事后证明该波反弹是空头圈套形态。

向上测试的反弹过程，价格重新进入双重顶形态区域。所以，由某个角度来看，我根据冰线与最近交易日法则设定止损，似乎是一厢情愿的想法。

前文曾经谈到，冰线应该能够有效阻挡反弹走势。对于目前这个例子来说，显然不是如此。

> **回顾**
>
> 最近交易日法则起码应该根据2月4日为准。事实上，根据我的交易准则，如果突破当天的价格区间很小，就应该采用前一天决定最近交易日法则。

由11月份高点下滑以来，英镑/美元汇率走势就遭到多个"圈套"模式的肆虐。我说肆虐，因为我的交易法则不太擅长处理圈套模式。圈套只不过是很短期的鱼钩排列。图10.3显示2010年初下跌过程的一系列圈套模式。

2月17日的圈套反弹虽然让我的空头头寸停止出场,但2月18日的圈套卖出信号让我又重新建立空头头寸,每单位资本放空40,000英镑,虽然进场价格较先前出场价位低了220个基点。

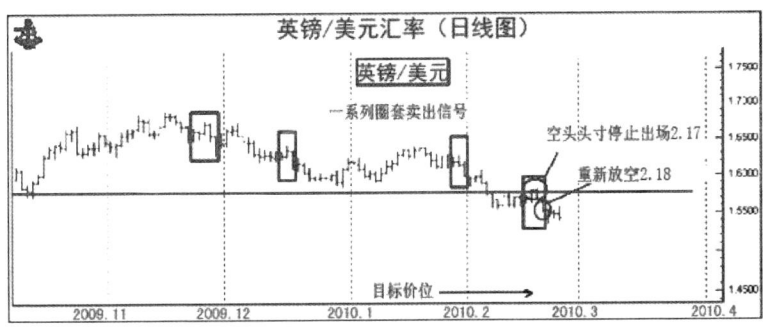

图10.3　英镑/美元汇率日线图:一系列圈套模式

3月24日,英镑/美元汇率完成了3个星期的旗形形态(请参考图10.4),这代表主要加仓机会。每单位资本加码30,000英镑,最近交易日法则设定的止损在1.5049。

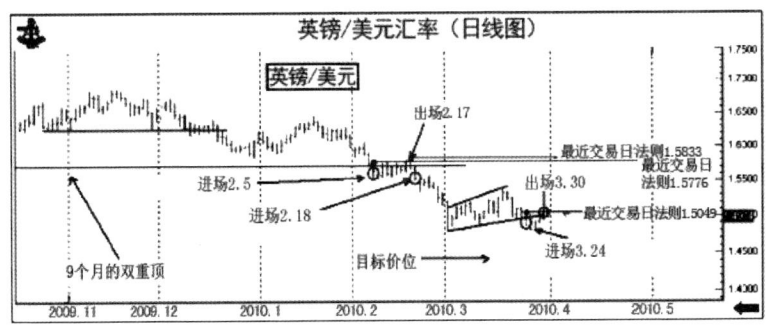

图10.4　英镑/美元汇率日线图:双重顶与3周旗形形态

既有趋势发展过程的整理形态,让我有机会可以加仓。另外,这类整理形态也可以用来调整起始头寸的止损点。所以,我把 2 月 18 日建立的空头头寸止损点,依据 3 月 24 日最近交易日法则做调整。换言之,整个空头头寸的止损点,设定在 1.5061。这个止损点在 3 月 30 日被引发,我结束所有的空头头寸,但相信行情应该还会继续下滑。

图 10.4 显示英镑/美元汇率在二三月的一系列发展,此处没有遵守我们逐月说明的惯例。这段行情发展让我颇感挫折。自从去年 11 月份以来,我一直看空英镑,但截至目前的走势还相当有限。每年都有某个市场会特别吸引我。今年到目前为止,英镑是我的对象。单是这个市场,就应该提供 5% 的资本报酬。原则上,我的信用杠杆不够,而且也没有足够的耐心让市场发展。

4 月份原油:扇形线的交易问题

信号类型:主要突破信号

爱德华与迈吉把扇形线视为传统的价格形态。图 10.5 显示周线图的扇形线。请注意,3 月份的低点呈现头肩底形态。

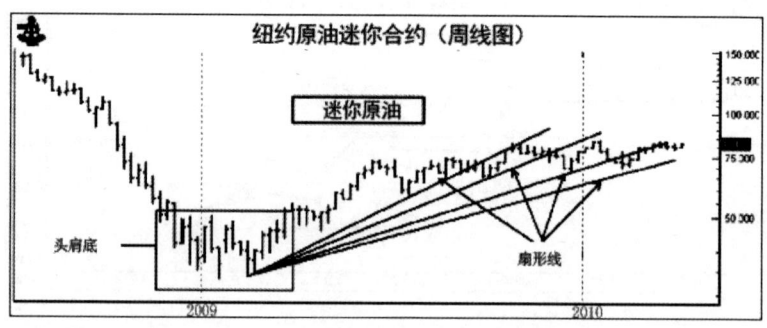

图 10.5　原油周线图:扇形线

由 3 月份低点启动的涨势，不仅没有加速发展，反而持续跌破一系列的趋势线，上攻角度愈来愈平缓。这是典型的扇形线，意味着原油涨势明显丧失动能。简单说，原油行情正在玩火。

扇形线假定行情会折返到原点，也就是 2009 年 3 月份的低点。扇形线不容易运用于交易，因为其中涉及了对角价格形态的种种问题。

图 10.6 显示一波可能即将发生跌势的发展。自从 2009 年 10 月以来，连续合约日线图呈现潜在的双重顶形态，突破点可能在 69.50。

图 10.6　原油日线图：可能的双重顶

所以，根据扇形线发展，我的看法偏空，特别留意潜在双重顶的放空机会。如同图 10.7 显示的，2 月 5 日的下跌贯穿较低的扇形线，但很快又反弹回到扇形线之上。

2 月 12 日，我趁着价格回测扇形线的机会建立空头，因为我相信价格会向下突破。2 月 16 日，这个空头头寸认赔回补（最近交易日法则）。

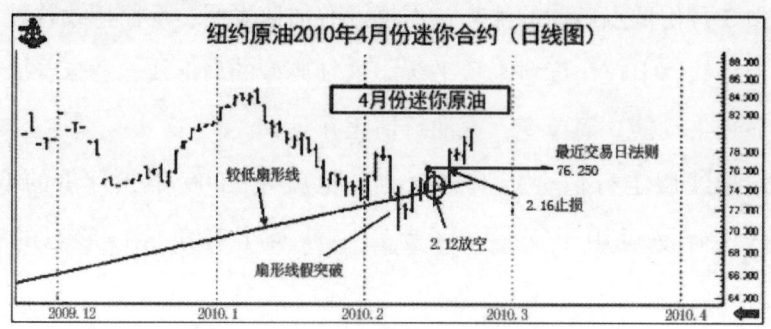

图 10.7　原油日线图：扇形线假突破

专业交易类似于职业运动

这些年来，不论在人类活动的哪个领域内（包括运动、企业或艺术界在内），我发现真正顶尖表现者之间，往往都存在着显著的共通性质。

2009年的温网赛，大威廉姆斯（Venus Williams）直落二盘击败当时的女单第一种子萨芬娜（Dinara Safina）。NBC主播当时所做的评论，显然也非常适用于商品交易："萨芬娜原本就很难击败大威廉姆斯，何况她在这场比赛里也赢不了自己。"

由人性角度来看，市场投机活动等同于逆流而上。市场交易的人性成分，重要性远超过机会辨识，但绝大多数的交易书籍、研讨会或交易网站，通常都重视后者。

不论是交易或任何竞争、比赛领域，真正的战斗是发生在情绪、心理与心智方面。

网球职业选手都知道比赛应该做些什么（提高第二发球的速度、经常留在底线、调节体力准备持久战）。所以，运动选手或交易者真正需要的，是如何做好这些应该做的工作。战斗是发生在内部。

6月份长期公债：小形态试图转为大走势

信号类型：主要预期信号

不论是季线图、月线图或周线图都显示 30 年期间美国公债可能存在主权违约风险。关于较长期的走势图，可以参考第 9 章的图 9.3A—C。长期看法促使我寻找长期公债的放空机会。当时，我看到主要的预期信号：周线图上头肩顶排列的"右肩"。

图 10.8 显示两个小型的技术发展，促使我放空长期公债从 12 月底到 2 月初之间，市场形成扩张顶形态。扩张顶形态通常属于反转形态。2 月 17 日的下跌，完成了小规模旗形形态。

图 10.8　长期公债日线图：试图在两个下跌形态的右肩高点放空

2 月 18 日，当价格回测旗形下限时，我进场放空。这个空头头寸在 2 月 22 日遭到止损。信用杠杆是每单位资本放空 0.5 手合约。

> **回顾**
>
> 这个例子说明了我对于日线图的解释,如何受到较长期周线图、月线图观点的影响。因为我对于较长期走势看法偏空,所以认为这些交易的风险有限,潜在报酬偏高。整个星期之内,我每天都可能进行这类交易。

6月份中期公债(10年期):试图扩大杠杆

信号类型:其他交易

长期公债呈现可交易价格形态的时候,中期公债6月份合约也出现3周的头肩顶。我把这个小形态视为看涨利率(看空债券价格)的机会。2月18日,我放空中期公债6月份合约,根据最近交易日法则设定的止损在2月23日被引发。这个形态运行的周期实在太短了(请参考图10.9)。

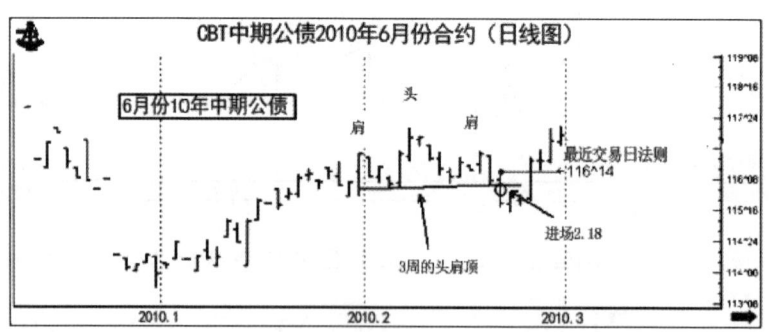

图10.9 中期公债日线图:小型头肩顶

英镑/日元汇率:主要下降三角形形态完成

信号类型:主要突破信号

背景资料请参考图9.26与相关评论。

2月23日的跌势,贯穿5个月下降三角形的下限。请观察图10.10,这波跌势是起自2月中旬的12天旗形。这可能是飘扬在旗杆中央的旗形,若是如此,下档目标应该在131.87。至于下降三角形,其蕴含的目标价位为128.10。

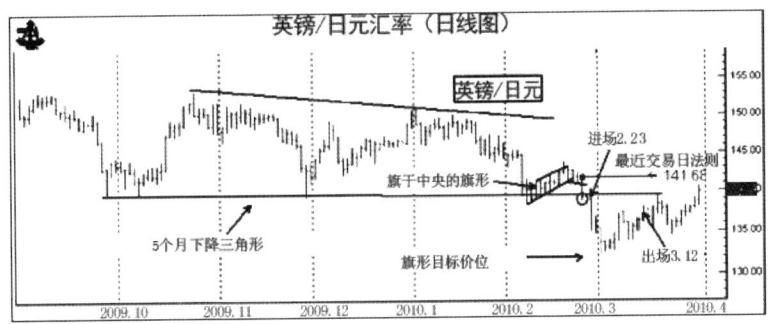

图10.10　英镑/日元汇率日线图:5个月期的下降三角形

价格急跌到3月1日低点之后,行情回升。这种缺乏跟进走势的震荡盘面,普遍存在于当时的商品和外汇市场。借由追踪性停止法则,这个空头头寸在3月12日回补。

10月份糖:意外跌势

信号类型:次要反转信号

对于我来说,180度急转弯是颇难的。我知道,有很多交易者经常引用"停止并反转"的策略。这对于机械性交易系统或许比较简单,但对于自由心证交易者,恐怕要难多了,至少对于我来说是如此。

自从2009年初以来,我就一直看好糖市场。所以,2月23日,当我根据次要信号——为期8周的矩形反转——建立10月份糖合约的空头头寸时,态度相当勉强(信用杠杆很有限)。请参考图10.11A。

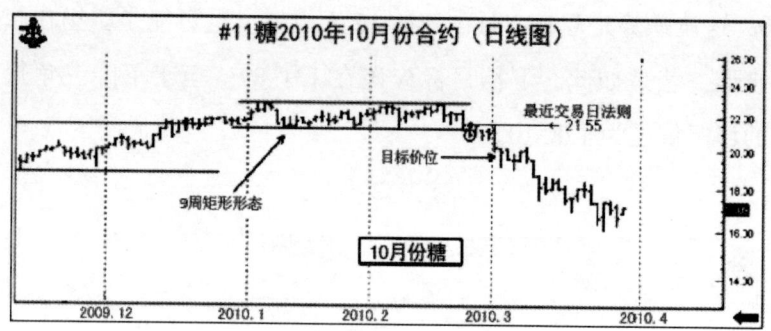

图10.11A 10月份糖日线图：矩形头部

2月23日根据最近交易日法则设定的止损，在2月24日差点就被引发。市场在3月2日达到最低目标价位。我长期以来一直看好糖市场，结果却因为2010年3月份的空头走势获取重大利益，看起来实在蛮讽刺的。

> **回顾**
>
> 交易生涯里，我经常碰到一些跟我基本看法相反的大行情。2010年的糖就是其中案例。我本来看好糖价将上涨到60美分，结果却因为意外的跌势而取得重大收获。图10.11B显示这波糖价崩跌走势。糖价下跌过程中，曾经出现几次加仓机会，但我都没能掌握，主要是因为我仍然认定糖价最终会上涨。

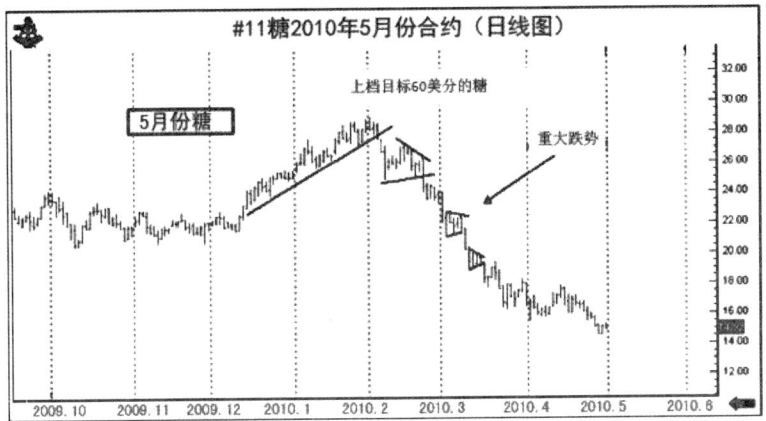

图 10.11B　糖日线图：崩跌走势

黄豆油：一系列多头交易

信号类型：直觉交易，两个次要整理信号

我在 2 月份进行了 3 笔黄豆油交易。2 月份，黄豆油周线图上呈现潜在的 14 个月上升三角形形态，请参考图 10.12 的 7 月份合约走势图。当时，我看好黄豆油的长期走势。

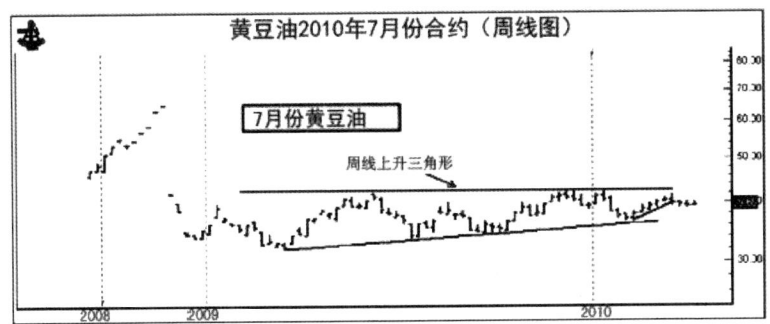

图 10.12　黄豆油周线图：大规模的三角形

如同图 10.13 显示的，黄豆油的 1 月份走势跌得很凶，3 月份合约盘中高价连续 19 天下滑，价格跌到周线图的重要支撑。这类暴跌走势，往往会在主要支撑区呈现 V 形反转。直觉告诉我，黄豆油会展开为期一两周的强劲反弹，走势启动信号是盘中价格创新高的第一天。2 月 2 日，我建立多头头寸。如同多数直觉交易一样，头寸很快就在 2 月 10 日获利了结。

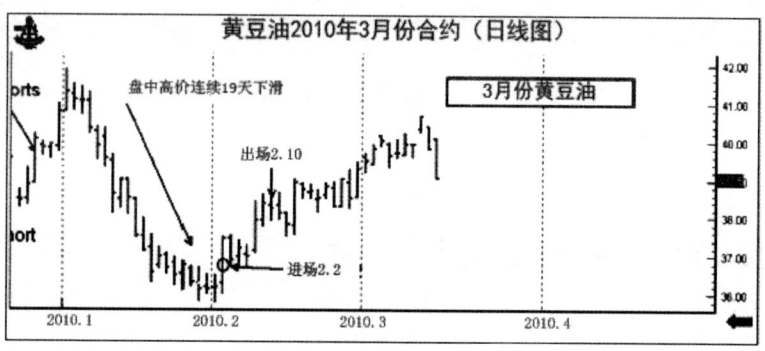

图 10.13　3 月份黄豆油日线图：底部 V 形反转

2 月底，走势形成小规模的三角旗形。我在 2 月 25 日进场建立多头头寸（每单位资本交易 2 手合约）。这笔交易与隔天的交易，都是根据次要整理信号建立的。结果，2 月 25 日的上涨只是单日脱序走势。市场很快就反转，头寸在同一天内止损出场（请参考图 10.14A）。

我究竟要犯下多少相同的错误？此处是指我在作物市场的晚间电子盘递入追单。2 月 25 日的追高买单是在晚盘被引发的，如果是在正规交易时段，这张追高买单不会被引发。

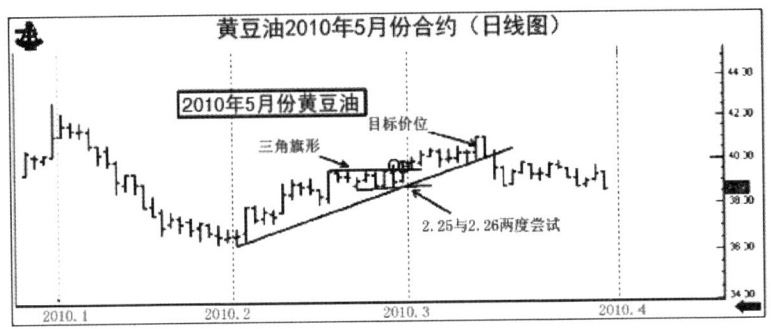

图 10.14A 5月份的黄豆油日线图：三角旗形突破失败

2月26日，当三角旗形重新完成时，我又进场建立头寸（正规交易时段内）。图10.14B是小时走势图，显示三角旗形在正规时段内是到2月26日才突破。我只打算小赚一笔。3月10日，头寸在目标价位4069出场。

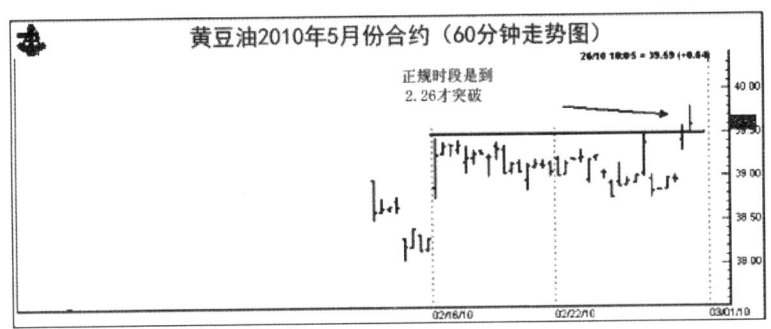

图 10.14B 5月份黄豆油60分钟走势图：三角旗形第二度交易

S&P 6月份迷你合约/道·琼斯6月份迷你合约：两笔有疑问的交易

信号类型：次要反转信号与其他交易

接下来两笔交易属于相同类型，不是根据健全的价格形态原则，而是基于情绪性观点建立股票空头。我认为，任何自由心证交易者如果说他是完全客观的,想必都是骗人的。自由心证技术交易者对于行情多空走势,难免都会有某种程度的偏颇。

我把1月19日至2月5日之间的跌势,看成是大空头行情之前的暖身。至于随后反弹到2月22日高点的走势,则看成是头肩形态的回测。2月底的反弹走势过程,我持有的空头有2/3回补,但手头上还持有剩余1/3部位。

如同图10.15与10.16显示的,我把2月25日的跌势,解释为S&P与道·琼斯指数6月份迷你合约小型头肩顶完成的突破。相较于道·琼斯指数,S&P指数的形态更明确一些,我分别放空这两个市场(都是每单位资本放空1手合约)。

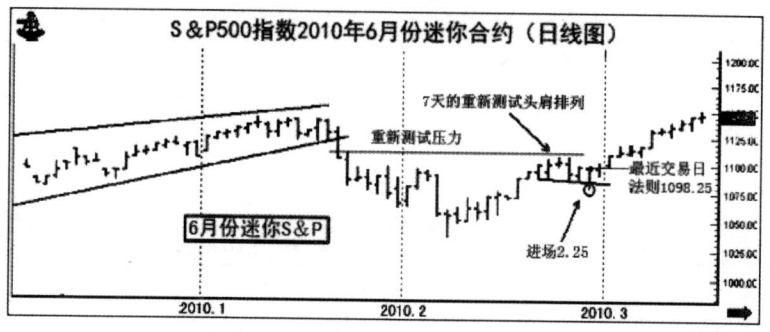

图10.15 S&P股价指数日线图:小型头肩顶回测较大型潜在头部

结果,由2月5日低点起涨的走势,显然不只是回测而已,应该是多头走势的另一只脚。头肩形态突破则是鱼钩形态的买进机会。根据最近交易日法则,S&P部位在2月26日止损,道·琼斯指数部位在3月1日止损。两个头寸合并的损失,大约是账户资产的1.3%。3月5日,最后持有的S&P指数1/3空头头寸(建立于1月21日)也回补出场。

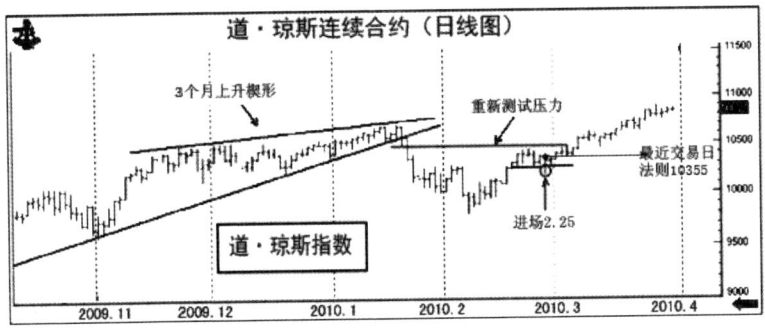

图 10.16　道·琼斯股价指数日线图：测试 1 月中旬的跌势

欧元/英镑汇率：通道突破短期交易

信号类型：主要预期信号

现货外汇市场进行的交易，汇率可以不直接涉及美元，这是其优点之一。

2 月中旬，我发现欧元/英镑汇率周线图呈现可能的 13 个月头肩底（请参考图 10.17）。这个形态如果完成，欧元/英镑汇率可能出现 8%—10% 的涨势。

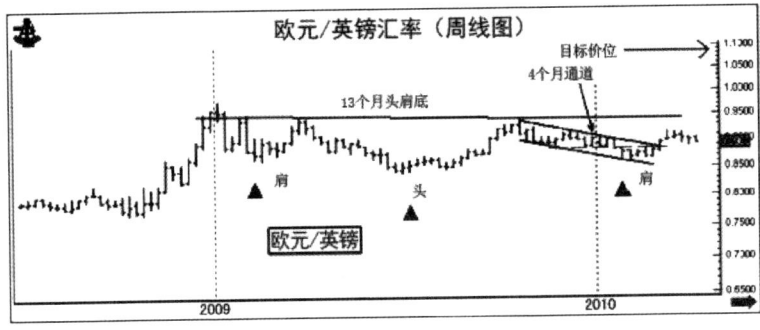

图 10.17　欧元/英镑汇率周线图：13 个月的潜在头肩底

图10.18借由日线图显示相关通道，也显示下档支撑跌破之后，将转变为后续走势的上档压力。请注意，由11月、12月到1月初之间，0.8800价位始终扮演下档支撑的功能。1月15日，该支撑跌破之后，在1月底到2月份之间，则扮演上档压力的角色。

交易信号如果获得多重确认，将变得更重要。2月25日，价格向上突破通道，也重新站上支撑/压力线。通道的上档价格目标为9002，很快就在3月1日达成。

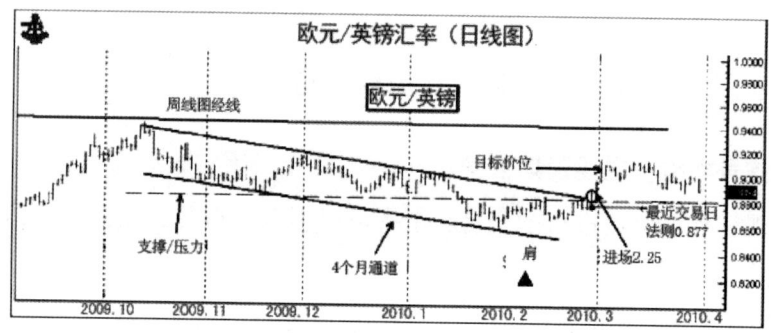

图10.18 欧元/英镑汇率日线图：4个月通道

摘要总结

2月份的交易情况没有预期理想。整个2月份在1个市场进行16笔交易。关于这16笔交易，7笔最终获利，9笔发生亏损（不完全在2月份），交易胜率43%。交易类别的分配，大致与修正基准相当。2月份进行的交易，最终获利0.9%。采用年度加值月份指数方法计算，2月份实际亏损1.23%。两者之间的差别，是因为后者在月底根据市场结算价格进行计算（包括未平仓部位在内）。表10.1显示2月份交易信号类型的分配。

表 10.1　2月份交易信号类型的分配

信号类别	修正基准	2月份进场交易笔数与%
主要形态		
完成	4.0（29%）	4.0（25%）
预期	1.5（11%）	2.0（13%）
加仓	1.5（11%）	0（0%）
次要形态	4.0（28%）	6.0（38%）
直觉交易	2.0（14%）	1.0（6%）
其他交易	1.0（7%）	3.0（19%）
总计	14.0（100%）	16.0（100%）

2月份与先前几个月份都缺乏本书第5章谈到的"底线交易"概念。我的交易之中，大约只需要进行10%，就能提供我实际创造的绩效。这些都是实际赚钱的交易，每笔都至少创造2%的资本报酬率。至于剩余的90%交易，也就是多余的交易。换言之，如果没有这些底线交易，我的交易将彼此冲销，完全是瞎忙。每个月份里，"要素交易计划"都要有一两笔真正赚钱的交易，而且头寸规模恰当，借以创造我所需要的绩效。

第11章
第四个月份：2010年3月

市场是很棒的老师，但偶尔也会狠狠地教训交易者。我一向都知道"要素交易计划"存在缺点：交易是一种发现缺失、尝试修正缺失的程序……结果却找到更多的瑕疵。就这方面来说，"要素交易计划"无异于其他方法。每位成功的交易者，都会想尽办法诊断自己交易方法的缺点，设法改善。前进两步，后退一步！继续往前走！

当行情很好的时候，交易方法的缺失通常都不会显露。好时机将遮掩交易计划的缺失。

反之，交易艰难期间（账户发生回撤的期间），市场将充分利用交易计划的缺失。我知道很多交易者，当他们陷入连续亏损的期间，就会深刻反省自己的交易方法，想办法做改进。提升交易方法的第一步骤，就是找到缺失。

关键是如何找到根本的缺失，而不只是修改交易法则，借以提升过去的绩效（最佳化程序）。任何人都可以通过适当的交易平台，针对相关技术指标进行模拟与最佳化程序。我认为，这类的修改没有太大意义。每笔交易结束的时候，我发现，交易机会的辨识方法，其重要性远不如人性上的风险管理。

记录这段交易日志时,我正处于回撤状态。虽然不严重,但明显造成妨碍。我不喜欢赔钱的感觉。我也不喜欢不能赚钱的感受。遭遇回撤的困境,我的交易计划总是能够做适度的调整,然后脱困而出。关于这些调整,有时候相当微妙,有时候相当显著,但有一点是相当明确的:这些调整基本上都是有关于交易程序管理与风险管理,而不是如何辨识交易机会。

我察觉到我的交易方法存在一些根本问题,这些问题将在本书最后做详细的讨论。

交易记录

3月份,我在12个不同市场,进行16笔交易。先前章节已经讨论过其中3笔交易(第9章提到的2笔黄金交易,第10章谈到的英镑/美元汇率交易)。前文讨论过的交易,本章不准备重复。

美元/加元汇率:形态持续发展

信号类型:主要预期信号、主要突破信号、主要突破信号(二次完成)

关于美元/加元汇率,我在3月份进行了3笔交易。每笔交易都各自采用特定的法则与风险管理策略,但这3笔交易是属于一体的。如图11.1显示,我看到周线图上呈现为期5个月的重要形态:下降三角形。这个形态大有可能成为2010年的最佳门面交易之一。

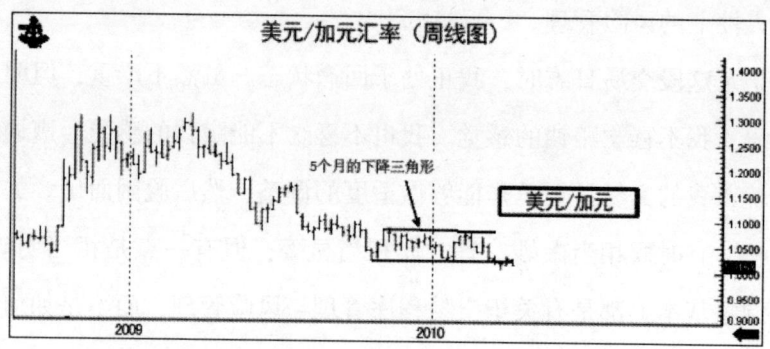

图 11.1　美元/加元汇率周线图：5 个月下降三角形

图 11.2 显示对应的日线图。3 月 3 日，我建立空头，因为汇价已经到达下降三角形形态的下限（也是 1 月份的低点）。所以，这是个主要预期信号。每单位资本放空 50,000 美元。

图 11.2　美元/加元汇率日线图：下降三角形

3 月 12 日。美元汇价跌破主要下降三角形的下限。我加仓放空 50,000 美元/加元，使得每单位资本总共放空 100,000 美元。当时我把 3 月 11 日视为最近交易日而设定止损，后来在 3 月 22 日把停止点调整到 1.0256。3 月 24 日，汇价重新反弹到下降三角形的范围内，迫使我结束一半头寸。我根据回测失败法则调整剩余头寸的止损点。结果在3月26日止损出场。

对于周线图上的重要价格形态，我允许自己在特定规范之下，重新建立头寸。相关规范包括两个条件，至少必须有一个成立：

1. 市场重新完成相关价格形态，而且价格贯穿最初突破线形的盘中最高价或最低价。就目前这个美元/加拿大元汇率案例来说，价格必须跌破3月19日的最低价1.0062。
2. 在收盘价的基础上，市场必须重新完成相关价格形态。

3月29日，收盘价重新跌破主要下降三角形的下限。我重新建立空头，每单位资本放空30,000美元，承担风险为0.5%。3月29日的盘中高价为1.0273，这是最近交易日法则设定的止损基准。（截至本书截稿的4月20日为止，这个头寸还没有平仓）

5月份黄豆：小形态整理造成困扰

信号类型：其他交易

3月4日，我根据头肩顶整理形态放空黄豆。这笔交易属于其他杂项交易。我很快就在3月8日认赔出场，损失0.3%，请参考图11.3。（关于这类交易，我实在不好意思承认，但为了本书内容的完整起见，我还是认了）

图11.3　5月份黄豆日线图：3周的头肩顶很快失败

5月份原油：上升楔形

信号类型：主要预期信号

前文已经谈到，我基本上看空原油的走势。3月12日，价格跌破6周上升楔形的下限。这个空头头寸是在星期五建立的，我抱着满怀希望度过周末。到了星期一，价格继续下跌，我更是信心满满（请参考图11.4）。

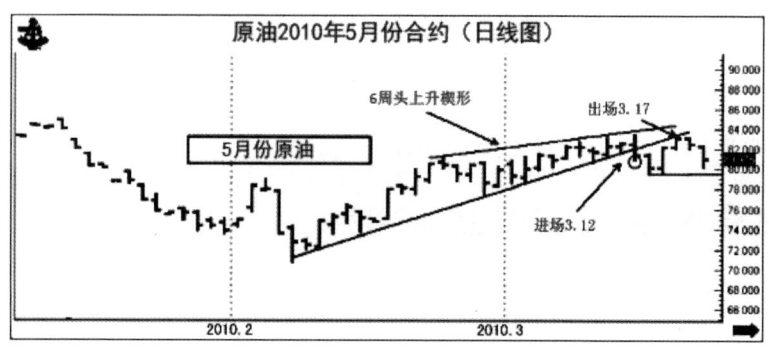

图11.4　原油日线图：6周上升楔形

根据教科书的说明，上升楔形的突破，应该是明确、快速、没有间断的走势。可是，对于目前这个案例，3月16日，价格强劲反弹。我调紧止损，因为上升楔形不该出现这种市况。结果，这个空头头寸在3月17日止损出场。

澳元/加元汇率：三角形导致数度损失

信号类型：直觉交易、主要预期信号、主要突破信号、次要突破信号

这些交易跨越2个月的期间，是针对某价格形态之发展所做的多次交易。

这是很典型的案例,显示等腰三角形突破不该太接近尖端。有效的等腰三角形排列,其突破位置不该超过底边到尖端之距离的 2/3 或 3/4,否则通常就不是有效的价格形态。我原本该忽略这个形态的,但反而进行了一系列交易,结果像陀螺一样,被市场搞得头昏眼花。

请参考图 11.5,我们可以看到 3 个月的等腰三角形,上限甚至可以回溯到去年 11 月的高点。

在 3 个月期间的三角形形态内,3 月中旬还出现另一个为期 3 周的小三角形(请参考图 11.6)。我根据这个小三角形的突破,在 3 月 19 日建立空头头寸。这属于直觉交易。这波走势相当短暂,行情很快就反转,我立即止损出场,损失 0.007%。

然后,行情立即反弹,到了 3 月 30 日,价格甚至穿越三角形的上限。我认为,这可能是多头陷阱。所以,3 月 31 日,当价格跌破 3 月 30 日盘中低价,我进场放空,希望在三角形上限附近建立空头。这是主要的突破预期信号。

图 11.5 澳元/加元汇率日线图:3 个月三角形形态,拖泥带水的突破

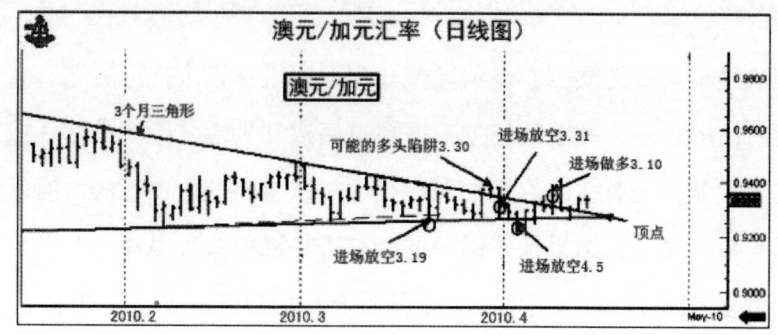

图 11.6　澳元/加元汇率日线图：反复莫测的走势

4月5日，行情跌破三角形形态下限，收盘价低于3月份低点。这是主要形态完成的信号。我认为，这是大好的加仓机会。可是，行情很快就向上反转，迫使我在4月7日结束所有的空头头寸。

4月9日，价格向上突破三角形形态上限，而且穿越3月30日高价。我认为这是标准的小型反转买进信号，于是进场建立多头头寸。可是，行情又在隔天向下反转，并在4月12日引发多头头寸止损。同样一份走势图，短短几天之内，连续发生4笔令人沮丧的交易。

回顾

重要教训：三角形形态的发展，如果已经太接近顶点，则属于无效的价格形态。这并不是说我不该尝试掌握第一次突破的机会，但该机会失败之后，我就不应该重蹈覆辙。

欧元/美元汇率：典型的失败头肩形态

信号类型：次要整理信号

如同图11.7显示的，欧元/美元汇率呈现空头走势，由11月份的高点，跌到 2 月份的低点。

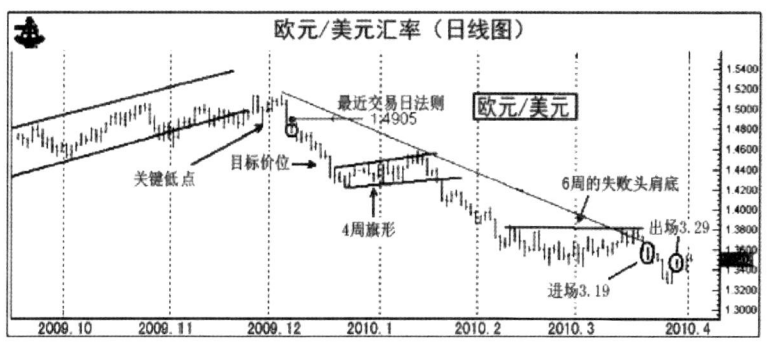

图 11.7　欧元/美元汇率日线图：失败的小头肩底

图 11.8 是图 11.7 的放大图，运行周期是由 2 月 5 日至 3 月，价格走势似乎发展为复杂头肩底形态或圆形底。3 月 12 日，价格向上穿越长达 15 周的趋势线，我怀疑这是多头陷阱。

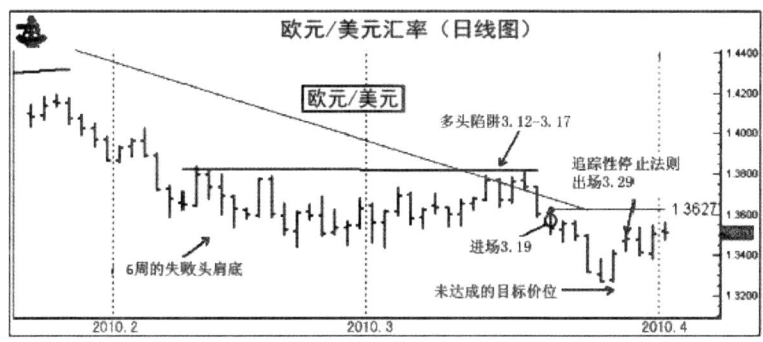

图 11.8　欧元/美元汇率日线图：失败头肩底之前的多头陷阱

3 月 19 日，当失败头肩底获得确认时，我进场放空。这个空头头寸原本可以建立在 3 月 18 日。目标价位为 1.3223。价格在到达目标价位之前就在 3 月 26 日反转向上，当天收盘价高于 3 月 25 日低价。这是设定追踪性停止价位的日期。3 月 29 日开盘引发止损法则，头寸回补出场，稍有获利。

6月份美国长期公债：另一个失败头肩

信号类型：主要预期信号

第 9 章曾经提到，我想要在为期 12 个月的头肩底形态右肩发展过程，寻找放空的机会（请参考图 9.3A—C）。我是由偏空立场解释周线图走势。

请参考图 11.9，6 月份公债日线图出现可能的 9 周头肩底形态。3 月 18 日，价格试图穿越颈线，但涨势不能维持。我怀疑这可能是个失败头肩底，所以递入追空（突破）卖单（Sell Stop），停止价位设定在 3 月 19 日低点。结果，空头头寸建立于 3 月 24 日的 117.02。每单位资本放空半手合约。

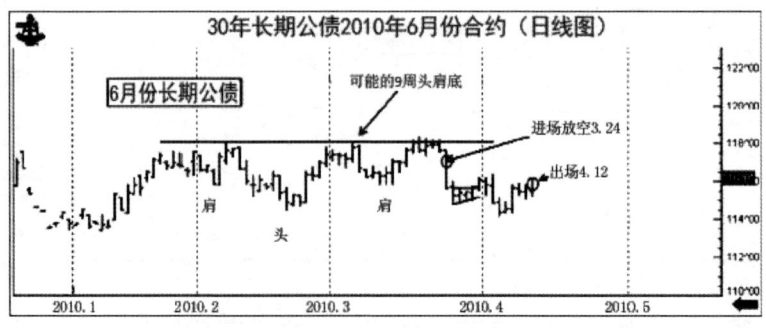

图 11.9　长期公债日线图：由颈线向下反转

这个头寸在 4 月 12 日根据追踪性停止法则出场。

5月份小麦：令人沮丧的连续跌势

信号类型：次要整理信号

头肩顶形态完成于1月中旬，形态蕴含的目标价位为426没有达成。2月初至3月中旬之间，行情呈现震荡走势，然后在3月25日显著下挫而创新低（请参考图11.10）。我在470.50建立空头头寸，最近交易日法则设定的止损为478.25，形态目标价位为426。我没有建立充分的头寸，每单位资本只交易0.5手合约。4月7日，头寸止损出场（478.25）。

图11.10 小麦日线图：价格创新低

一天之中，是否有最佳交易时间？

关于这个问题，答案是肯定的。盘中走势扑朔迷离、难以捉摸。盘中价格涨涨跌跌，很容易误导交易者的判断。根据盘中走势，我们往往相信让人失望。不论是短期、中期或长期趋势发展，都很难预测，但我发现自己更难根据盘中走势来判断收盘状况。

收盘价是每天最重要的价格。这是头寸交易者(有别于当日冲销者)愿意持有头寸过夜的价格。我虽然经常在盘中建立头寸,但我认为收盘价才是每天真正算数的价格,其余价格都是杂音。

5月份玉米:阶梯状跌势

信号类型:次要整理信号

5月份玉米与5月份小麦的交易情况很类似。为期3个月的三角形形态完成于1月13日,形态蕴含目标价位为344。2至3月份之间,行情基本上呈现横向走势,价格在3月25日创新低(请参考图11.11)。价格创新低也完成下降三角形,该形态可以回溯到3月份高点。

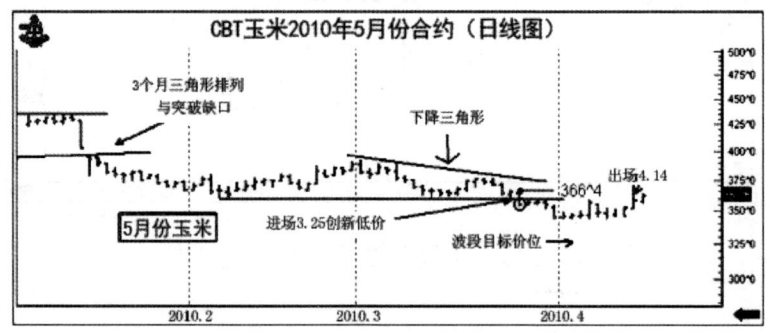

图11.11 玉米日线图:价格创新低之后没有跟进

我建立空头。3个月三角形形态蕴含的目标价位在3月31日达成。可是,我决定采用波段目标价位,这是由3月份高点向下衡量1月份跌势的幅度。波段目标价位也落在2009年9月份低点附近。

4月7日,价格反弹进行回测。我的头寸根据回测失败法则而在4月14日出场。

11月份黄豆：空头陷阱

信号类型：次要整理信号

3月31日，正规交易时段最初15分钟的走势，跌破为期8周等腰三角形整理形态的下限。这个突破很快就演变为单日脱序走势。一旦察觉这个机会，我立即进场建立头寸（请参考图11.12）。

图11.12 黄豆日线图：等腰三角形

这个案例凸显了对角形态的根本问题（等腰三角形属于对角形态），对于这类对角形态，当价格突破形态界线（对角状），通常都不会同时突破形态的极端价位（高价或低价）。基于这个缘故，我比较喜欢交易水平状边界的形态。

5月份铜：错失简单的交易

信号类型：错失交易

关于错失的交易机会，我保留一份专门的记录。每个月平均大概都会发生两个这类的形态。我之所以错失这些机会，通常是因为我持着反向看法，而不是没有看到机会。某些情况下，我会把握先前一两天错失的机会。3月底,我对于铜行情保持着偏空的看法。我认为,2月初至2月底之间的涨势,顶多只会测试先前1月份的高点。我看到为期4周的下降三角形正在发展。直角三角形通常会朝水平状边界方向突破。

请观察图11.13,在下降三角形的末端,还有另一个较小的9天等腰三角形。3月26日的涨势完成了等腰三角形形态,下降三角形也紧跟着在3月29日向上突破。我原本可以在3月26日或3月29日建立多头。这是个相当不错的4周整理形态。

图11.13　铜日线图:三角形形态驱动涨势

> **回顾**
>
> 　　错失的交易有个值得考虑的议题。随时可能驱动趋势的成熟价格形态,通常都有可能朝两个方向突破,因此交易者可以借由这两种突破建立头寸。事实上,对于成熟的形态,准备建立头寸的突破买(卖)单应该设定在哪里,通常是很明显的。更进一步说,除非可以在上、下两个价位同时设定建立多、空头寸的追单,否则就可以质疑其中任何一种交易的合理性。

5月份橙汁：失败的三角形

信号类型：次要整理信号

最后讨论的这笔交易，由于市场流动性很有限，所以我只通过个人账户自有资金做交易，联合账户没有进行。3月1日，价格有效向上突破，完成了为期8周的等腰三角形。这个价格形态蕴含的上档目标价位，至少应该在170。请注意，形态向上突破的时候，价格已经发展到三角形的尖端。等腰三角形如果发展到接近尖端3/4或以上位置，该形态就不值得信赖。如图11.14显示，这个三角形向上突破之后，价格甚至没有到达1月份高点就折返了。

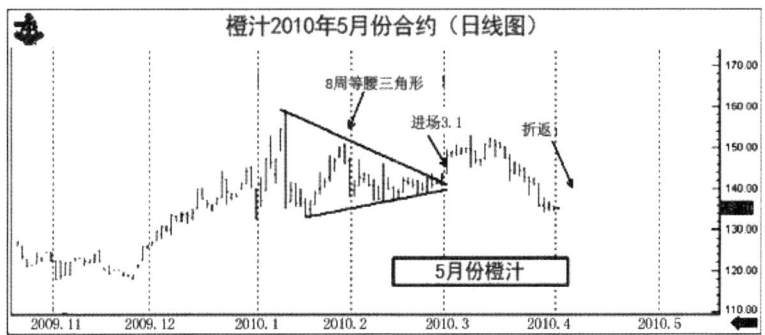

图11.14　橙汁日线图：典型的折返

摘要总结

3月份是自从去年11月份以来，操作状况最差的月份，采用年度加值月份指数方法计算，实际亏损3.7%。本月份进行的16笔交易，只有4笔（25%）获利，净亏损为2.5%（平仓）。有笔交易（美元/加拿大元汇率）还没有平仓。已经平仓之头寸，没有属于"底线交易"者。

表 11.1 显示 3 月份交易信号类型的分配。

表 11.1 2010 年 3 月的交易信号分类

讯号类别	修正基准	2月份进场交易笔数与%
主要形态		
完成	4.0（29%）	2.0（12%）
预期	1.5（11%）	4.0（29%）
加仓	1.5（11%）	1.0（6%）
次要形态	4.0（28%）	7.0（41%）
直觉交易	2.0（14%）	1.0（6%）
其他交易	1.0（7%）	1.0（6%）
总计	14.0（100%）	16.0（100%）

第12章
第五个月份：2010年4月

这是本书第Ⅲ篇的最后一部分。今年最初18个星期的绩效表现并不特别好，但金融交易原本就如此。有些交易会亏损，有些星期会亏损，有些月份会亏损，甚至有些年份也会亏损。

观察全球最顶尖20家专业交易机构过去5年来的表现（根据风险调整后绩效分析），总共发生了17个亏损年份，相当于总年份的17%（20家机构，每家5年，总共20×5 = 100年）。换言之，这些机构每5年就会发生1年亏损。亏损年份的损失虽然不严重（几个百分点），但亏损年就是亏损年。

本书第Ⅲ篇开头曾经提到，"未来5个月内，如果能够取得10%—15%的报酬绩效，那我真是太高兴了"。时序跨入4月，2009年12月7日（开始记载交易日志）以来的交易结果大约获利5%多（平仓交易）。换算为年度化报酬率，相当于是12%多。现在只剩下1个月，最初的目标看来是达不到了，除非4月份有非常特别的表现。可是，对于12月份以来的表现，我并不觉得意外，因为我也取得一些"底线交易"。这些交易是我想达成获利目标所绝对必要的。

对于某些初学交易者来说，如果绩效进度落后，他们可能会"加倍下注"。我绝对不会这么干。交易账户净值总是会起起伏伏的。太过冒险将会造成毁灭，而不会加速前进。

这部分讨论如果发生在另外 5 个月，结果应该会有显著不同——可能更好，也可能更糟。商品与期货交易没有什么神奇的水晶球。交易者能够做的，就是发展严谨的交易计划，设法取得些许的胜算或竞争优势。这种"胜算"的概念，不该被过分简化或强调。

专业赌场的老虎机，客户每花费 $1，平均大约可以取回 95—97 美分。换言之，庄家拥有些许的胜算。当赌徒每扳动老虎机的拉柄，他可能赢钱，也可能输钱。庄家凭借的只是些许胜算，借由长期来累积获利。可是，对于单次赌博来说，庄家拥有的胜算是微乎其微的，没有显著意义。

金融交易的情况也是如此。我发展一整套方法，在整体风险架构之下，协助我筛选交易机会、管理进场与交易的相关程序，让自己因此享有些微胜算。我希望我的交易能够尽可能发挥这种胜算或竞争优势。可是，对于任何特定交易或几笔交易，对于任何特定星期或月份，些许胜算未必能够造成实际影响。

对于整体商品、外汇专业交易机构来说，最近 12—15 个月是相当艰困的期间。观察一些常见的商品交易顾问指数（譬如：Stark、MAR、Barclays、Lyxor 等），我们发现过去一年的表现是处于净亏损状态。事实上，根据巴克莱商品交易顾问指数（Barclays CTA Index）显示，2009 年是最近 10 年来，商品与外汇交易首度发生亏损的年份，也是 1980 年以来的第四个亏损年份。

就 2009 年的股票市场表现来看，商品与外汇投资看起来实在不具吸引力。可是，读者不妨回头观察本书导论的图 1.4，这份图形由长期历史观点，比较商品、外汇与美国股票市场之间的表现。

我自认为是个相当了解市场投机性质的交易者，如果必须在商品、外汇与股票投资之间做选择，我会理所当然地挑选前者。由风险调整后的基准来看，我的马鞍会装在商品马匹上。

采纳价格形态分析

不论是年线图、季线图、月线图、周线图、日线图或小时走势图，都可能出现小规模的价格形态，这些形态经常不会产生预期之中的走势。举例来说，周线图上为期 4 个月的价格形态，在对应的日线图上，可能存在许多小型形态，它们的发展过程看起来都不错，但最终未必会出现该有的走势。同理，日线图上的价格形态，在对应的小时走势图上也会涉及许多形态，其中虽然有些会达成目标价位，但多数会失败。

由事后角度观察，我们不难发现那些产生明显趋势的价格形态。可是，有些类似的形态并不容易判别，因为它们最终失败而融入其他更大型的形态。价格形态发展是动态的，其结构会不断演化、重新界定。

价格形态交易者面临两种选择：

1. 培养精准的判断力，知道哪些价格形态发展已经成熟而可以收割。等到形态蕴含的走势即将或已经发动，然后才介入，如此可以显著减少形态失败的频率。这方面的挑战，主要是交易者的耐心。
2. 挑选结构明确的价格形态，采用健全的资金管理策略，了解这些形态大部分都会失败，并演变为其他更大型形态的一部分，甚至演变为无法明确界定的形态。

某些技术分析者相信，他们可以运用其技术方法永远掌握交易的契机。我认为，这是相当愚蠢的想法，比较适合出现在广告用语上，至于真正的交易，则是不切实际的。

我要提醒价格形态分析者，某些价格形态是不符合传统理论结构的，也不能通过其他技术工具来解释，很多重大趋势并非源自于明确的价格形态。

关于第一选项——只挑选那些即将或已经发动的趋势——其获利比较稳定，比较不容易失败。可是，对于某些形态交易者来说，这个选项未必是切合实际的。某些交易者非常有耐心，他们或许可以考虑第一选项。对于绝大部分交易者来说，第二选项或许更恰当一些。

交易记录

6月份黄金：头肩底

信号类型：主要预期信号、主要突破信号

第9章曾经谈到我的黄金交易，运行好几个月的期间。该章讨论提到相关交易令人沮丧，经常需要重新界定价格形态。

发生在2009年10月初的涨势，完成了长达18个月内的头肩底（请参考图12.1的黄金周线图）。这个头肩底的颈线，可以通过几种方式绘制，我喜欢采用水平状的颈线。这个形态蕴含的上档目标价位1350还没有达成。我的交易心态偏向多方，相信周线图与月线图的目标价位可以达成。可是，请记住，目标价位不是什么神圣的东西。如果盲目相信目标价位，交易者可能连怎么死的都不知道。

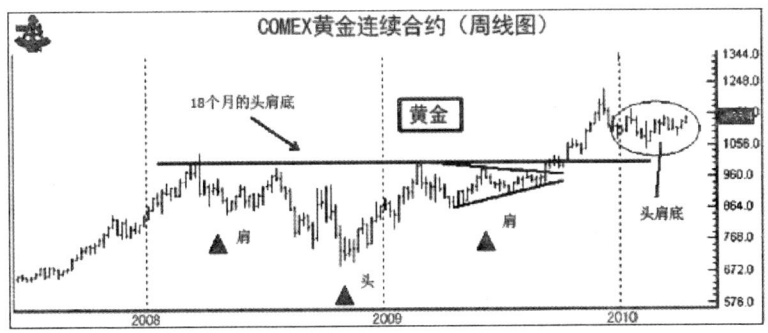

图 12.1　黄金周线图：周线图上的头肩底

上个月（3月），黄金市场最主要的形态，应该是6月份合约日线图上的4个月头肩底（请参考图12.2）。本书第9章曾经引用这份图形（标示为图9.25）。这个头肩底的右肩，形成通道形态。4月1日，价格上涨贯穿通道上限。我进场买进黄金，每单位资本买进1手迷你合约。

4月7日，价格上涨而完成为期4个月的头肩底形态。这个形态蕴含的上档初步目标是1230，也就是2009年12月的高点。我当时认为，根据周线图头肩底形态衡量的上档目标应该在1350（图12.1）。所以，我加仓多头，相信这是一笔很好的交易。

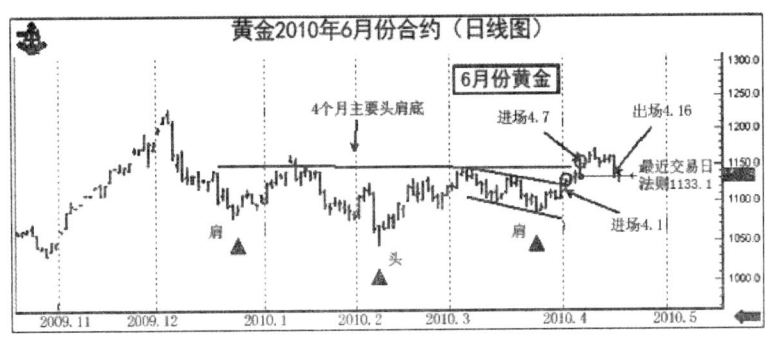

图 12.2　黄金日线图：4个月头肩底

4月13日，价格折返测试颈线。然后，到了4月16日，价格大跌而引发最近交易日法则设定的止损。截至我写这篇文章为止，我虽然是空手，但还是相信头肩底形态会驱动黄金价格走高。

欧元/英镑汇率：有疑问的买进

信号类型：其他交易

这笔交易与稍后的欧元/日元汇率交易，代表一体的两面。两者都是处理形态回测与相关讯号。

4月5日，欧元/英镑汇价下跌，贯穿下档的支撑、压力线（请参考图12.3）。第10章曾经讨论支撑与压力的概念（请参考图10.18）。

我凭着直觉进场建立多头。我觉得，这笔交易风险很低，我可以利用4月5日的低点作为止损（回测失败法则）。结果，这个头寸隔天止损出场。

图12.3 欧元/英镑日线图：交替的支撑与压力

> **回顾**
>
> 进行这类交易,就像是接取高处掉下来的利刀。这算不上突破交易。在我买进的时候,行情正在下跌。事实上,由事后角度观察,我可以看到空头三角形刚好完成于我买进的当天。如果真的想买进的话,至少应该多等一天,看看价格有没有向上反转。

欧元/日元汇率:棘手的冰线

信号类型:主要突破信号(重新完成)

前一笔交易是在行情回测支撑线的时候买进欧元/英镑汇率,现在则基于相同动机放空欧元/日元汇率。请参考图12.4,4月初的反弹回测周线图上的圆形顶。我认为,这代表放空的机会。

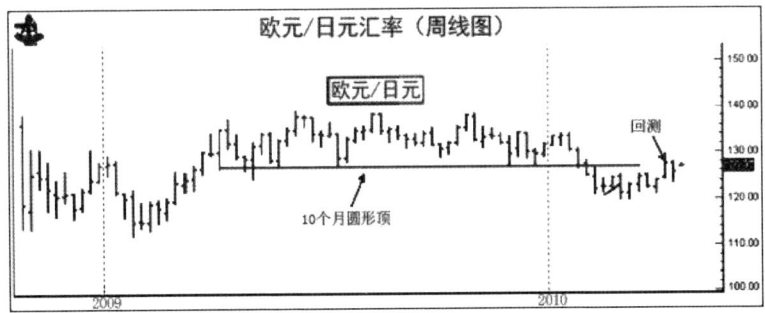

图12.4 欧元/日元汇率:周线图回测圆形顶

请参考日线图(图12.5),回测的涨势确实在4月初穿越周线图头部的冰线,时间长达3天。到了4月6日,价格向下反转,收盘价又跌破冰线。所以,这是圆形顶形态重新完成,我原本应该按照4月6日收盘价建立空头,但我没有预先设定追空卖单。

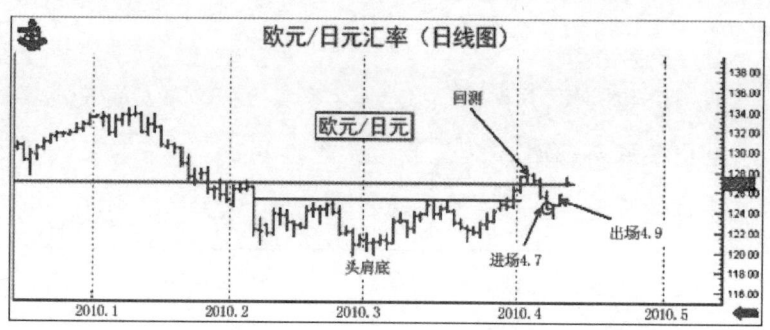

图12.5 欧元/日元汇率：日线图回测顶部

我在4月7日建立空头。对于这笔交易，我从一开始就很紧张。当时最主要的价格形态，虽然还是周线图上的圆形顶，但日线图上的7周头肩底也在3月31日完成了。所以，当时的情况是上有压力（周线图的圆形顶），下有支撑（日线图的头肩底）。4月8日出现单日反转走势，我调紧止损而在4月9日认赔出场，损失0.2%。

回顾

上档周线图有大型的头部形态，下档日线图则有头肩底。我的交易决策通常会根据最近发生的形态为准。有些时候，价格形态可能彼此冲突。碰到这种情况，或许应该等待盘势明朗化。

11月份黄豆：典型的上升三角形

信号类型：次要反转信号

关于空头陷阱，让我们看看一种相当不错的发展。价格突然跌破形态界线，但当天收盘价又重新站上边界，隔天的交易都处在界线之上，而且价格收高。11月份黄豆在3月31日与4月1日发生的走势,情况正是如此。我有充分的理由按照4月1日的收盘价买进。

4月15日,价格上涨而完成了10周的上升三角形形态(请参考图12.6),我建立多头头寸,每单位资本＄100,000买进2,500蒲式耳黄豆。

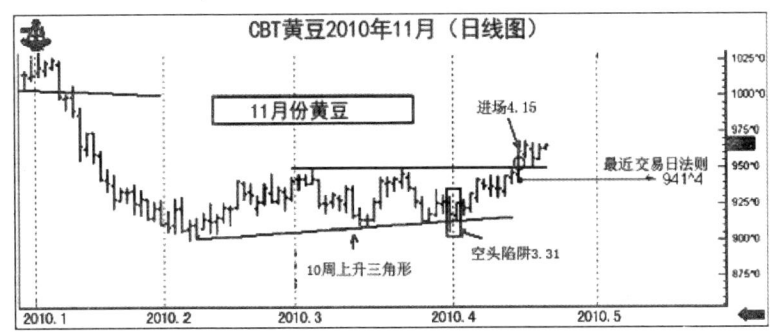

图12.6　11月份黄豆日线图:等腰三角形完成

图12.7是11月份黄豆合约周线图,显示截至目前还在发展的17个月上升三角形。这个形态应该会启动重大趋势,非常值得期待。

图12.7　11月份黄豆周线图:大型等腰三角形

展望未来

随着时间经过,我发现有几个市场非常值得观察。这些市场的周线图都正在发展重大形态。本书曾经在各种不同场合提到这些市场。

道·琼斯工业指数:历史性的头肩顶正在形成?

这个市场正在酝酿重大走势,而且很快就会有结果,道·琼斯指数可能出现历史上最严重的跌势。道·琼斯指数季线图与月线图都呈现潜在头肩顶形态,颈线向下倾斜(请参考图12.8)。向下倾斜的颈线,意味着头肩顶完成,跌势会更凶猛。

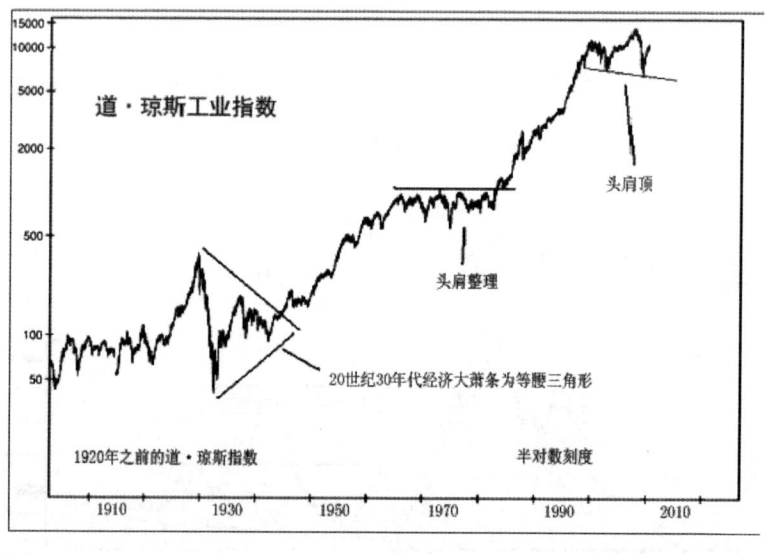

图12.8　100年的道·琼斯指数走势图:潜在的头肩顶

对于头肩形态而言，衔接两肩端点的直线，往往会跟颈线相互平行。图12.9是前述可能头肩顶形态的放大图。目前由2009年3月份低点启动的涨势，已到达颈线向上平移到左肩高点的位置。这波涨势也可能突破平行线，进一步延伸到左肩高点（11,750）。

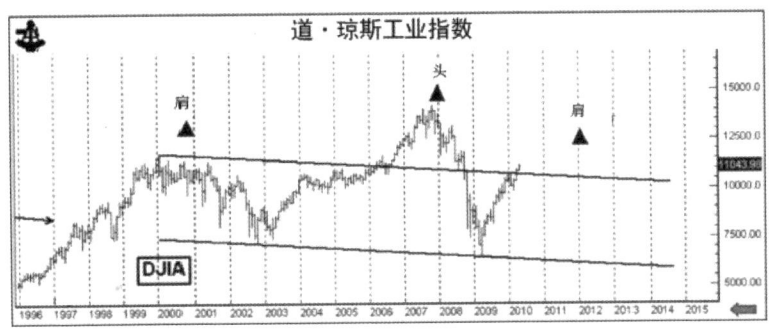

图12.9　14年的道·琼斯指数月线图：确认可能的头肩顶

两肩对称虽然并不是头肩形态的必要条件，但实际上是经常如此。对于图12.9来说，目前的走势可能继续发展几年，使得右肩的运行周期与左肩对称。可是，很多重大的头肩顶形态，右肩的运行周期往往较短。

30年期公债：美国公债违约？

如同本书稍早曾经提过的，美国30年期公债走势图显示美国主权公债似乎有违约的疑虑。请参考图12.10的美国长期公债季线图，其中显示20世纪80年代初期以来的通道形态。

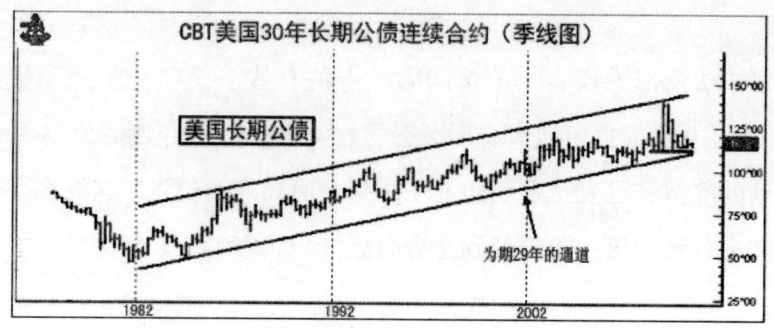

图 12.10　长期公债季线图：29 年通道

图 12.11 显示周线图上的头肩顶形态，时间可以回溯到 2007 年底。另外，这个大型头肩形态的右肩，其本身也是个头肩形态。较小的头肩形态可以回溯到 2009 年 6 月，看起来即将完成。这意味着行情很快就会出现跌势，或整个周线图的价格形态需要重新定义。

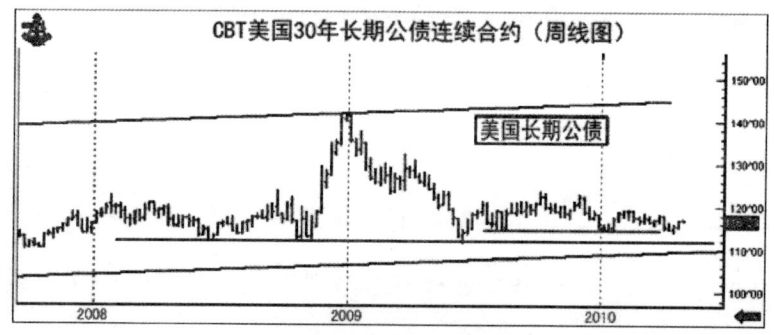

图 12.11　长期公债周线图：头肩顶形态

回顾

2010 年 5 月中旬，长期公债价格向上突破，有效穿越周线图潜在头肩顶的左肩和右肩高点，请参考图 12.12。本书的整个讨论，我们经常看到这类价格形态需要重新界定的案例。现在，上档目标价格将测试 2009 年初的高点，大约在 141.00 附近。

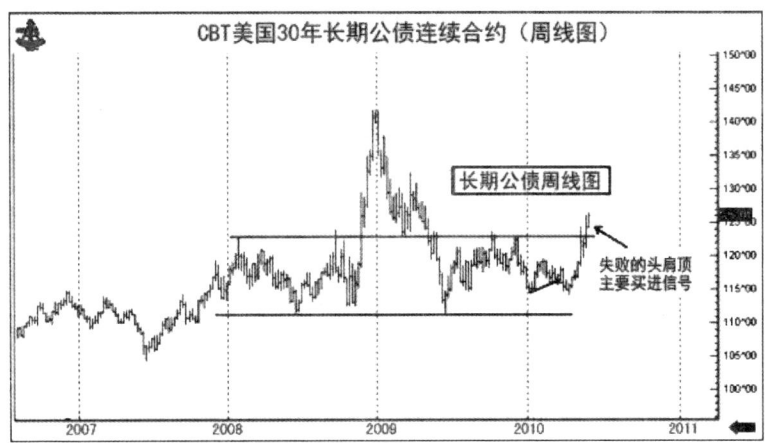

图 12.12　长期公债周线图：失败的头肩顶

糖：仍然期待多头行情？

关于未来行情展望，糖是我想讨论的最后一个市场。如同图 12.13 显示的，2009 年底的涨势使得长达数 10 年的大底部终于向上突破，但最近的暴跌走势促使价格又跌回先前的底部。虽说如此，截至目前的发展，对于多头走势还没有导致真正的伤害，至少目前还没有。

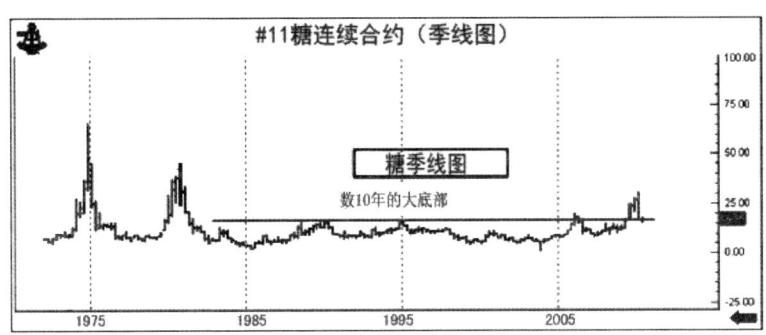

图 12.13　糖季线图：30 年的大底部

> **回顾**
>
> 糖价随后继续下跌,轻松贯穿 1600—1700 区域,价格一路下滑到 13 美分。虽然糖的多头行情还没有全然绝望,但已经严重受损。

摘要总结

本书的交易日志结束后,4 月 20 日,根据当天的价格结算两个为平仓头寸的结果(黄豆与美元/加拿大元 11 月份合约)。4 月份总共进行 7 笔交易,5 笔交易平仓时发生亏损,2 笔获利(请参考表 12.1)。

表 12.1

信号类别	修正基准	2 月份进场交易笔数与%
主要形态		
完成	4.0(29%)	3
预期	1.5(11%)	1
加仓	1.5(11%)	0
次要形态	4.0(28%)	2
直觉交易	2.0(14%)	0
其他交易	1.0(7%)	1
总计	14.0(100%)	7

本书逐笔交易的记录到此告一段落。第 IV 篇将做总结,提供一些统计摘要资料,分析交易绩效,并根据这段交易经验展望未来。

第IV篇 总结

第Ⅳ篇将针对 2009 年 12 月 7 日至 2010 年 4 月 15 日的交易状况，提出讨论与统计分析，然后整理一份最佳门面交易清单，列举这段时间内最经典的形态。

我很诚挚期望这 21 个星期交易的相关讨论以及价格形态的案例，能够对读者未来的交易有所帮助。

第13章 交易绩效分析

开始撰写本书的时候，我有两个愿望。第一个愿望，是商品与外汇市场会呈现某种与我的交易计划相互吻合的趋势。我所交易的某些市场，确实呈现趋势，但这些趋势的起伏发展方式，并不符合我的交易法则。

以下列举5个不同市场的价格走势图，运行周期由2009年12月7日（本书第一笔交易的进场日期）至2010年4月15日（最后一笔交易的日期）。这些走势图包括：黄金（图13.1）、纳斯达克100指数迷你连续合约（图13.2）、糖（图13.3）、CRBI指数（Commodity Research Bureau Index，图13.4）与英镑/美元汇率（图13.5）。

图13.1　黄金日线图：2009年12月至2010年4月

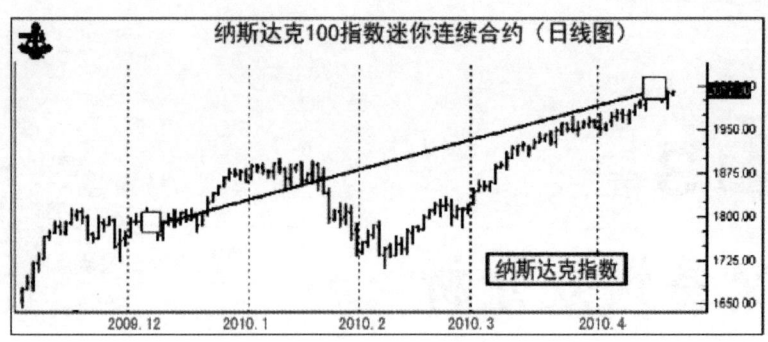

图 13.2　纳斯达克指数日线图：2009 年 12 月至 2010 年 4 月

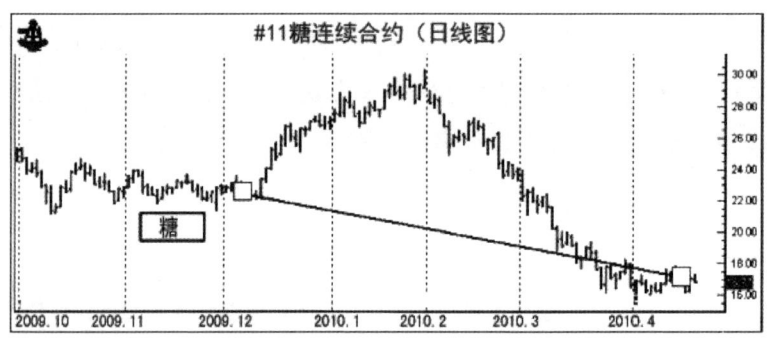

图 13.3　糖日线图：2009 年 12 月至 2010 年 4 月

此处选择的市场，分别代表贵金属、美国股票、软性商品、原物料与外汇。浏览这些走势图，就可以了解多数商品交易者（包括作者在内）近几个月来面临的困境。

如果借由一条直线衔接 12 月初至 4 月中旬的价格，我们发现多数市场的行情都在这条直线的两侧波动。

图 13.4　CRB 指数日线图：2009 年 12 月至 2010 年 4 月

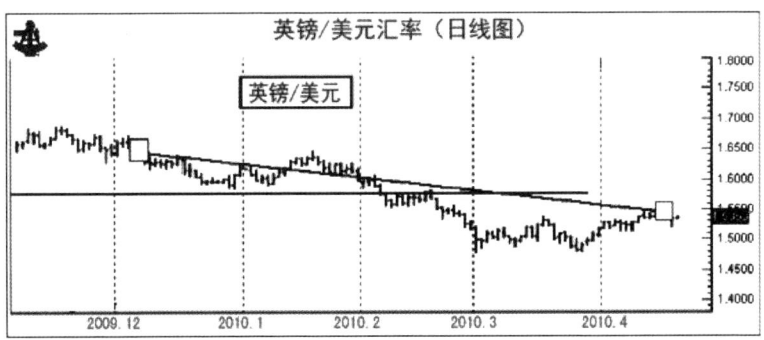

图 13.5　英镑/美元日线图：2009 年 12 月至 2010 年 4 月

第二个期待，是全球股票市场（尤其是美国股票）会放尽力气，不继续上涨。身为专业交易者，我目前的态度非常保守，操作目标是每年尽可能稳定地获得 18% 的报酬率，账户资本尽量不要波动。

相较于美国股票市场由 2009 年 3 月至 2010 年 4 月的表现，我设定的 18% 年度报酬率目标，看起来似乎非常卑微。如图 13.6 显示的，S&P 500 指数在这段时间内几乎成长一倍。很多个别股票的价格上涨一倍或两倍。当然，股票市场在 2010 年 5 月份曾经出现重大修正。

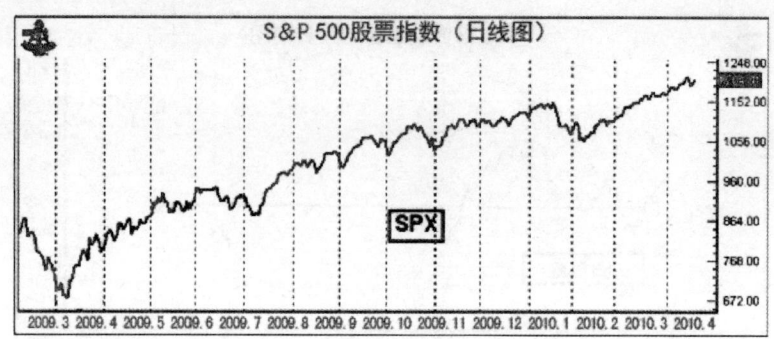

图 13.6　S&P 股价指数日线图：2009 年 3 月至 2010 年 4 月

在商品与外汇市场里追求每年 10%~20% 的获利，相较之下似乎颇为无趣。由事后立场观察，我显然应该把"要素交易计划"运用于个别股票，而不是商品与外汇。可是，我交易的对象是商品与外汇，不是股票。

本书的基本主张还是成立的。

- 商品期货与外汇市场可以通过保守方式进行交易，在尽可能压低账户资本波动的情况下，寻求稳定的报酬率。
- 价格形态理应经得起时间考验，可以作为拟订交易决策的机制。可是，价格形态是一种交易工具，不是用来预测价格。
- 价格走势图能够让交易者拥有些许竞争优势（胜算）。有恒心、有耐心地执行交易计划，是交易者发挥这种竞争优势的最佳方式。
- 任何特定一笔或少数连续几笔交易的成败，不会影响交易计划的稳定获利能力。
- 投机活动的成功与否，取决于很多层面、很多因素。可是，风险与交易管理的重要性，绝对超过如何挑选交易对象。
- 想要在投机市场获得稳定的成功，绝对必须有效管理人性情绪：

恐惧、贪婪、期待、信心（太强或不足）。

编写本书的计划，对于我的交易生涯具有教育与启发意义。相较于大多市场参与者来说，我相信我更了解自己，拥有更多的自我知识。

记录交易日志，每天整理交易心得，将迫使自己严格界定、检视与分析交易方法与机制。对于我所采取的交易行为、拟订的交易决策，我必须做有系统的思考，检讨自己究竟做了什么，理由何在。关于我目前采取的交易方法，我必须仔细回忆演化的每个步骤和过程。我让自己有机会重新确认交易的各种法则。可是，在某些领域里，我相信我有机会让交易计划变得更有效。

我现在非常确定，没有任何两位成功的交易者，他们可以或应采用完全相同的交易方法。没有任何两个交易者会有完全相同的想法。想要在金融市场获得成功，交易者必须尽可能发挥其本身个性上和性格特质上的长处，同时设法克服或管理对应的缺失。对我有用的方法，未必对另一位交易者有用，反之亦然。

我没有办法告诉其他交易者，他们应该如何改善交易效率。这些议题必须由每位交易者自行处理。真正成功的交易计划，将反映计划拟订者的发展历程与执行效力。

接着将分3部分讨论我在2009年12月至2010年4月期间进行交易的绩效：

1. "要素交易计划"在这5个月期间的绩效表现——统计分析与讨论。
2. 过去5个月来，我逐笔交易、逐份指令地严格执行、分析计划，我对于"要素交易计划"（与自己）学到了什么？
3. 准备运用于将来的最佳常规有哪些交易计划的绩效？

交易计划的绩效

本书讨论涵盖的 21 个星期里,"要素交易计划"总共提供 68 个进场信号。这些信号之中,有些是发生在相同市场的交易(譬如:放空英镑/美元汇率的几笔交易,还有放空美国长期公债的几笔交易)。

表 13.1 是根据"要素交易计划"预定目标,比较 2009 年 12 月 7 日至 2010 年 4 月 15 日之间的实际执行结果。

表 13.1 2009 年 12 月至 2010 年 4 月的交易信号分类

信号类别	每月修正目标	2009.12 至 2010.4 信号数量与%	2009.12 至 2010.04 每月平均信号	离差(每月信号数量)
主要形态				
完成	4.0(29%)	23.0(34%)	5.0(33%)	+1.0
预期	1.5(11%)	9.0(13%)	2.0(14%)	+0.5
加仓	1.5(11%)	2.0(3%)	0(0%)	-1.5
次要形态	4.0(28%)	22.0(32%)	4.0(32%)	0
直觉交易	2.0(14%)	4.0(6%)	1.0(9%)	-1.0
其他交易	1.0(7%)	8.0(12%)	2.0(10%)	+1.0
总计	14.0(100%)	68.0(100%)	14.0(100%)	

如同表 13.1 显示的,就信号产生而言,"要素交易计划"执行结果优于计划目标。表 13.2 显示表 13.1 的月份详细资料。

可是,交易计划执行的实际绩效,显然有别于预期,内容请参考表 13.3。

表13.2 交易逐月分解

要素公司 交易进场信号类型

信号类型	修正基准(笔数与%)		2009年1月进场笔数与%		2010年1月进场笔数与%		2010年2月进场笔数与%		2010年3月进场笔数与%		2010年4月进场笔数与%		12月总计进场笔数与%		12月 4月离差（百分点）
主要形态	4	(29%)	6	(46%)	8	(50%)	4	(25%)	2	(13%)	3	(43%)	23	(34%)	5%
完成	1.5	(11%)	0	(0%)	2	(13%)	2	(13%)	4	(25%)	1	(14%)	9	(13%)	3%
预期	1.5	(11%)	0	(0%)	1	(6%)	0	(0%)	1	(6%)	0	(0%)	2	(3%)	-8%
加仓	4	(29%)	4	(31%)	3	(19%)	6	(38%)	7	(44%)	2	(29%)	22	(32%)	4%
次要形态	2	(14%)	1	(8%)	1	(6%)	1	(6%)	1	(6%)	0	(0%)	4	(6%)	-8%
直觉交易	1	(7%)	2	(15%)	1	(6%)	3	(19%)	1	(6%)	1	(14%)	8	(12%)	5%
其他交易	14	(100%)	13	(100%)	16	(100%)	16	(100%)	16	(100%)	7	(100%)	68	(100%)	41%
总计	35%		38%		69%		44%		19%		0		29%		
胜率	5		5		11		7		3		2		28		
成功交易笔数	1.4		1		1		0		0		0		2		
底线交易笔数	10%		8%		6%		0%		0%		0%		3%		
底线交易%															

表 13.3 要素信号与绩效数据对比

绩效衡量指标	计划目标（5个月）	2009.12.07—2010.04.20（实际）	离差（百分点）**
获利交易笔数所占%	35% 大约是每3笔有1笔	40%	+6%
未获利交易笔数所占%	65% 大约是每3笔有2笔	59%	-6%
年化报酬率	18%	12.9%	-5.1%
最糟月底回撤*	(8%)	(5.8%)估计	
获利、亏损交易$比率	2.6∶1	1.8∶1	
底线交易笔数与%	7（10%）	2（3%）	-5笔交易

*实际账户，市场月增值指数计算，参考"附注"的揭示陈述。
**2009.12至2010.4实际 VS 计划目标。

过去5个月来，"要素交易计划"的执行绩效显然低于目标，相差大约5%。表面上看起来，这种程度的绩效差异并不值得强调，因为商品与外汇交易不同于收益稳定的年金或公债。如同本书稍早提到的，交易结果总是会有起伏落差，总是会碰到连续亏损的交易、星期、月份乃至于年份。

实际操作绩效之所以不符合目标，主要是因为缺乏"底线交易"，也就是缺乏那些导致操作得以获利的标准交易。一般来说，我的交易之中，大约有10%属于底线交易，也就是具有下列条件的交易：

·由明确的价格形态突破，突破之后的走势很干脆，没有回测形态边界或冰线。
·趋势稳定发展，直到行情满足形态蕴含的目标价位。
·报酬大约是资产的2%。

过去长久以来，我每个月平均大约会有一两笔底线交易。事实上，为了有效运作"要素交易计划"，我每个月需要一两笔底线交易。

2009年12月至2010年4月的交易期间内，"要素交易计划"总共只有

2笔底线交易。缺乏底线交易是导致绩效不符预期的主要原因之一，但我还想知道影响绩效的其他负面因素。

表13.4列举"要素交易计划"过去5个月内，各种进场信号类型的绩效。

表13.4　要素交易计划信号分类绩效

信号类别	修正基准	2月份进场交易笔数与%
主要形态		
完成	23	$ 6,089
预期	9	$ 4,003
加仓	2	- $ 336
次要形态		
整理	10	$ 884
反转	12	- $ 1,658
直觉交易	4	$ 471
其他交易	8	- $ 3,960
总计	68	$ 5,493

这段时间内，主要形态提供的交易机会显然最好。次要反转形态与其他交易则造成最主要的负面影响。次要反转形态的交易，有些形态运行周期太短而不符合交易准则，所以属于正统"要素交易计划"范围之外的交易。所以，将来需要更有效地管理这类交易。

我还希望通过其他几种基准来观察交易绩效。表13.5显示价格形态发展期间长度与交易绩效的关系。

表 13.5　要素交易计划绩效与形态发展期间

日线图形态期间	总盈亏*
1 至 4 周：没有关联主要形态	-$2,157
1 至 4 周：关联主要形态	$4,644
5 至 8 周	$1,274
9 至 13 周	-$1,254
14 至 18 周	$1,996
18 周以上	$991

* 每交易单位 $100,000

根据这些资料观察，我们看到为期 1 至 4 周的短期价格形态之中，跟主要形态有关的形态，其总获利为 $4,644，而跟主要形态无关的形态，则导致显著的亏损。所以，有关短期形态的分析，我们需要考虑较长期形态。运行时间为 16 至 18 周的主要形态突破信号，它们对于交易绩效的贡献也很大。

其次，表 13.6 根据出场策略分析交易绩效。

表 13.6　要素交易计划绩效与出场策略（2009 年 12 月至 2010 年 4 月）

出场策略	交易笔数	总盈亏
发生其他形态	3	$156
最近交易日法则	25	$10,411
最近小时法则	2	-$935
迅速获利	4	$4,701
回测失败	17	-$3,225
目标价位	9	$10,959
追踪性停止法则	10	$6,448

* 某些交易如果分批出场，则会重复计算。盈亏定按照单位交易资本 $100,000 计算。

表面上看来，这些结果都是理所当然的，没有什么意外。根据最近交易日法则止损的头寸，自然会发生亏损。反之，在目标价位结束的头寸，当然都是获利的。可是，如果进一步根据信号类别来分析出场策略，或许可以得到一些启示。

我非常反对根据技术指标来对短期交易信号进行最佳化。相较于交易机会的辨识，我更强调交易与风险管理。

关于如何获利了结，如果采用积极的资金管理，可以改善底线交易结果，也可以降低账户净值波动。我根据下列准则，测试本书讨论的实际交易信号：

- 删除其他交易。
- 所有剩余的交易都采用保护性停止策略（如同实际操作的情况）。
- 所有的交易都在预定金额获利了结（主要突破信号与其他信号采用不同的金额）。

这个风险与交易管理模型可以提升获利，大约由实际结果5.5%增加到21.3%。可是，这毕竟只是假设性的绩效。如果真正运用于将来，未必能够真正产生类似的结果。

就最近5个月的市况来看，迅速获利了结，当然是明智之举，但相同策略如果运用于2007年与2008年，将有一大段获利潜能留在账面上。

如果我有更充裕的时间整理本书，应该会另外考虑几种交易和风险管理策略（或许将来会这么做），包括：

- 如果删除运行时间少于4至6周的所有次要形态信号（尤其是反转信号），对于长期绩效的影响将会如何？
- 对于那些先前已经迅速获利了结的交易，假定行情随后回测起始进场价位。这种情况下，如果重新建立头寸，将会有何影响？

- 对于主要突破信号，如果保留半数仓位而采用"目标价位的最近交易日法则"，结果将会如何？
- 所有交易的信用杠杆都一律标准化，这对于长期绩效将有何影响？目前，我的交易会根据几个因素调整信用杠杆。

关于前述最后一点，我针对这段时间的所有交易信号做历史测试，然后比较实际交易承担风险（资产的 0.3%—1.2%）与固定风险（起始停损固定为 0.7%）的结果。

如果每笔交易都固定承担 0.7%的风险，这段时间的绩效，将由实际的+5.5%，提升为+8.2%。这代表什么意思？对于交易是否能够获利，我的主观判断相当不准确！

交易计划（身为交易者的我）如何演变？

我不确定每年从实际交易中获取多少崭新的教训或启示。我想，这基本上只是由不同角度、不同层面或不同立场来体会过去已经了解的知识（很多情况下，可能是不断重复体会）。

通过实际操作汲取有关交易的启示，事实上也就是汲取有关自己的启示。每个人采用的交易方法，将反映交易者本身的个性与特质——不论好坏、美丑。面对交易计划的缺失，也就等于面对交易者本身个性上的缺失。

想要营造交易计划的竞争优势，交易者首先必须体认自己个性上的长处。有句话说，想要了解一个人的真正个性与本质，应该观察他如何从事投机活动。

请注意，交易者千万不要根据最近一笔或几笔交易的盈亏，或最近一两个月的交易结果，修改交易计划内的准则。我相当反对这类的最佳化程序，尤其是借由价格衍生的技术指标，用以寻找交易机会。

交易方法的根本概念或建构可能存在瑕疵，需要持续改进、更新。根据我的经验，这些概念大多应该是处理资金管理议题，或处理交易计划实际执行的议题。

身为交易者，我们必须试着了解过去，即使我们再也不能改变过去。所以，我们应该思考：

- 影响交易绩效的因素有哪些？
- 为了提升交易绩效，应该如何修改交易计划、交易法则或准则？
- 这些修正只是反映最近交易的最佳化程序，或真能影响未来的绩效？

关于2009年12月至2010年4月之间所进行的交易，我相信有3个因素对于交易绩效造成负面影响，其中有一项超越我能够控制的范围。

1. 缺乏"最佳门面交易"的价格形态。这是不受我控制的因素。如同第14章谈到的，本书讨论期间（2009年12月至2010年4月），总共只有3个称得上是"最佳门面交易"的形态排列，我完全错失了其中一个。就5个月的交易期间来说，通常大概应该有5—7个"最佳门面交易"才算正常。

2. 交易类别错置。我接受过多运行时间太短的形态信号。我也采纳太多对角形态信号。

3. 不当的交易管理技巧。我采用的主要交易管理技巧包括：最近交易日法则、追踪性停止法则、回测失败法则，以及后续形态介入法则。这些法则是经过长期发展、调整而成，主要功能是避免交易损失扩大，或避免头寸由盈转亏。这些技巧的效果通常都不错，但也有发挥不理想的时候。

过去5个月期间内，我有很好的机会仔细检视这些交易管理技巧，让我更深入理解每种技巧与市场行为之间的关系。关于这些法则，我取得一些结论。更明确来说，我认为每个技巧并非同样适用于所有信号类别。

第Ⅲ篇的导论曾经提到，编写本书可能迫使我要更接近市场，让我再也不能跟每天行情波动之间保持适当的距离，如此将对交易绩效产生不良影响。事后回顾，我觉得这方面的忧虑是有根据的。事实上，我相信，我因为太接近市场而导致获利绩效至少减半。我应该减少暴露在市场的时间。身为交易者，除了需要递入交易指令，不必要的情况下，应该尽量避免接触市场。

摘要总结：运用于将来的最佳实践

如果想根据最近几个月运用最顺利的手段，用以修改未来的交易方法，这是相当危险的。凡是能够改善过去交易绩效的手段，运用于将来往往反而不利于交易。

在这个前提之下，"要素交易计划"将纳入最近几个月份学习的4项教训。

1. 删除所有运行时间不足6个星期的形态信号，除非该形态直接涉及更大型价格形态的发展，尤其是有关周线形态之建构或形态完成。
2. 更严谨评估对角状形态，尤其是趋势线和通道。
3. 对于周线图形态的突破，其发展应该给予更大的缓冲空间。事实上，潜在的"最佳门面交易"应该只采用最近交易日法则作为风险管理准则。
4. 除非是根据主要突破信号建立的头寸，所有其他交易都尽可能在几天之内迅速获利了结。（这点可能是交易计划的最剧烈改变。）

过去 5 个月以来，我有太多笔交易刚开始是获利的，最终却以赔钱收场。交易者虽然不可能完全掌握市场所提供的最大获利，但确实可以调整操作程序，对于那些不属于主要形态的突破信号，加快获利了结的步调。

这些调整会让交易计划在执行上变得更复杂，因为不同的信号类别，将采用不同的交易管理方法。可是，这毕竟只是战术上的考量，只涉及交易管理的问题。我相信，这些调整可以改善长期获利能力，并且降低账户资产的波动程度。

在走势图的最右端进行交易

芝加哥期货交易所的某位交易老手，给了我一个最棒的建议。这位顶尖好手表示，"在走势图的最右端进行交易"。

换言之，价格形态交易的最佳决策，应该尽可能延迟、再延迟！不要预期价格形态将如何发展，让走势图自行展现；不要预先判定突破；不要认定价格形态将如何演变。

交易者不需太在意盈亏本身，注意力应该完全摆在价格形态的信号。

非常睿智的建议！

我根据最近的交易表现，整理了一份有关最佳交易常规的清单。我相信，这份清单应该可以提供给很多形态交易者参考，不论各位是初学者，或正在因为交易绩效不彰而困扰，或只是想进一步提升已经相当成功的交易方法。

我以及其他形态交易者可以注意的一些做法：

- 对于特定市场，每个星期研读周线图的次数不要超过一次，每天研读日线图的次数也不要超过一次。除非是在开仓时设定保护性止损，否则不要关心盘中走势图。
- 开盘之前预先决定交易指令。如果可能的话，尽量采用"取消前继续有效"的交易指令。避免在交易冷清的隔夜电子盘递单，譬如：作物、肉品与纤维。

- 根据主要突破信号进行的交易，每个星期调整停止点的次数不要超过一次。
- 对于错失的交易机会，不要追价。市场永远都还有其他交易机会。追价会导致交易者严重违反其他法则。
- 局限盘中行情波动的曝险程度。
- 凡是不属于主要突破信号的交易，应该更积极获利了结。
- 预先递入获利了结的停止单。一旦在某市场获利了结，几天之内避免在该市场进行交易。
- 周末绝对不持有亏损头寸过夜。到了星期五还处于亏损状态的头寸，必须认赔。
- 不要执着于某特定市场或先前错失的机会。市场永远有其他交易机会，永远有其他价格形态以供运用。
- 不要在意其他交易者、分析师的做法或看法。专心自己的交易。
- 站在走势图的最右端进行交易（参考前文）。
- 对于每个交易市场，应该保有一年期的连续日线图，定期研读。考虑交易的任何价格形态，应该是最近一年内的最佳5个标准价格形态之一。
- 价格形态的运行时间少于6—8个星期，最好不要考虑交易。

编写本书所给我的经验和启示，相信将有助于我将来的交易。我花费在本书上的时间与精力，虽然远超过当初的预期，但我相信我将因此成为更棒的交易者。

我希望本书的读者也能够同样受惠。

第14章 最佳门面交易

本章整理 2009 年 1 月至 2010 年 4 月之间的"最佳门面交易"（Best Dressed List）。最佳门面交易是指传统价格形态理论的典型案例，评估准则包括：

- 周线图上"毫无疑问的"经典价格形态，涵盖期间至少为 10—14 周。
- 日线图上存在对应的价格形态。
- 有效、明确地突破形态界线或冰线，（几乎）没有回测。
- 向形态蕴含目标价位明确发展的趋势。

"要素交易计划"有没有参与这些"最佳门面交易"，不是此处考量的重点。可是，在某种限度上，"要素交易计划"的长期获利能力，将取决于参与这些交易的情况。

表 14.1 列举 2009 年 1 月至 2010 年 4 月期间"最佳门面交易"的相关市场。

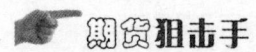

表 14.1 最佳门面交易（2009 年 1 月至 2010 年 4 月）

价格形态	市场	突破日期	完成目标日期	目标幅度*
周线线日线：7 个月双重底	澳元/美元现货汇率	2009.4.30&2009.5.1	7.8	941 小点
周线线日线：14 个月三角形与 9 个月下降三角形	欧元/瑞士法郎现货汇率	2009.12.18	3.23	676 小点
周线与日线：9 个月趋势与 6 个月楔形日线（相同，另有 5 周通道）	欧元/美元现货汇率	2009.12.4&2009.12.7	2.4	1052 小点
周线与日线：16 周形底部	英镑/美元现货汇率	2009.5.8	6.3	1448 小点
周线与日线：4 个多月头肩底	新西兰美元现货汇率	2009.5.19	9.7	1015 小点
周线与日线：6 个月失败的上升三角形	美元/加拿大元现货汇率	2009.4.24	5.29	1122 小点
周线与日线：8 个月的头肩底	S&P 指数	2009.7.23	目标价为 1246	未达成
周线与日线：14 个月的三角形与 3 个月的三角形 日线：6 周的楔形与 3 个月的三角形	糖	2009.5.1&2009.12.14	2009.8.6&2010.1.6	784 小点
周线与日线：7 个月的等腰三角形	黄金	2009.9.2	11.4	每盎司 S112
周线与日线：一系列整理形态	铜	许多	许多	无资料
周线与日线：23 周的头肩底	10 月份原油	2009.5.6	6.10	1280 小点

*形态完成所蕴含的走势幅度。

澳元/美元汇率的7个月双重底

4月底的涨势,让周线图与日线图上的双重底得以完成(请参考图14.1与14.2)。日线图的走势可以用"复杂支点"(Compound Fulcrum)来描述,这是OX图的用语。对于传统价格形态理论,复杂支点底部类似于向上突破的复杂头肩顶。

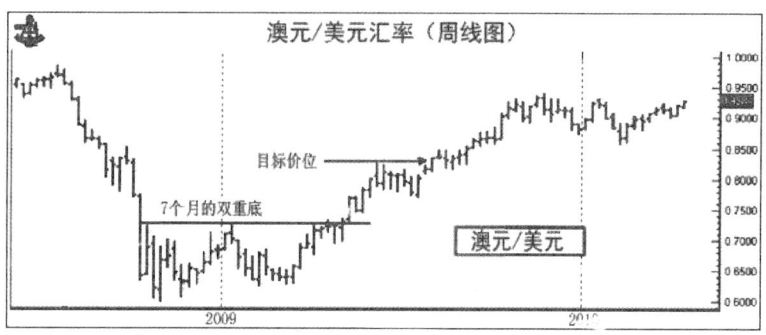

图14.1　澳元/美元汇率周线图:双重底

图14.2　澳元/美元汇率日线图:双重底

4月中旬，市场一度过早突破，但4月30日的涨势和5月1日收盘价还是有效向上突破。目标价位8289在7月28日达成。6月份与7月初的整理走势有些棘手，但最终在7月14日出现鱼钩加仓买进信号。

欧元/瑞士法郎汇率的14个月三角形与9个月下降三角形

2009年12月，欧元/瑞士法郎汇率同时完成了两个价格形态：14个月的6端点（标示为A—F）三角形形态以及9个月的下降三角形。最初目标价位在3月底达成。

图14.3为周线图，图14.4为日线图。我完全错失了这个交易机会，一直到走势发动之后才察觉。

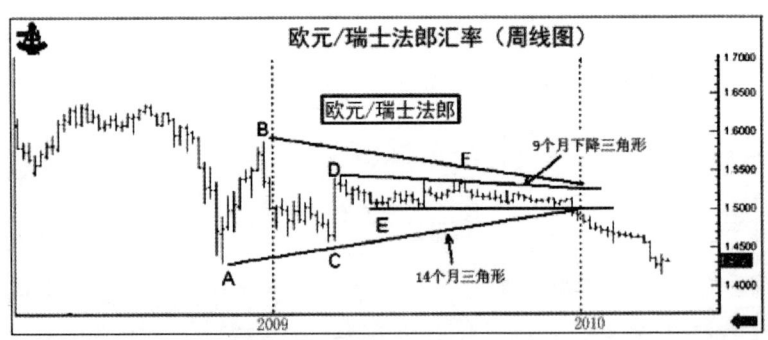

图14.3 欧元/瑞士法郎汇率周线图：下降三角形与等腰三角形

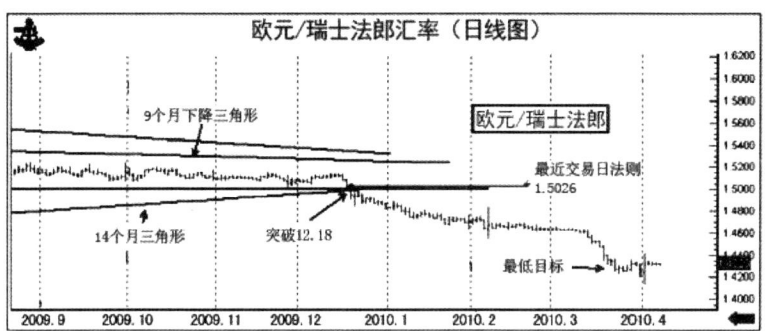

图 14.4 欧元/瑞士法郎汇率日线图：突破形态，完成目标价格

欧元/美元汇率的 6 个月楔形形态

12 月初的跌势，除了贯穿 9 个月的趋势线，也同时完成了周线图上的 6 个月楔形形态（请参考图 14.5），另外也完成了日线图上的 5 周通道形态（请参考图 14.6）。

形态蕴含的目标价位，完成于 2010 年 2 月 4 日。3 月份至 12 月份之间的涨势相当棘手，曾经数度出现过早突破与假突破，最后才出现有效的向下突破。

关于我个人的操作，这笔交易显然太早获利了结，价格目标的设定采用 5 周通道，而不是 6 个月楔形。

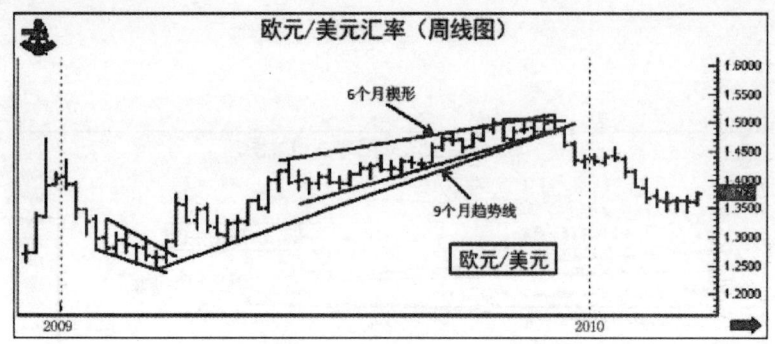

图 14.5　欧元/美元汇率周线图：主要趋势线与楔形

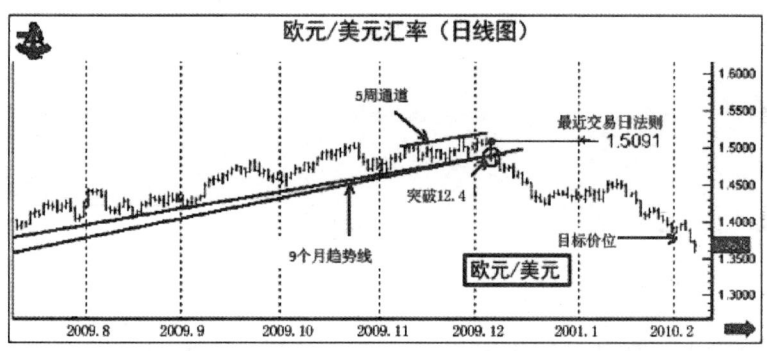

图 14.6　欧元/美元汇率日线图：突破形态，完成初步目标价格

英镑/美元汇率的 16 周牛角形形态

延续 2008 年的漫长跌势，英镑/美元汇率呈现罕见的 16 周牛角形底部形态，该形态完成于 5 月 8 日。请参考图 14.7 的周线图。

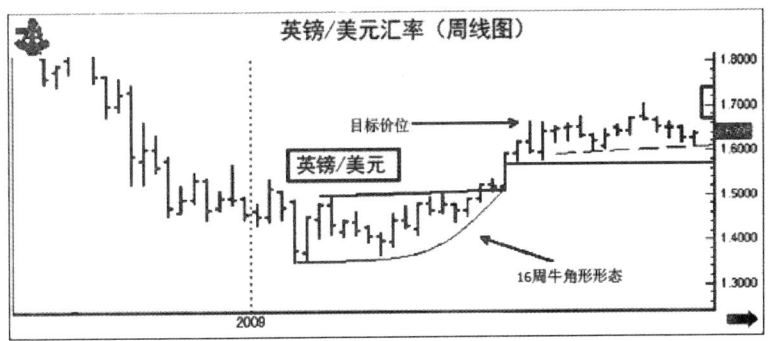

图 14.7　英镑/美元汇率周线图：16 周牛角形形态

图 14.8 是对应的日线图，价格向上突破之后，停在冰线附近盘整一阵子，但没有威胁到最近交易日法则设定的止损，然后稳步上涨，6月3日完成目标价位。

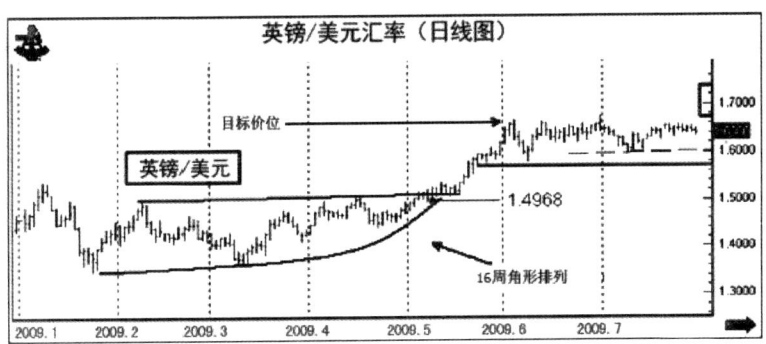

图 14.8　英镑/美元汇率日线图：形态突破，完成目标价位

新西兰元/美元汇率的 4 个月头肩底形态

5月19日，新西兰元/美元汇率涨势完成了周线图上 4 个多月的头肩底形态（请参考图 14.9）。

请注意,右肩的运行时间,较左肩来得短。头肩形态虽然最好是左右对称,但相较于右肩延长来说,右肩缩短是比较可靠的。

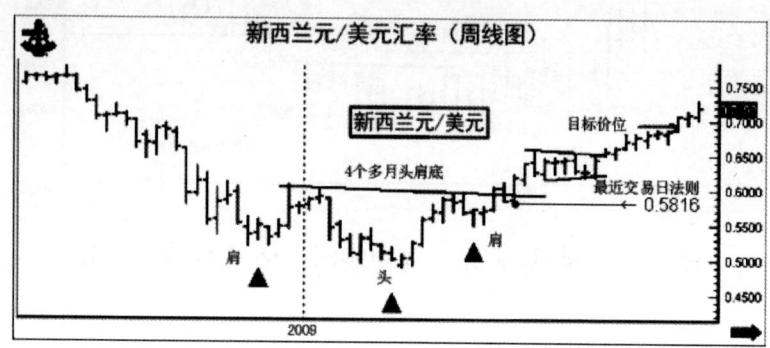

图 14.9　新西兰元/美元汇率周线图:头肩底与三角形整理形态

请观察日线图(图 14.10),5 月 8 日首度向上突破之后,价格很快在 5 月 11 日拉回颈线,但 5 月 19 日收盘价则有效向上突破,形态蕴含的目标价位在 9 月 7 日达成。

经过 5 月底的一段急涨走势之后,市场出现为期 6 周的三角形整理形态。这代表很好的加仓机会。

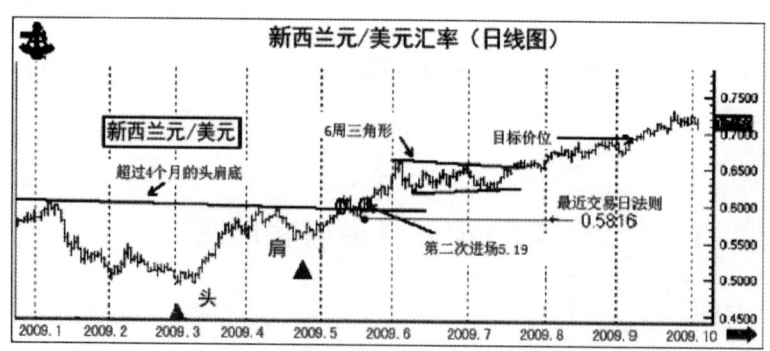

图 14.10　新西兰元/美元汇率日线图:形态突破

美元/加元汇率的6个月失败上升三角形

本书第4章曾经讨论过这个例子。4月份的跌势,完成了周线图上的失败上升三角形形态,请参考图14.11。

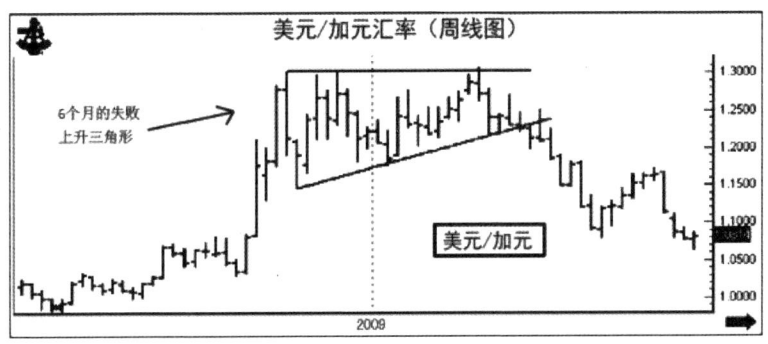

图14.11 美元/加元汇率周线图:上升三角形形态向下突破

这个形态之所以称为"失败",是因为直角三角形通常都会朝水平边界进行突破。图14.12的日线图显示4月14日曾经出现过早突破,价格随后又折返形态区间。

到了4月24日,价格进行第二次突破而完成这个失败形态。目标价位完成于5月29日。

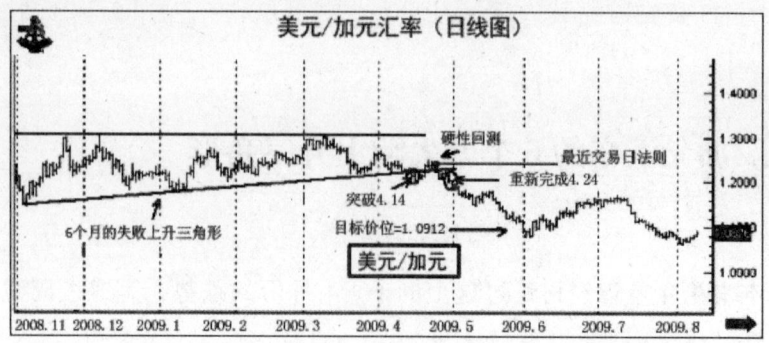

图 14.12　美元/加元汇率日线图:失败形态突破与重新完成

S&P 指数的 8 个月头肩底形态

每年都至少会出现一个令我难以置信的价格形态。碰到这种情况，我通常都会逆势操作，结果也总是赔钱。

2009 年（延续到 2010 年）的案例，就是这个 S&P 500 指数。我看到 S&P 迷你合约周线图呈现为期 8 个月的头肩底形态，请参考图 14.13A。

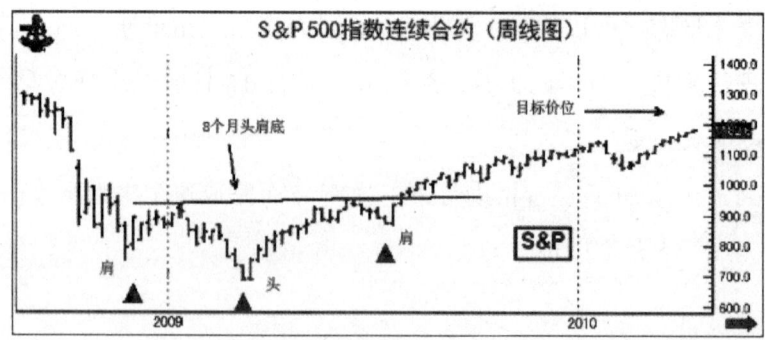

图 14.13A　S&P 指数周线图的头肩底：2008 年崩跌走势的反转

7月23日突破的最近交易日法则止损从来没有受到威胁，请参考图14.13B。

这个形态蕴含的上档目标价格还没有达成，至于最终是否能达成，交易者各有看法。

图14.13B　S&P指数日线图清楚显示头肩底突破

糖的14个月等腰三角形

这个市场的主要价格形态为周线图上的14个月等腰三角形，完成于2009年5月1日，请参考图14.14。

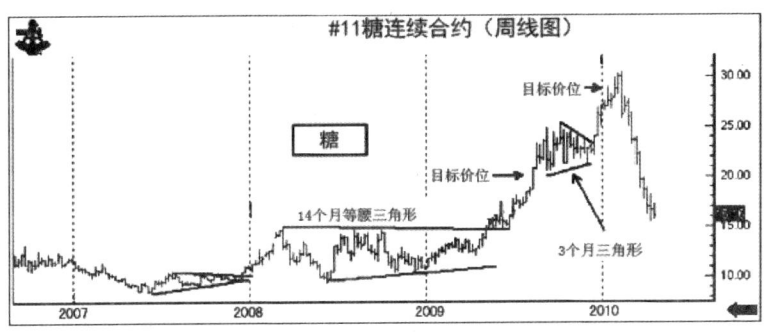

图14.14　糖周线图的2007至2009年多头市场：价格形态案例研究

形态蕴含的目标价位在 8 月 6 日完成。这个趋势的发展过程，曾经出现几次加仓机会（图形没有显示）。日线图上的对应形态，是通道与楔形形态，如同 2010 年 5 月份合约周线图显示的。

周线图与日线图上都发展出明确的整理形态，完成于 2009 年 12 月中旬。形态蕴含的目标价位很快在 1 月 6 日达成。

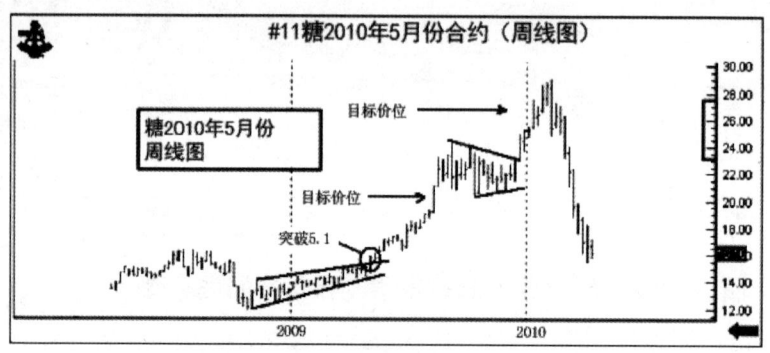

图 14.15　2009 年 5 月份糖合约：楔形与等腰三角形驱动的多头行情

黄金的 7 个月三角形形态

黄金市场的整年发展，一直呈现价格形态不断重新界定的情形，如同日线图显示的，价格形态完成之后，随后的发展总是失败，然后演变为另一个更大型形态的一部分。

由 2 月份到 9 月初，情况始终是如此。图 14.16 显示周线图这段时间的整理。本书第 6 章的个案研究，我曾经详细介绍黄金 2009 年走势不断重新界定的情形。

这段整理形成为期 7 个月的等腰三角形。9 月 2 日，当天价格每盎

司上涨 $22，完成了等腰三角形，请参考图 14.17。经过长达 7 个月买低卖高的区间操作之后，心态上很难在价格上限趁着强劲涨势建立多头头寸。可是，在收盘价向上突破当天买进，结果通常都是正确的。

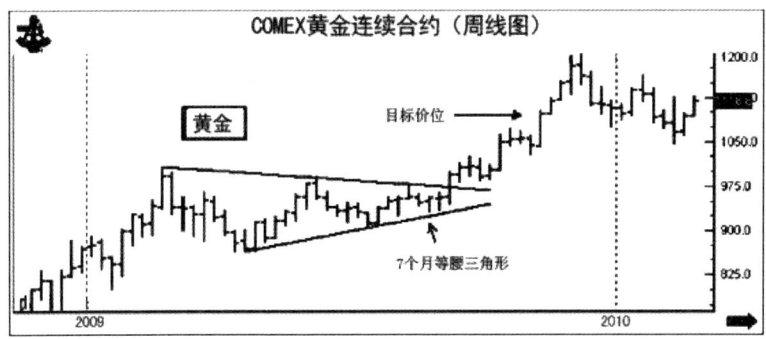

图 14.16　黄金周线图：7 个月的等腰三角形

图 14.17　黄金日线图：等腰三角形突破

市场经常通过长期盘整而磨光交易者的耐心。所以，等到突破真的发生时，交易者往往会心存犹豫，不敢采取对应的行动。这些年来，我碰到太多这类情况。过早的突破让我赔了不少钱，等到有效突破出现时，我已经缺乏信心了。

市场总是想要你跟钱分手

投机资本市场存在的宗旨,是把多数人财富集中到少数人身上;长期而言,如果不能达到这个目的,投机市场就不会继续存在。这个说法如是真的成立,那意味着市场总是想要你跟钱分手。当然,这并不是说市场具有意识,并以此为目的。市场并不是一种人格化的实体。虽说如此,但我相信市场会透过某种有系统的方法办到这点。

铜的一系列整理形态

图 14.18 是个相当好的案例,说明主要趋势如何由一系列小型整理形态构成。就这份日线图来看,其中包含 5 个价格形态,平均期间 7 个星期,而且都排列在 10 个月主要趋势线的上方。

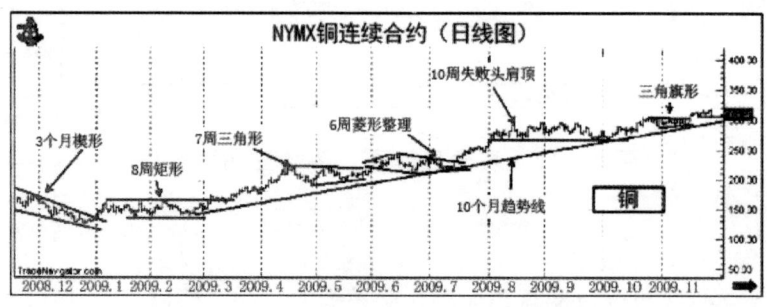

图 14.18　铜日线图:许多整理形态

我必须承认,对于这一系列的形态,事后观察是更容易辨识的。所以，由事后观察，这个趋势的发展确实很漂亮，但当时并不容易进行交易。

原油的头肩底形态

一般来说，最好的周线图，是反映最近交割月份合约的走势图，运行时间或是持续到第一交割通知日，或是到合约到期日。

我同时也会观察交投最活跃合约的周线图。这种走势图经常能够提供重要信息。最后，有些时候，某特定远期月份合约周线图反而能够显示最明确的价格形态。

2009年的原油市场就是如此。请参考图14.19，这是2009年10月份合约的周线图。5月初的涨势，完成了为期23周的头肩底。

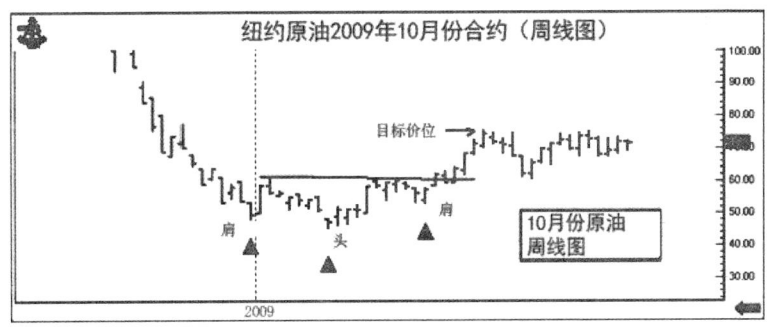

图14.19　2009年10月份原油周线图：头肩底形态

图14.20是10月份合约的日线图，这是份收盘曲线图，由于视觉上没盘中价格的干扰，能够更清楚看到突破发生当时的情况。头肩底在5月6日完成，经过一星期的横向整理之后，走势直接在6月10日

达到目标价位。请记住，收盘价是每天最重要的价格，其他都是杂音。杂音往往会造成严重干扰。

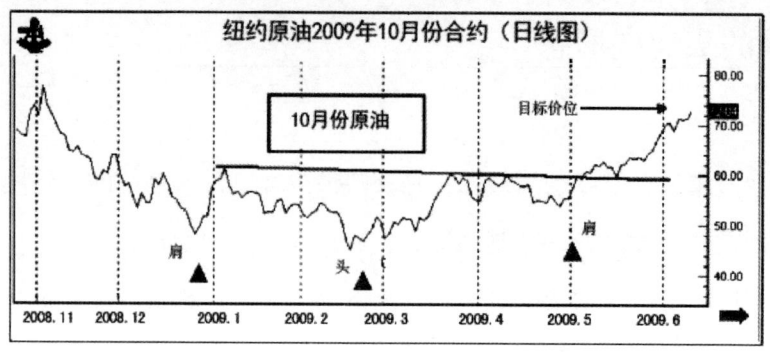

图 14.20　2009 年 10 月份原油收盘日线图：头肩底

摘要总结

每年所谓的"最佳门面交易"，形态素质未必相同。举例来说，2008 年就出现不少很棒的周线形态，突破走势干脆，后续的趋势也很明确，尤其是原物料商品市场。"要素交易计划"的绩效，相当仰赖这类形态的高获利能力。如果不能掌握这类机会，我的交易情况恐怕很不乐观。

对于本书讨论的 5 个月期间内，最佳门面交易的案例相对较少。事实上，自从去年 12 月以来，达到形态蕴含目标价位的最佳门面交易只有 3 笔：欧元/美元汇率、欧元/瑞士法郎汇率与糖多头市场的最后涨势。我没有完全掌握欧元/美元汇率的机会，欧元/瑞士法郎的机会则完全错失。

某些年份会出现较好的价格形态，行情发展比较适合形态交易者，但所有的形态交易者都必须体认一项事实。过去有很好的形态交易机会，将来也会有很好的形态交易机会。交易者的最重要资产，就是账户净值。所以，当市场没有提供很好的交易机会，或交易者跟不上市场的脉动，绝对要谨慎保障账户净值的安全。

记住，价格形态显著而趋势明确的行情，我们很容易在商品/外汇市场赚钱，但真正的挑战，是发生在交易不顺手的市况。

后记

本书交易日志的最后一笔记载,是发生在 2010 年 4 月 20 日。目前已经是 2010 年 6 月初,我希望借此最后机会,补充本书的某些内容,并且趁机更新"要素交易计划"。

最后绩效

5 月份是 2010 年截至目前交易绩效最棒的一个月份。我在 4 月 20 日截止了本书的交易日志,其累积获利为 5.4%。读者应该还记得,这段时间原本设定的获利目标为 10%—15%,显然太过乐观。

由 4 月 20 日开始(交易日志终止日期),到 5 月 31 日为止,"要素交易计划"进行得相当顺利,由 2009 年 12 月 7 日(交易日志开始记载的第一天)以来的 6 个月期交易绩效(截至 5 月底为止),累积获利为 +9.6%。这是 Factor LLC 基金交易的实际获利。最近 5 个星期的交易获利主要来自两个市场。

股票市场下跌

如同图 PS.1 显示的,道·琼斯工业指数 6 月份合约在 5 月 4 日完成了头肩顶形态,我在这个头部建立空头。价格形态蕴含的下档目标在10630。行情很快就达成目标价位,甚至远远超越。持续到5月13日的回测反弹走势,发展为楔形形态,这也是建立空头头寸的良机。

图 PS.1　道·琼斯工业指数日线图:小型的头肩顶

现在,多个月期的头肩顶逐渐成形,空头似乎处于上风,掌控行情发展。

澳元/加元的区间交易向下突破

读者或许还记得本书第11章讨论的图11.5与图11.6,澳元/加元汇率日线呈现三角形形态,但突破位置太接近三角形的尖端。当时,我的交易由空转多,再由多转空,结果每笔交易都发生亏损。

图 PS.2 显示区间交易最终向下突破。5月11日的跌势,完成了为期14周的矩形形态,以及6个月期的潜在下降三角形。这份走势图可以入选 2010 年的"最佳门面交易"。形态蕴含的下档目标价位已经达成。

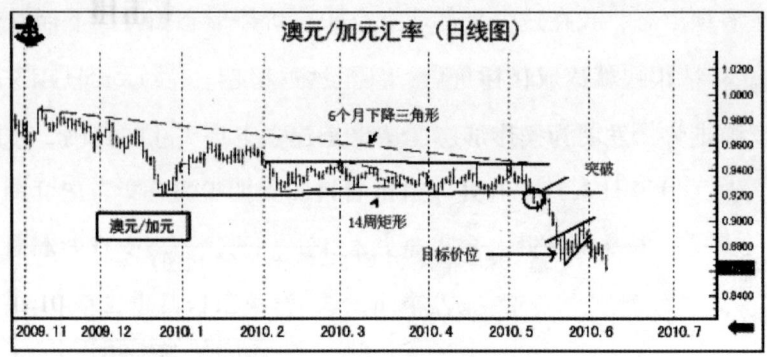

图 PS.2　澳元/加元汇率日线图：主要卖出信号

与其他基准比较的绩效

对于商品交易者来说，过去 6 个月是相当艰困的期间。表 PS.1 列示 Factor LLC 进行之实际商品/外汇交易的结果，并且与期货/外汇产业常用的某些绩效基准做比较，这些基准包括：领先商品交易基金指数（Lyxor CTA Index）、巴克莱避险新优势商品交易基金指数（Barclay Hedge Newedge CTA Index）和 S&P 500 指数。领先与巴克莱指数是追踪商品与外汇市场交易基金的绩效。

表 PS.1　绩效比较:要素交易计划 VS 行业基准，2009 年 12 月至 2010 年 5 月

资产	最近月份 （2010 年 5 月）	最近 6 个月 （2009 年 12 月至 2010 年 5 月）
要素交易计划	+7.8%	+6.2%
年度目标报酬率	+1.5%	+9.0%
S&P500	(9.2%)	(0.5%)
巴克莱避险新优势商品交易新基金指数	(1.4%)	(1.3%)
领先 TS&LT 商品交易基金指数（相等权数）	(0.2%)	(2.38%)

附注：要素交易计划的绩效，是以 Factor Classic Fund 的绩效为准，考虑所有的费用。

资料来源：SPX 收盘价；Factor 内部稽核数据；www.BarclayHedge.com；
www.lyxorHedgeindicies.com。

请注意，以上只是针对某特定期间的绩效作比较；至于其他期间，这些数据未必具有代表性。换言之，对于任何其他期间，"要素交易计划"的绩效，可能优于或劣于行业基准。

总结

本书乃深入观察 6 个月的交易状况。老实说，6 个月或甚至 1 年，都是很短而未必具有代表性的期间。最后，我希望借由这 6 个月的交易，综观我的交易生涯。

图 PS.3 显示我整个交易生涯的交易绩效，由 1981 年到 2010 年 4 月为止，方框标示本书讨论涵盖的期间。这份图形显示加值月份指数（Value Added Monthly Index）的成长情况，假设起始交易资本为 $1,000。

这份图形做了必要的调整，用以反映目前交易使用的信用杠杆，是 1981 年至 2008 年期间的 1/3。所以，就 1981 年至 2008 年底的自有资金交易绩效月份报酬来说，VAMI 计算只采用相关数据的 1/3。2009 年之后的绩效，VAMI 计算则采用实际取得的绩效数据。

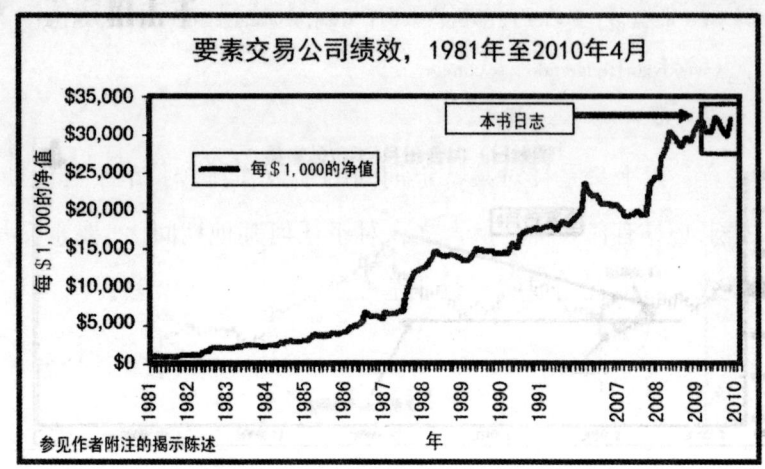

图 PS.3　要素交易公司的绩效，1981 年至 2010 年 4 月

附录1
要素交易计划信号一

表 A1 列示"要素交易计划"采用的信号和交易,涵盖期间为 2009 年 12 月 7 日至 2010 年 4 月 20。截至 4 月 20 日还没有平仓的交易,根据当时市场价格进行结算。关于这些绩效数据的完整解释,请参考"附注"的揭示陈述。

表 A1 Factor Classic LLC 2009 交易日志记录

每$1000,000 交易资本

*汇率交易数量表示为第一种货币的币种

有些分批出场
截止日期 2010 年 4 月 20 日

日期	市场	月份	盈/亏	进场价格	合约每$100K*	LDR止损	起始止损	起始风险百分比	目标价位	信号类别	形态长度	日线形态	周线形态	其他	停止点	出场日期	出场价格	净盈亏每$100,000	净盈亏每单位	出场法则
12.7	欧元/美元	当月	亏	1.4796	-35000	1.5092	1.5096	1.1	1.4446&1.3972	主要形态突破	5周	通道	月通道		12.9 于 15009	12.17	1.4446	$0	1.4446	目标达到
12.9	英镑/美元	当月	亏	1.6228	-65000	1.6376	1.6386	1.0	1.5668	次要反转	9周	头肩顶			12.21 于 25.29	12.16	1.6386	$1,215		LDR止损
12.11	糖	3月	盈	2371	0.5	2312	2298	0.7	3500	主要形态突破	14周	通道		6周头肩	12.24 于 2496	12.22	2528	[$1,037]		移动止损
12.11	糖	3月	盈	2371	0.5	2312	2298	0.7	2736	次要反转	14周	通道		6周头肩	12.21 于 25.29	12.28	2736	$874	$1,748	目标达到
12.14	棉	3月	盈	7522	1.0	7381	7378	0.8	7880	主要形态突破	3周	旗形			12.17 于 4004	12.22	7421	$2,039	$4,078	目标达到
12.15	豆油	3月	盈	4037	0.7	3958	3949	0.7	保持	其他	17周	等腰三角形	可能的12月支点	回测11.13缺口	12.17 于 9021	12.17	4003	[$515]	[$214]	回测失败
12.16	澳元/美元	当月	亏	0.8989	-45000	9140	9142	0.7	8486	主要形态突破	11周	头肩			12.24 于 8871	12.28	0.8872	$150		回测失败
12.16	DAX	3月	盈	5870.5	0.5	5759	5757	0.7	6390	主要形态突破	5周	上升三角形	3月麦形整理		12.21 于 5933	1.21	5833	$517		移动止损
12.17	英镑/美元	当月	亏	1.6224	-40000	16342	16281	0.5	1.5668	次要反转	9周	头肩顶		二次完成	12.29 于差别价格	12.30	1.5987	[$665]	[$1,330]	LDR止损
																		$938		其他

续表

日期	市场	月份	盈/亏	进场价格	合约每$100K*	LDR止损	起始止损	起始风险百分比	目标价位	信号类别	形态长度	日线形态	周线形态	其他	停止点	出场日期	出场价格	净盈亏每$100,000	净盈亏每单位	出场法则
12.17	豆油	3月	亏	3929	0.7	4080	4016	0.4	3743	直觉	5周	头肩顶			12.23于3971	12.28	3971	[$176]	[$262]	回测失败
12.17	黄豆	3月	亏	1024	1.0	1071	1042	1.0	956	其他	5周	头肩顶			12.21于1041	12.28	1041	[$860]		LDR止损
12.17	迷你纳斯达克	3月	盈	1821	0.5	1803	1802	0.3	1876	次要整理	3周	上升三角形				12.28	1876	$683	$1.365	目标达到
12.21	美元/加元	当月	亏	1.0378	-40000	1.0446	1.0454	0.5	1.0106	次要反转	9周	下降三角形				12.30	1.0456	[$308]		LDR止损
12.29	澳元/美元	当月	亏	0.8939	-120000	9012	9022	1.0	8486	主要形态突破	11周	头肩顶	4月矩形	回测		1.4	0.9024	[$1,140]		LDR止损
12.31	糖	7月	盈	2324	1.0	2270	2269	0.6	保持	主要形态突破	2周	下降楔形			1.8于2297	1.11	2297	[$312]		LDR止损
1.4	谷物	3月	盈	425.2	1.0	415	414.4	0.6	468	次要整理	10周	上升楔形	主要下降趋势			1.4	414.2	[$560]		回踩
1.4	美元/日元	当月	亏	91.69	-30000	9243	9271	0.4	87.55	次要反转	5周	上升三角形			1.20于9207 2.1于9101	2.3	91.02	$211		LDR止损
1.12	迷你斯达克	3月	盈	1862.25	1.0	1883.8	1884.5	0.6	1831	其他	2周	扩展顶		跳空缺口		1.13	1884.5	[$566]	[$635]	回测失败
1.12	公债	3月	亏	116-19	0.5	118-14 12.21	117-25	0.5	112-02	主要形态突破	17周	双重顶		回测	1.4于107-07	1.15	107-07	[$318]		移动止损
1.13	谷物	3月	亏	3802	0.5	3924	397	0.5	3310	主要形态突破	12周	等腰三角形			2.4于3702 2.12于3664	2.16	3664	$339	$678	移动止损
1.14	小麦	3月	亏	512	0.5	5256	526	0.4	461和432	主要形态突破	13周	头肩顶			1.29于5052 2.8于4964	2.10	4966	$376	$753	目标达到
1.15	欧元/日元	当月	亏	130.74	-30000	132.41	132.51	0.5	127.4	主要形态突破	3周	头肩顶	可能的11月头肩顶			1.21	127.52	$1.058		LDR止损

续表

日期	市场	月份	盈/亏	进场价格	合约每$100K*	LDR 止损	起始止损	起始风险百分比	目标价位	信号类别	形态长度	日线形态	周线形态	其他	停止点	出场日期	出场价格	净盈亏每100,000	净盈亏每单位	出场法则
1.19	迷你S&P	3月	亏	1126.5	1.0	1137	1140.25	0.7	保持	主要形态突破	13周	上升楔形	10个月的趋势线			1.19	1140.5	($710)		移动止损
1.19	糖	5月	盈	2716	0.5	2660	2654	0.4	保持	主要加仓	2周	旗形			2.2于2763	2.3	2763	$258	$516	快速了结
1.20	迷你黄金	4月	亏	1117.1	0.5	1143	1144.4	0.5	1096	首宽	3周	头肩顶	3个月的失败头部			1.21	1096	$343	$686	快速了结
1.20	迷你黄金	4月	亏	1117.1	0.5	1143	1125.1	0.1	1079	首宽	3周	头肩顶	3个月的失败头部			1.28	1079	$619	$1,247	管理
1.20	迷你黄金	4月	亏	1117.1	0.5	1143	1133.6	0.3	1033	首宽	3周	头肩顶	3个月的失败头部		1.28于1125.2 2.1于1124.3	2.3	1124.4	($125)	($251)	快速了结
1.21	迷你S&P	3月	亏	1125	0.5	1139.3	1140.25	0.4	1086	主要形态突破	3周	头肩顶	13周的楔形			1.26	1086	$970	$1,940	移动止损
1.21	迷你S&P	3月	亏	1125	0.5	1139.3	1140.25	0.4	1024	主要形态突破	3周	头肩顶	13周的楔形		2.4于1103 2.12于1084	2.16	1084.25	$1,014	$2,028	回测失败
1.21	迷你S&P	3月	亏	1125	0.5	1139.3	1140.25	0.4	1024	主要形态突破	3周	头肩顶	13周的楔形		2.5于1120.5	3.5	1120.5	$108	$215	移动止损
1.21	美钞/日元	当月	亏	146.16	-20000	149.11	148.12	0.6	140.12	主要形态突破	3周	等腰三角形	4个月的下降三角形		2.1于147.41	2.4	140.22	$1,324		移动止损

附录1　要素交易计划信号一

续表

日期	市场	月份	盈/亏	进场价格	合约每$100K*	LDR止损	起始止损	起始风险百分比	目标价位	信号类别	形态长度	日线形态	周线形态	其他	停止点	出场日期	出场价格	净盈亏每$100,000	净盈亏每单位	出场法则
1.26	欧元/日元	当月	亏	126.42	-20000	128.37	128.47	0.6	116.52	主要形态突破	43周	圆形顶	圆形顶		2.4于126.52 2.23于125.36 3.3于122.67	3.5	122.68	$819		移动止损
1.27	玉米	3月	亏	323.95	0.3	335.7	332.1	0.6	311.6&295.05	主要形态突破	3周	牛角	10月通道			2.11	311.6	$769	$3,078	目标达到
1.29	英镑/美元	当月	亏	1.6069	-30000	16180	16187	0.4	15828	改要整理	1周	旗形	可能的9月双重顶			2.4	1.5828	$714		目标达到
2.2	豆油	3月	盈	3670	0.5	3600	3573	0.3	3838 rcv 5.8	盲鸽	43周	等腰三角形			2.10于3694	2.10	3838	$499	$999	回测失败
2.4	迷你黄金	4月	亏	1067.4	1.0	1111.8	1087.2	0.7	927	改要反转	9周	下降三角形		勉强形态	2.10于1085.1	2.11	1085.2	($597)		LDR止损
2.5	英镑/美元	当月	亏	1.5661	-30000	1.5776	1.5806	0.4	1.463	主要形态突破	39周	双差顶				2.17	1.5806	($445)		回测失败
2.12	迷你原油	4月	亏	73.95	0.5	75.8	76.225	0.6	58.2	主要形态突破	52周	响形				2.16	76.25	($580)	($1,160)	回测失败
2.18	英镑/美元	当月	亏	1.5583	-40000	1.5688	1.5701	0.6	1.463	主要形态突破	8周	旗形	9月双重顶	圆套	3.16于1.5439 3.15于1.5061	3.30	1.5062	$2,074		快速了结
2.18	公债	6月	亏	115-17	0.5	116-10	116-19	0.6	113-17	主要形态突破	3周	扩展顶	可能的8月头肩顶	1周旗形	2.22于116-12	2.23	116-12	($427)		回测失败
2.19	迷你黄金	4月	盈	1099.7	0.5	1094	1089.4	0.2	1124 rcv	改要整理	11周	楔形	头肩底9/09	突破缺口	2.18于1096.3	2.19	1124	$396	$792	LDR止损
2.19	迷你黄金	4月	盈	1099.7	0.5	1094	1089.4	0.2	1223	改要整理	11周	楔形	头肩底9/09	突破缺口	2.18于1096.3	2.24	1096.2	($63)	($126)	LDR止损
2.19	十年公债	6月	亏	116-01	0.5	116-14	116-15	0.3	114-24	其他	3周	头肩顶		紧密进场		2.23	116-15	($224)	($448)	其他

续表

日期	市场	月份	盈/亏	进场价格	合约每$100K*	LDR止损	起始止损	起始风险百分比	目标价位	信号类别	形态长度	日线形态	周线形态	其他	停止点	出场日期	出场价格	净盈亏每$100,000	净盈亏每单位	出场法则
2.23	英镑/日元	当月	亏	139.36	-30000	141.68	141.23	0.8	128.1	主要形态突破	22周	下降三角形	下降三角形		2.26于13976 3.11于137.49	3.12	137.62	$565		目标达到
2.23	糖	10月	亏	2103	0.5	2155	2161	0.4	1976	次要反转	8周	矩形				3.2	1976	$706	$1,412	LHR止损
2.23	铜	5月	亏	321.4	0.5	334.35	326.7	0.6	280	其他	3周	通道	回测主厅头夹部 小时图形			2.26	326.8	[$680]	[$1,360]	LHR止损
2.25	豆油	5月	盈	3956	2.0	NA	3898	0.4	4069	次要整理	2周	旗形	10个月的三角形			2.25	3897	[$728]		LDR止损
2.25	迷你S&P	6月	亏	1085	1.0	1098.3	1098.5	0.7	保持	次要反转	5周	头肩顶	回测主厅头夹部			2.26	1098.5	[$685]		LDR止损
2.25	迷你道·琼斯	3月	亏	10234	1.0	10355	10367	0.6	保持	其他	2周	头肩顶	回测主厅头夹部 3周通道			3.1	10368	[$680]		目标达到
2.25	欧元/日元	当月	盈	0.8861	35000.0	0.8773	0.8769	0.4	9062	主要形态突破	17周	通道	14个月的头肩底			3.1	0.9062	$1,045		目标达到
2.26	豆油	5月	盈	3954	1.0	3924	3906	0.3	4069	次要整理	2周	旗形	12个月上升三角形			3.10	4069	$680		回踩
3.1	橙汁	5月	盈	14485	1.0	14070	14045	0.6	158	次要整理	9周	等腰三角形	等腰三角形		3.8于14360 3.16于14475	3.18	14455	[$55]		回测失败
3.2	迷你黄金	4月	盈	1133.6	1.0	1115.1	1114.8	0.7	1195	次要反转	9周	头肩顶	月线头肩形态不符		3.5于1124.8	3.8	1124.7	[$304]		LDR止损

附录1 要素交易计划信号一

续表

日期	市场	月份	盈亏	进场价格	合约每$100K*	LDR止损	起始止损	起始风险百分比	目标价位	信号类别	形态长度	日线形态	周线形态	其他	停止点	出场日期	出场价格	净盈亏每$100,000	净盈亏每单位	出场法则
3.3	美元/加元	当月	亏	1.0352	-50000	1.0444	1.0451	0.5	9720	主要形态突破	22周	下降三角形	下降三角形		3.10 于 1.0351 / 3.22 于 1.0332 / 3.25 于 1.0301	3.26	1.0301	$238		回测失败
3.4	黄豆	5月	亏	938.4	0.5	963	962.4	0.7	899	其他	3周	头肩顶	19周的三角形		3.5 于 950.2	3.8	950.2	[$304]	[$598]	回测失败
3.12	美元/加元	当月	亏	1.0198	-70000	10322	10326	0.8	9720	主要形态突破	22周	等腰三角形	20周的三角形		3.22 于 1.0256	3.24	1.0256	[$406]		回测失败
3.12	迷你原油	当月	亏	81.35	0.5	83475	8295	0.8	7740	主要形态突破	7周	上升楔形	菊形		3.16 于 8255	3.17	8255	[$305]		LDR止损
3.19	澳元/加元	5月	亏	0.9258	-100000	9381	9326	0.8	保持	盲宠	4周	三角形	3个月的三角形			3.19	0.9327	[$688]		移动止损
3.19	欧元/美元	当月	亏	1.353	-30000	1.3627	1.3741	0.6	1.3132	次要整理	6周	失败头肩	5月下降通道		3.27 于 1.3436	3.29	1.3474	$158		LDR止损
3.22	迷你黄金	6月		1096.8	1	1109.6	1111.2	0.6	1052	次要反转	6周	头肩月顶	3个月失败头肩			3.26	1111.3	[$489]		回测失败
3.24	公债	6月	亏	117-08	0.5	117-22	117-24	0.3	1.441	主要加仓	12周	失败的上升	12个月的头肩		4.11 于 116-01	4.12	116-02	$589	$1,178	LDR止损
3.24	英镑/美元	当月	亏	1.4916	-40000	15049	15061	0.3		次要整理	4周	旗形	双顶			3.30	1.5062	[$594]		回测失败
3.25	小麦	5月	亏	470.4	0.5	478.2	479	0.3		次要整理	新低	新低				4.7	479	[$218]		快速了结
3.25	谷物	5月	亏	358.2	1.0	366.4	367	0.3		次要整理	新低	新低		二次完成		4.14	3604	[$123]	[$435]	LDR止损
3.25	美元/加元	当月	亏	1.0192	-30000	1.0273	1.0287	0.5	9720	主要形态突破	22周	等腰三角形	等腰三角形		4.8 于 360.2 / 4.20 MTM	4.20	0.9984	$615		LDR止损
3.31	澳元/加元	当月	亏	0.9332	-30000	0.9382	0.9402	0.2	0.8812	主要形态突破	14周	等腰三角形	等腰三角形		4.5 于 0.9327	4.7	0.9327	$5		LHR止损

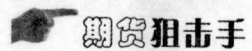

续表

日期	市场	月份	盈/亏	进场价格	合约每$100K*	LDR止损	起始止损	起始风险百分比	目标价位	信号类别	形态长度	日线形态	周线形态	其他	停止点	出场日期	出场价格	净盈亏每$100,000	净盈亏每单位	出场法则
3.31	黄豆	11月	亏	906.4	0.5	930	931.4	0.6	872/857	次要反转	8周	等腰三角形	等腰三角形		3.31于916.4	3.31	916.4	[$255]	($510)	回测失败
4.1	迷你黄金	6月	盈	1126.2	0.5	1112.1	1110.8	0.4	保持	其他	4周	通道	可能的4月头肩底		4.7于1131.8 4.12于1141.9	4.16	1141.3	$477	$954	LDR止损
4.5	澳元/加元	当月	亏	0.9238	-100000	9320	9311	0.8	8862	主要形态突破	15周	等腰三角形	等腰三角形			4.7	0.9312	[$745]		回测失败
4.5	欧元/英镑	当月	盈	0.8844	25000	8814	0.8812	0.2	9124	主要形态突破	22周	头肩底	头肩底	回测		4.6	0.8812	[$131]		LDR止损
4.7	迷你黄金	6月	盈	1151.1	1	1133.1	1131.8	0.7	1230	主要形态突破	17周	头肩底	头肩底			4.5	1131.4	[$660]		LDR止损
4.7	欧元/日元	当月	亏	124.61	-20000	126.16	126.31	0.5	112.27	主要形态突破	43周	圆形顶	圆形顶	二次完成	4.9于125.41	4.9	125.41	[$182]		LDR止损
4.9	澳元/加元	当月	盈	0.9361	20000.0	9282	9279	0.3	0.9608	次要反转	15周	等腰三角形	等腰三角形	循环	4.11于9319	4.12	0.9319	[$94]		LDR止损
4.15	黄豆	11月	盈	953	0.5	9414	940.6	0.4	998	次要反转	10周	上升三角形	上升三角形		4.20 MTM	4.20	963.2	$256	$513	快速了结
														分批出场策略		合计		$5386		
																12月		$1,413		
																1月		$6,330		
																2月		$857		
																3月		[$2,135]		
																4月		$256		

交易进场月份
过去的绩效未必能够代表未来的结果
请阅读作者附注的完整讨论

附录2
要素交易计划信号二

以下表格为本书图表的速查指南。表格中列出了"要素交易计划"所使用的古典制表原则的各类要素、交易信号和交易管理技术,以及从书中何处可以找到它们。

表B.1列出了本书中以古典制表形态所绘制的图表。

表B.2列出了本书中根据信号产生的类别和适用的交易管理策略所绘制的图表。

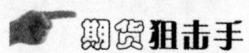

表 B.1　走势图的形态排列

图形#	市场	对角状排列					水平状排列								其他		
		楔形	等腰三角形	旗形	趋势线	通道	菱形	头肩	直角三角形	双重顶(底)或鱼钩	扩张顶	圆形	矩形	三角旗形	牛角形	多头/空头陷阱	二次完成	假突破/过早突破
2.2	瑞士法郎	■																
3.2	英镑/美元								■									
3.3	英镑/美元								■									
3.4	白金								■									
3.5	糖																	■
3.6	糖	■																■
3.7	可可								■									
3.8	DAX								■									
3.9	S&P 500								■									
3.10	黄金												■					
3.11	欧元/美元								■									
3.12	黄金							■										
3.13	原油						■											
3.14	白银								■									
3.15	S&P 500								■									
3.16	糙米																	
3.17	美元/加元																	
3.18	黄豆																	
3.19	糖																	
3.20	英镑/美元																	
3.21	澳元/美元			■						■								
3.22	澳元/美元			■														
3.23	道·琼斯工业指数																	
3.24	英镑/美元																	
3.25	糖																周末法则	
3.26	糖	■															周末法则	
3.27	黄豆油																强劲走势	
3.28	黄金																强劲走势	
3.29	美元/日元								■									
4.1	铜																	
4.2	澳元/美元			■														
4.3	黄豆油			■														
4.4	黄豆油																	
4.5	糖																	
4.6	美元/加元									■								
4.7	白银									■								
4.8	罗素 1000																	
4.9	小麦																	
4.10	小麦																	
4.11	原油	■																
4.12	道·琼斯公用事业指数								■									

续表

圆形 #	市场	对角状排列						水平状排列								其他		
		楔形	等腰三角形	旗形	趋势线	通道	菱形	头肩	直角三角形	双重顶(底)	扩张顶或鱼钩	圆形	矩形	三角旗形	牛角形	多头/空头陷阱	二次完成	假突破/过早突破
4.13	欧元/美元	■																
4.14	欧元/美元	■							■									
4.15	欧元/美元	■								■								
4.16	英镑/日元	■											■					
4.17	英镑/日元	■			■								■					
4.18	澳元/日元								■									
4.19	澳元/日元								■									
4.20	英镑/瑞士法郎																■	
4.21	糖																	
4.22	糖							■										
4.23	苹果电脑										■							
4.24	黄金								■									
4.25	黄金									■								
4.26	铜								■									
4.27	美元/加元							■										
4.28	美元/加元								■									
4.29	道·琼斯运输指数									■								
4.30	布伦特原油				■													
4.31	S&P 500									■								
5.2	英镑/美元				■				■									
5.3	英镑/美元		■							■								
5.4	英镑/美元				■					■								
5.5	英镑/美元																■	
6.1	道·琼斯工业指数																	
6.2	道·琼斯工业指数																	
6.3	黄金				多笔交易				■									
6.4	黄金								■									
6.5	黄金								■									
6.6	黄金									■								
6.7	黄金								■								■	
6.8	黄金								■									
6.9	黄金								■									
6.10	黄金								■									
6.11	黄金								■									
6.12	黄金								■									
6.13	黄金										■							
6.14	黄金										■							
6.15	糖		■															
6.16	糖				多笔交易													
6.17	糖															创新高		
6.18	糖													■				
6.19	糖	■																

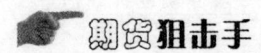

续表

圆形#	市场	对角状排列						水平状排列								其他		
		楔形	等腰三角形	旗形	趋势线	通道	菱形	头肩	直角三角形	双重顶(底)	扩张顶或鱼钩	圆形	矩形	三角旗形	牛角形	多头/空头陷阱	二次完成	假突破/过早突破
6.20	糖		■															
6.21	糖	■	■										■					
6.22	糖						■	■										
6.23	糖																冲动买进	
6.24	糖					■												
8.1	欧元/美元			■														
8.2	欧元/美元								■									
8.3	英镑/美元								■									
8.6	英镑/美元											圈套						
8.7	英镑/美元													■				
8.8	糖													■				
8.9	棉花																	
8.10	黄豆油		■															
8.11	黄豆油								■									
8.12	澳元/美元								■									
8.13	DAX指数								■									
8.14	黄豆								■									
8.15	纳斯达克								■									
8.16	加元/美元								■									
9.1	英镑/美元								■									
9.2	S&P 500	■																
9.3A	美国长期公债																	
9.3B	美国长期公债																	
9.3C	美国长期公债																	
9.4	黄金																	
9.5	糖											■						
9.6	道·琼斯工业指数																	
9.7	糖	■															■	
9.8	玉米								■								■	
9.9	玉米																	
9.10	美元/日元								■									
9.11	美元/日元																	
9.12	纳斯达克																■	
9.13	美国长期公债																■	
9.14	玉米	■																
9.15	小麦													■				
9.16	欧元/日元					■												
9.17	欧元/日元					■												
9.18	S&P 500													■				
9.19	糖																	

续表

圆形#	市场	对角状排列						水平状排列								其他		
		楔形	等腰三角形	旗形	趋势线	通道	菱形	头肩	直角三角形	双重顶(底)	扩张顶或鱼钩	圆形	矩形	三角旗形	牛角形	多头/空头陷饼	二次完成	假突破/过早突破
9.20	黄金								■									
9.21	黄金								■							■		
9.22	黄金		■						■									■
9.23	黄金								■									
9.24	黄金								■							■		■
9.25	黄金								■									
9.26	英镑/日元						■											
9.27	铜													■				
9.28	英镑/美元															圈套		
10.2	英镑/美元				■													
10.3	英镑/美元															圈套		
10.4	英镑/美元					■												
10.5	原油															扇形线		
10.6	原油				■													
10.7	原油								■									
10.8	长期公债			■														
10.9	中期公债		■															
10.10	英镑/日元		■					■										
10.11A	糖									■								
10.11B	糖												■					
10.12	黄豆油								■									
10.13	黄豆油				■													
10.14A	黄豆油															■		
10.15	S&P 500							■										
10.16	道·琼斯工业指数							■										
10.17	欧元/英镑			■														
10.18	欧元/英镑								■									
11.1	美元/加元												■					
11.2	美元/加元											■						
11.3	黄豆							■										
11.4	原油	■																
11.5	澳元/加元								■									
11.6	澳元/加元															■		
11.7	欧元/美元					■												
11.8	欧元/美元								■									
11.9	长期公债				■													
11.10	小麦								■									
11.11	玉米								■									
11.12	黄豆															■		
11.13	铜								■							■		
11.14	橙汁		■															
12.1	黄金								■									

续表

圆形#	市场	对角状排列						水平状排列								其他		
		楔形	等腰三角形	旗形	趋势线	通道	菱形	头肩	直角三角形	双重顶(底)	扩张顶或鱼钩	圆形	矩形	三角旗形	牛角形	多头/空头陷阱	二次完成	假突破/过早突破
12.2	黄金						■											
12.3	欧元/英镑																重新测试	
12.4	欧元/日元											■					重新测试	
12.5	欧元/日元						■											
12.6	黄豆																	
12.7	黄豆			■														
12.8	道·琼斯工业指数						■											
12.9	道·琼斯工业指数																	
12.10	美国长期公债					■												
12.11	美国长期公债																	
12.12	美国长期公债																	
12.13	糖											■						
14.1	澳元/美元							■										
14.2	澳元/美元							■			■							
14.3/4	欧元/瑞士法郎	■																
14.5/6	欧元/美元	■			■													
14.7/8	英镑/美元		■		■			■										
14.9/10	新西兰元/美元																	
14.11/12	美元/加元				■												■	
14.13A/13B	S&P 500				■													
14.14	糖		■															
14.15	糖	■		■														
14.16/17	黄金			■					■				■					
14.18	铜				■	■												
14.19	原油																	
14.20	原油																	
PS.1	道·琼斯工业指数							■		■							重新测试	
PS.2	澳元/加元								■									

表 B.2　信号类型与交易管理技巧

圆形#	市场	完成	预期	加仓	连续	反转	直觉	其他	最近交易日法则	回测失败	追踪性止损	目标价位	其他
2.2	瑞士法郎	■										■	
3.2	英镑/美元	■											
3.3	英镑/美元	■											
3.4	白金	■											
3.5	糖	■											
3.6	糖	■											
3.7	可可	■											
3.8	DAX	■											
3.9	S&P 500	■											
3.10	黄金	■											
3.11	欧元/美元	■											
3.12	黄金				■								
3.13	原油					■							
3.14	白银				■								
3.15	S&P 500	■											
3.16	糙米	■											
3.17	美元/加元	■							■				
3.18	黄豆	■											
3.19	糖	■											
3.20	英镑/美元	■											
3.21	澳元/美元				■								
3.22	澳元/美元				■								
3.23	道·琼斯工业指数										■		
3.24	英镑/美元	■											
3.25	糖			■									
3.26	糖			■									
3.27	黄豆油						■						
3.28	黄金	■											
3.29	美元/日元	■							■				
4.1	铜	■											
4.2	澳元/美元	■											
4.3	黄豆油			■	■								
4.4	黄豆油			■									
4.5	糖			■									
4.6	美元/加元			■	■				■				
4.7	白银	■							■				

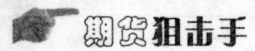

续表

圆形#	市场	信号形态							交易管理策略				
		主要形态		次要形态			直觉	其他	最近交易日法则	回测失败	追踪性止损	目标价位	其他
		完成	预期	加仓	连续	反转							
4.8	罗素1000	■										■	
4.9	小麦	■										■	
4.10	小麦	■										■	
4.11	原油				■							■	
4.12	道·琼斯公用事业指数	■										■	
4.13	欧元/美元	■										■	
4.14	欧元/美元	■										■	
4.15	欧元/美元	■										■	
4.16	英镑/日元	■				■						■	
4.17	英镑/日元	■										■	
4.18	澳元/日元	■										■	
4.19	澳元/日元	■				■						■	
4.20	英镑/瑞士法郎	■								■		■	
4.21	糖	■										■	
4.22	糖	■										■	
4.23	苹果公司	■										■	
4.24	黄金	■										■	
4.25	黄金	■			■							■	
4.26	铜	■										■	
4.27	美元/加元	■								■		■	
4.28	美元/加元	■								■		■	
4.29	道·琼斯运输指数	■										■	
4.30	布伦特原油	■										■	
4.31	S&P 500	■										■	
5.2	英镑/美元	■										■	
5.3	英镑/美元	■										■	
5.4	英镑/美元	■										■	
5.5	英镑/美元	■										■	
6.1	道·琼斯工业指数	■										■	
6.2	道·琼斯工业指数	■										■	
6.3	黄金											■	
6.4	黄金	■										■	
6.5	黄金											■	
6.6	黄金											■	
6.7	黄金					■				■		■	
6.8	黄金					■						■	
6.9	黄金											■	

附录2 要素交易计划信号二

续表

圆形#	市场	信号形态 主要形态			信号形态 次要形态		直觉	其他	交易管理策略				
		完成	预期	加仓	连续	反转			最近交易日法则	回测失败	追踪性止损	目标价位	其他
6.10	黄金	■											
6.11	黄金	■		■									
6.12	黄金	■		■	■							■	
6.13	黄金	■											
6.14	黄金	■											
6.15	糖												
6.16	糖	多笔交易											
6.17	糖	■				■							
6.18	糖	■											
6.19	糖	■											
6.20	糖	■											
6.21	糖	■			■								
6.22	糖	■											
6.23	糖	■											
6.24	糖	■											
8.1	欧元/美元	主要趋势线											
8.2	欧元/美元												
8.3	英镑/美元	■			■				■				
8.6	英镑/美元	■											
8.7	英镑/美元	■			■				■				
8.8	糖												
8.9	棉花	■											
8.10	黄豆油					■							
8.11	黄豆油					■			■				
8.12	澳元/美元	■							■				
8.13	DAX指数					■							
8.14	黄豆								■				
8.15	纳斯达克				■				■				
8.16	加元/美元												
9.1	英镑/美元	双重顶案例											
9.2	S&P 500	通道案例											
9.3A	美国长期公债	通道案例											
9.3B	美国长期公债	头肩顶案例											
9.3C	美国长期公债	头肩顶案例											
9.4	黄金												
9.5	糖	多年期底部案例											
9.6	道·琼斯工业指数	可能的头肩顶											

续表

圆形#	市场	信号形态							交易管理策略				
		主要形态			次要形态		直觉	其他	最近交易日法则	回测失败	追踪性止损	目标价位	其他
		完成	预期	加仓	连续	反转							
9.7	糖	■							■				
9.8	玉米					■							
9.9	玉米					■							
9.10	美元/日元	数十年的三角形											
9.11	美元/日元				■								
9.12	纳斯达克					■							
9.13	美国长期公债	■							■				
9.14	玉米	■											
9.15	小麦	■							■				
9.16	欧元/日元	■											
9.17	欧元/日元	■							■				
9.18	S&P 500					■							
9.19	糖					■			■				
9.20	黄金				■				■				
9.21	黄金				■				■				
9.22	黄金				■				■				
9.23	黄金				■				■				
9.24	黄金				■				■				
9.25	黄金					■			■				
9.26	英镑/日元				■							■	
9.27	铜					■							
9.28	英镑/美元				■								
10.2	英镑/美元				■								
10.3	英镑/美元				■								
10.4	英镑/美元				■								
10.5	原油					■							
10.6	原油	可能的头肩顶											
10.7	原油					■							
10.8	美国长期公债				■								
10.9	美国中期公债					■							
10.10	英镑/日元				■								
10.11A	糖					■							
10.12	黄豆油	上升三角形											
10.13	黄豆油					■							
10.14A	黄豆油					■							
10.14B	黄豆油					■							
10.15	S&P 500					■		■					

续表

圆形#	市场	信号形态						交易管理策略			
		主要形态			次要形态		直觉	其他	最近交易日法则	回测失败	追踪性止损	目标价位	其他
		完成	预期	加仓	连续	反转							
10.16	道·琼斯工业指数						■						
10.17	欧元/英镑	■	■										
10.18	欧元/英镑		■	■									
11.1	美元/加元	■		■									
11.2	美元/加元		■										
11.3	黄豆					■			■				
11.4	原油												
11.5	澳元/加元	■											
11.6	澳元/加元		■				■						
11.7	欧元/美元			■	■								
11.8	欧元/美元			■									
11.9	长期公债				■					■			
11.10	小麦				■								
11.11	玉米				■								
11.12	黄豆				■								
11.13	铜					■		错失的交易		■			
11.14	橙汁					■							
12.1	黄金												
12.2	黄金		■										
12.3	欧元/英镑				■				■				
12.4	欧元/日元												
12.5	欧元/日元					■							
12.6	黄豆						■						
12.7	黄豆												
12.8	道·琼斯工业指数							讯号暂停					暂停
12.9	道·琼斯工业指数							讯号暂停					暂停
12.10	美国长期公债							讯号暂停					暂停
12.11	美国长期公债							讯号暂停					
12.12	美国长期公债												
12.13	糖												暂停
14.1	澳元/美元	■										■	
14.2	澳元/美元												
14.3/4	欧元/瑞士法郎												
14.5/6	欧元/美元												
14.7/8	英镑/美元												
14.9/10	新西兰元/美元											■	
14.11/12	美元/加元												

续表

圆形#	市场	信号形态							交易管理策略				
		主要形态			次要形态		直觉	其他	最近交易日法则	回测失败	追踪性止损	目标价位	其他
		完成	预期	加仓	连续	反转							
14.13A/13B	S&P 500	■										■	
14.14	糖	■										■	
14.15	糖	■										■	
14.16/17	黄金	■										■	
14.18	铜			■	■							■	
14.19	原油	■										■	
14.20	原油	■										■	
PS.1	道·琼斯工业指数	■			■							■	
PS.2	澳元/加元		■									■	

附录3 推荐参考资料

Barrie, Scott. The Complete Idiot's Guide to Options and Futures, 2nd ed. New York: Alpha Books, Penguin Group (USA), 2006

Brandt, Peter L. (with Bruce Babcock), Trading Commodity Futures with Classical Chart Patterns. Sacramento, CA: Commodity Traders Consumer Reports, 1990

Chicago Board of Trade. Commodity Trading Manual. New York: AMA-COM, 1999

Edwards, Robert D, and John Magee. Technical Analysis of Stock Trends, 8th ed. Boca Raton, FL: CRC Press, 2001. [Note: The author uses the fifth edition of this book for personal use.]

Elder, Alexander. Trading for a Living: Psychology, Trading Tactics, Money Management. New York: John Wiley & Sons, 1993

Kiev, Ari. The Mental Strategies of Top Traders: The Psychological Determinants of Trading Success. Hoboken, NJ: John Wiley & Sons, 2009

Kiev, Ari. Hedge Fund Masters: How Top Hedge Fund Traders Set Goals, Overcome Barriers, and Achieve Peak Performance. Hoboken, NJ: John Wiley & Sons, 2005

Lewis, Michael. Liar's Poker: Rising Through the Wreckage on Wall Street. New York: W.W. Norton & Company, 1989.

Lewis, Michael. The Big Short: Inside the Doomsday Machine. New York: W.W. Norton & Company, 2010

Murphy, John. Technical Analysis of the Financial Markets. New York Institute of Finance, Prentice Hall Direct, 1999

National Futures Association, Opportunity and Risk, An Educational Guide to Trading Futures, 2006, PDF download at www.nfa.futures.org/NFAinvestor-information/publication-library/opportunity-and-risk-entire, pdr

Schabacker, Richard W.. Technical Analysis and Stock Market Profils: The Real Bible of Technical Analysis. Hampshire, UK: Harriman House, 1998

Schwager, Jack D.. Market Wizards: Interviews with Top Traders. Columbia, MD: Marketplace Books, 2006

Schwager, Jack D.. New Market Wizards: Conversations with America's Top Traders. New York: John WiLey & Sons, 1992

Schwager, Jack D.. Market Wizards. New York: HarperBusiness, 1993

Teweles, Richard J. and Frank J. Jones. The Futures Game: Who Wins, Who Loses, & Why. New York: McGraw-Hill, 1999.

除了前述极有价值的参考书之外，我另外推荐一些网路服务交易平台、报价机构、图形服务与其他研究资料。

FactorTrading.com：这是 Factor LLC 的官方网站。这个网站尝试针对商品与外汇市场，提供最经典的价格形态案例。偶尔也会论及股票走势。

Mercenarytrader.com：这是由几位专业投机客（运用假名）经营的网站，针对交易市场与经济状况提供很不错的总体分析，观点不流于传统见解，相当值得参考。

附 注

本书属于教育研究性质的著作：不论现在或未来，都完全没有试图推销任何产品或 Factor LLC 服务的意思。

本书列示的月份绩效，并不代表任何特定账户的交易活动，而属于综合性的资料，包括：

- Factor LLC 管理的免税基金。
- 自有账户的交易。

根据"要素交易计划"运用之法则的交易讯号管理。

由于不涉及特定账户，绩效能够充分反映本书第Ⅲ篇列示的讯号与交易，绩效资料也应该被视为假设性质。可是，本书第Ⅲ篇交易日志显示的绩效，能够充分反映 Factor LLC 管理之基金的实际操作表现。过去绩效未必能够代表未来结果。

1981 年 10 月至 1995 年 4 月之间，自有账户是由 Factor LLC 负责交易。1981 年 10 月至 1991 年 3 月之间，自有资金账户是由 Factor LLC 根据本书谈论之交易规划或较早期规划进行交易（请参考图 AN.1）。

图AN.1 要素公司绩效：1981年10月至2008年9月

自有账户实际绩效摘要（3倍信用扩张）

月份	1981	1982	1983	1984	1985	1986	1987	1988	1989	1990	1991	1992	1993	1994	1995	2007	2008
1月	—	-18.74%	71.18%	-12.62%	3.32%	14.59%	122.98%	-3.41%	8.79%	-1.20%	-11.05%	-2.55%	-1.62%	-1.24%	0.00%	-1.29%	14.05%
2月	—	2.71%	2.43%	-4.77%	74.99%	29.54%	43.48%	-7.22%	-9.91%	-8.20%	-2.23%	0.89%	2.29%	-0.78%	-0.66%	-7.86%	24.59%
3月	—	-7.13%	-7.08%	15.37%	-2.06%	65.64%	32.31%	-5.79%	31.26%	19.03%	-1.22%	-2.66%	-1.91%	0.24%	-0.73%	-11.76%	-5.95%
4月	—	12.27%	-0.49%	0.47%	-14.07%	-20.57%	9.29%	-3.07%	-11.58%	-2.41%	-1.50%	0.50%	3.95%	-3.59%	2.91%	1.41%	-9.53%
5月	—	44.08%	6.96%	7.00%	16.17%	-7.39%	3.60%	11.10%	38.89%	-4.67%	-1.58%	-0.93%	0.51%	-2.70%	—	3.00%	-5.36%
6月	—	32.65%	-5.88%	19.37%	-18.69%	1.02%	11.69%	23.90%	2.26%	14.50%	6.44%	1.90%	-0.46%	-3.14%	—	7.64%	13.31%
7月	—	-26.33%	16.75%	29.72%	40.30%	-8.82%	16.04%	-3.65%	4.84%	2.35%	22.00%	-0.07%	-1.59%	0.80%	—	-9.48%	-4.61%
8月	—	6.64%	24.08%	10.85%	-11.87%	34.56%	27.55%	3.06%	1.73%	17.92%	-1.10%	0.68%	-0.04%	-1.00%	—	-1.30%	14.21%
9月	—	-4.07%	-1.06%	-1.34%	9.21%	-3.72%	-12.72%	-7.92%	5.64%	51.85%	-1.41%	4.31%	0.07%	0.53%	—	62.94%	12.18%
10月	4.34%	9.09%	12.37%	-11.54%	3.06%	0.14%	-2.69%	4.66%	-4.56%	-16.25%	2.27%	-3.19%	0.11%	5.06%	—	15.37%	—
11月	21.77%	106.46%	-1.73%	6.19%	39.14%	1.65%	-0.45%	-10.22%	2.90%	-8.81%	4.64%	-1.51%	-0.01%	-1.72%	—	-1.37%	—
12月	-14.50%	8.90%	15.18%	6.78%	15.18%	3.20%	4.73%	-1.58%	5.28%	-0.55%	6.86%	-2.44%	-0.14%	-0.89%	—	30.48%	—
年	8.64%	207.48%	190.20%	75.29%	220.57%	126.70%	604.67%	-4.74%	88.22%	60.06%	-0.95%	-5.21%	1.04%	-8.36%	1.49%	95.12%	58.84%
最糟回撤	-14.50%	-26.33%	-7.54%	-16.79%	-18.69%	-32.26%	-15.02%	-18.16%	-11.58%	-24.06%	-16.73%	-6.98%	-2.07%	-10.93%	-1.39%	-19.71%	-19.47%

过去绩效不能代表未来结果

这段时间内，该账户偶尔会采用名义资金进行交易。名义资金的交易结果也包含在绩效计算之中。绩效资料是根据商品期货交易委员会（CFTC）指定之加值月份指数（Value Added Monthly Index）计算。这份资料没有经过商品期货交易委员会或国家期货协会（NFA）的审核。

1991年4月至1995年4月之间，我授权另一位交易者负责管理我的自有资金账户。可是这段时间内，我经常拟订交易决策，所以相关交易结果也纳入绩效资料。可是，这段时间的回撤数据，并没有纳入讨论Factor LLC之回撤期间和幅度的表9.1。1995年4月至2006年底之间，我脱离金融交易市场，从事其他非营利的政治和社会活动。2007年1月，我采用本书讨论的计划，重新交易自有资金账户。2008年9月，我由自有交易账户撤出资金，账户规模不再适合采用本书建议的交易计划。可是，2009年期间，我仍然通过自有资金账户进行操作，结果还算顺利。

1981年至2008年之间的自有资金账户操作，绩效计算所采用的信用杠杆，是目前Factor LLC公司所用的3倍。